Wolfgang Schmidbauer

Die Ohnmacht des Helden

Unser alltäglicher Narzißmus

Rowohlt

Umschlagentwurf Werner Rebhuhn
(Comic «Der Gewaltige Hulk»
von Stan Lee und Marie Severin,
Williams-Verlag GmbH, Hamburg)

1. Auflage Oktober 1981

Satz Garamond 10 pt (Linotron 404)

Gesamtherstellung Clausen & Bosse, Leck
Printed in Germany
ISBN 3 498 06149 6

Inhalt

1. Vorwort: Unser alltäglicher Narzißmus

«Die Ohnmacht des Helden» ist ein Versuch, die Veränderungen des menschlichen Selbstgefühls mit den (heute so stark durch die Technik bestimmten) Veränderungen unseres Alltagslebens zu verbinden. Ein in diesem Zusammenhang wesentlicher Begriff ist der Narzißmus: die Konzentration von Gefühlen und Gedanken auf die eigene Person, ihr Selbstgefühl nach innen und ihre Geltung nach außen. Über ihn wurde bereits viel geschrieben, oft mit versteckten, einer Klärung der Zusammenhänge schädlichen Wertungen. Wer mich nicht beachtet, mich nicht an sich heranläßt, zu wem ich keinen Kontakt finde, der ist eben narzißtisch. So finden Erzieher einen narzißtischen Sozialisationstypus, Kinderpsychotherapeuten klagen über narzißtische Eltern, und Zeitkritiker endlich malen eine ganze Kultur oder Gesellschaft des Narzißmus. Der Verschwommenheit und mangelnden Perspektive dieser Wertungen versuche ich hier zu begegnen, indem ich ein wichtiges narzißtisches Symbol untersuche: die Helden im Reich der Phantasie.

Solche Gestalten hat es gegeben, solange Geschichte geschrieben wird. Die Heldenbilder der jüngsten Zeit zeigen deutlich, wie sich der Narzißmus verändert hat. Der Hulk, eine von STAN LEE erfundene Gestalt, zertrümmert Steine mit bloßer Faust und schnellt sich wie eine Rakete von Insel zu Insel über das Meer. Aber er weiß nicht, wohin er geht und woher er kommt. Immer wieder muß er kämpfen und töten, um sich zu wehren, nicht weil er es will. Er fühlt sich ungeliebt, von allen gefürchtet, sein roher Stolz verwickelt ihn immer wieder in Kämpfe ohne Gnade und ohne Preis für den Sieger. Wie Frankensteins Monster, dem er ähnelt, ist

Der Schlaf der Vernunft bringt Ungeheuer hervor. Capricho Nr. 43 (1797) von Francisco de Goya, der dazu kommentiert: «Phantasie, die von der Vernunft verlassen ist, bringt unglaubliche Monster hervor; verbunden mit ihr ist sie die Mutter der Künste und Quelle aller ihrer Wunder.»

der Hulk fremd in einer feindlichen Welt und kann nur mit Haß auf sie antworten. Das liegt daran, daß er im Gegensatz zu den klassischen bürgerlichen Helden (Old Shatterhand, der als bürgerliches Ich KARL MAY heißt und Schriftsteller ist, Superman, der Clark Kent heißt und Reporter ist) sich nicht an sein anderes Ich, den genialen Wissenschaftler Bruce Banner, erinnern kann. Der Traum der Vernunft – die Erwartung, durch rationale Kontrolle, Wissenschaft und Technik ein immer besseres Leben zu sichern – gebiert Ungeheuer. Wenn ich durch die Straßen dieser Stadt gehe, sehe ich Schriften wie «Amok», «no future» an die Hauswände gesprüht. Eine von Konkurrenz- und Profitzwängen getriebene Technik hat die Umwelt gefährdet, droht den Menschen ohnmächtig zu machen, indem sie ihm Allmacht vorgaukelt.

Der individuelle Narzißmus wird heute «befreit», wie die Sexualität befreit worden ist. Waren und Menschen verkaufen sich nicht von selbst, nach zweckrationalen Gesichtspunkten, sondern sie müssen sich verkaufen, indem sie sich zur Geltung bringen. Das frühbürgerliche Pflichtethos verschwindet (der feudale Narzißmus war ohnehin Narzißmus von Gattungen, nicht von Einzelmenschen). Die narzißtische Befriedigung liegt nicht mehr darin, den eigenen Narzißmus möglichst gut zu verleugnen, mehr zu sein als zu scheinen.

Passivität und Reizhunger

Die häufigste seelische Störung unserer Industriegesellschaften läßt sich umgangssprachlich als «innere Leere» beschreiben. Sie hat verschiedene Namen: Depression, noogene Neurose, narzißtische Persönlichkeit. In der Depression werden die gedrückte Stimmung und der Antriebsmangel am meisten betont, in der noogenen Neurose der Verlust des Gefühls, ein sinnvolles Leben zu führen, in der narzißtischen Störung die Labilität des Selbstgefühls, die Abhängigkeit von äußerer Bestätigung und Befriedigung, verbunden mit der mangelnden Fähigkeit, selbst zu lieben und sich in diesem aktiven Fühlen geborgen zu fühlen. Wer diese Geborgenheit im Geliebtwerden sucht, findet sich in der Lage dessen, der Wasser in einem Sieb tragen will.

Diese gesteigerte Abhängigkeit von äußerer narzißtischer Zufuhr geht mit gesellschaftlichen Veränderungen einher, die den Wandel zur Konsumgesellschaft mit ihrer intensiven, quasi-industriellen Nutzung der Freizeit ausmachen. Aber die narzißtischen Mechanismen sind älter; in MOZARTopern etwa lassen sie sich allesamt beobachten, z. B. die narzißtische Expansion und Grandiosität von Don Giovanni («ich liebe alle Frauen; wenn ich bei einer bleibe, werde ich allen anderen untreu»); die Zwillingsphantasie von Don Octavio («Ihre Freude ist auch meine Freude; wenn sie leidet, bricht mir das Herz»); die Austauschbarkeit der Liebes-

Der moderne Narzißmus ist vorwiegend passiv – geliebt, versorgt, unterhalten zu werden festigt das Selbstgefühl

objekte in «Così fan tutte» und die Vormacht des Stolzes gegenüber den Objektbeziehungen in der «Zauberflöte». Was aber, um bei diesem Beispiel zu bleiben, die Helden des Librettisten Lorenzo da Pontes und Mozarts von uns und von unseren Superhelden unterscheidet, ist ihre weitgehend ungebrochene Fähigkeit, sich etwas zu wünschen. Sie sind traurig, aber nicht depressiv; ihr Schmerz trennt sie nicht von der Welt, sondern führt sie zu ihr hin. Der aktive, exhibitionistische Narzißmus, die Bereitschaft, etwas zu tun, um bewundert zu werden und sich selbst bewundern zu können, ist dem abendländischen Menschen seit Alkibiades und Alexander «dem Grossen» vertraut.

Die Schwierigkeiten der Therapeuten und Erzieher heute liegen im Umgang mit dem passiven Narzißmus, mit einem Reizhunger, der auf der inneren Leere beruht. Er drückt eine Sehnsucht aus, selbst innen zu sein, auf eine Weise umfaßt, gehalten, getröstet zu werden, die volle Passivität erlaubt und doch alle Aktivität mit enthält, weil ein äußeres, idealisiertes Wesen diese Aktivität übernommen hat. Dieses idealisierte Wesen liefern häufig die Helden-Konserven der Medien: nicht mehr der lebendige, aktiv-exhibitionistische Narzißmus, sondern eine verbilligte, stets abrufbare Ersatzbefriedigung. Hintergrund dieser Sehnsucht ist die narzißtische Ursituation, der Zustand im Mutterleib, die ungestaltete, früheste Lebenserfahrung, die allen Menschen gemeinsam ist.

Wenn wir heute dieser Situation so viel Aufmerksamkeit schenken, dann bedeutet das auch, daß wir uns mit unserem technischen Komfort und unserer warengeschmückten Welt einen Ersatz für dieses frühe, passive Paradies geschaffen haben, der uns künstlich verkindlicht. Unsere Fähigkeiten, Entbehrung und Schmerz zu ertragen, sind heute sicherlich geringer als vor hundert Jahren. Aber sind unsere Wünsche nicht auch an Versagungen gebunden?

Andrerseits ist der Mensch in den Netzen der Informationsübermittlung und Energieversorgung gefangen wie in einem Spinnennetz. Ich habe immer die Hopi-Indianer bewundert, die sich bis heute weigern, sich an ein Strom- und Wasserversorgungsnetz anschließen zu lassen. Die Umwelt ist nicht im Gleichgewicht, sondern verschmutzt. Die Muttermilch enthält zehnmal soviel Gifte, wie sie bei Nahrungsmitteln zugelassen sind. Kurzum, die subjektive Geborgenheit, die uns technische Systeme verschaffen, ist objektiv trügerisch. Sie beruht zum großen Teil darauf, daß die großräumigen Regenerationssysteme dieses Planeten geplündert und durch Raubbau zerstört werden. Mir scheint, daß die Narzißmusforschung Ansätze zu einer vergleichbaren, ökologischen Betrachtungsweise in die Psychologie einführt. Wie können wir unser Selbstgefühl in einem Gleichgewichtszustand mit der Umwelt halten? Wie können wir Lebensraum gewinnen, ohne die natürliche Regeneration und das Gleichgewicht mit anderen zu zerstören?

Einfühlung als Produktionsmittel

Die technische Lebensweise hat neue Gebärmütter geschaffen, die glatte Folgen von Bedürfnisproduktion und Bedürfnisbefriedigung versprechen. Doch bleiben diese Gehäuse Fragmente: das Kino, der Fernsehraum, die Stereomusik, der Comicband. Nur der Uterus umfaßt wirklich den ganzen Menschen – solange er ungeboren ist. Die Befriedigungsproduktion der Mutter liefert Kraft für die Wunschproduktionen des Kindes. Ein Mangelgefühl kann nicht auftreten; dauernd werden gelöste Nährstoffe durch die Nabelarterien eingeschleust, welche dazu dienen, Zellen aufzubauen, die dann weitere Nährstoffe von der Mutter übernehmen. Die Lebensfunktionen des Kindes entwickeln sich geschützt, von der mütterlichen Lebenstätigkeit angestoßen, unterhalten und abhängig. Unsere neue Umwelt erhält Bruchstücke dieser Realität noch in Lebensaltern, in denen diese völlige Geborgenheit längst ausgeschlossen ist. Durch unermüdliche Arbeit haben uns Wissenschaft und Technik soweit gebracht, daß wir nicht zu Ende geboren sind und uns immer wieder, in mühevoller Auseinandersetzung, stückweise zur Welt bringen müssen.

Unmittelbarer Erbe der körperlichen Lebenstätigkeit des Kindes im Mutterleib ist die emotionale Wunschproduktion, die Fähigkeit, Zyklen von unlustvollem Mangel und lustvoller Befriedigung aufzubauen. Es scheint, daß ein Säugling nur sehr wenig differenzierte Wünsche produzieren kann. Die Signale, die er aussendet, deuten in der Regel auf eine unklare, über das gesamte Erlebnisfeld verteilte Unlust hin, die erst durch die einfühlende Wahrnehmung der erwachsenen Bezugspersonen klare Gestalten und damit eindeutige Befriedigungsmöglichkeiten gewinnt.

Die Zuwendung des Erwachsenen zu dem Neuankömmling ist mehr als eine lebenserhaltende Antwort auf biologische Bedürfnisse nach Nahrung, Schutz und Wärme. Sie ist ein seelisches Produktionsmittel, das erst die Fähigkeit des Kindes entfaltet, sich mit eindeutigen Wünschen seiner Umwelt zuzuwenden und sie zu gestalten. Auf einer erlebnis- und verhaltensbestimmten Ebene setzt die Einfühlung der auf das Kind bezogenen Erwachsenen fort, was in der Gebärmutter durch Plazenta und Nabelarterien geschah: die Erzeugung von Unabhängigkeit durch das Zulassen von Abhängigkeit. Dadurch, daß der Erwachsene versteht, was es will, lernt das Kind, selbst seine Wünsche zu erkennen und zu äußern. Das Unbehagen, das unbestimmte Gefühl des Mangels, der Leere, verwandelt sich im Dialog mit dem einfühlenden Erwachsenen oder älteren Geschwister in einen realisierbaren Wunsch. Wird dieses Unbehagen hingegen schematisch beantwortet, dann können sich schon früh Störungen ergeben. Erbrechen und/oder Eßgier treten auf, wenn jedes Unbehagen des Kindes als Nahrungsmangel gedeutet und ihm der Mund auch dann gestopft wird, wenn es gar nicht hungrig ist. Dieses Modell der «oralen» Störung, bei der Einfühlung durch eine starre Vorstellung von dem ersetzt wird, was gut ist für das Kind, läßt sich ausweiten. Solche Vorgehensweisen, in denen kein Dialog aufgenommen, kein Subjekt geachtet wird, sondern der andere Mittel zum Zweck ist, gehören zu den grundlegenden Umgangsformen in einer von den Gesetzmäßigkeiten der Warenproduktion bestimmten Gesellschaft. Tätigkeiten wie Arbeit, Spiel, Kreativität verlieren ihren auf lebendige Einzelwesen bezogenen Sinn und werden wirtschaftlichen Leistungs- und Konkurrenzzwängen unterworfen. Kurzum: Einfühlung als Produktionsmittel widerspricht der herrschenden wirtschaftlichen Produktionsweise. Die Sehnsucht nach dem narzißtischen Urzustand, in dem umfassende Einfühlung noch biologisch gegeben war, wird zum Traum der Entfremdeten. Ihn zu träumen, wird der einzelne verstärkt angeregt, weil letztlich betrügerische Einfühlungs-Fragmente in der Vermarktung von Waren so wichtig geworden sind.

Im Kleinkindalter läßt sich der Wechsel zwischen selbstbestimmter Wunschproduktion und dem Bedürfnis nach fremder Anregung und Unterstützung noch gut beobachten. Die Kinder können bereits längere Zeit alleine spielen. Nach einer gewissen Zeitspanne wird es ihnen jedoch «langweilig», ein Zustand, den bereits Zweijährige ausdrücken können. Sie benötigen in dieser diffusen Unlustsituation einen interessiert zugewandten Erwachsenen, der fähig ist, die stockende Wunschproduktion des Kindes wieder anzuregen. Das wird dem Erwachsenen jedoch nicht leichtfallen. Seine eigene wirtschaftliche Anpassung (die spätestens während seiner Schulzeit begann) hat seine Einfühlungsfähigkeit bereits erheblich vermindert.

Von der Schwierigkeit, Wünsche zu äußern

Schneidet ein Partner eines Paares am Frühstückstisch eine Semmel durch und gibt wortlos dem anderen eine Hälfte, so muß er entscheiden: die Hälfte, die er selbst lieber hat, wegzugeben oder zu behalten. In einer Anekdote stellt ein Paar nach zwanzig Jahren fest, daß jeder bisher beim gemeinsamen Frühstück die Hälfte gegessen hat, die er weniger mochte, weil er seinen Wunsch nicht äußerte, sondern projizierte. Der Partner erhielt das «bessere» Stück, das man lieber selbst behalten hätte. Diese Geschichte ist witzig, weil es um das banale Vergnügen geht, die obere oder die untere Hälfte eines Brötchens zu verspeisen. Doch das zugrundeliegende Verhalten erschließt den Ansatz zu einem tragischen Prinzip: Wünsche werden nicht offen geäußert, sondern in den Partner hinausverlegt und dann zur Grundlage von Handlungen gemacht, die gewissermaßen auf magische Weise die eigenen Bedürfnisse erfüllen sollen.

Solche magischen Vorstellungen hängen damit zusammen, daß nach dem Ideal der bürgerlichen Liebe diese zwangsläufig dazu führt, daß zwei Individuen sich auf eine ganz besondere Weise verstehen und miteinander einen Zustand völliger Einfühlung produzieren. Diese Einfühlung wird offenbar im Familienleben um so wichtiger, je mehr sie dem Arbeitsleben fehlt; die Helden der Massenmedien sollen dabei den versagenden Partnern, Vätern, Müttern unter die Arme greifen. Mit den Ansprüchen an die Liebe vermehren sich die Enttäuschungen. Jeder möchte verstanden werden, keiner sich verständigen. Die phantasierte Rückkehr zur Mutter-Kind-Beziehung liegt nahe, in der die Verheißung wunschloser Befriedigung am ehesten erfüllbar scheint. Doch will diesmal jeder Kind sein: «Der/die muß doch wissen, was ich brauche, wenn er/sie mich liebt ... er/sie liebt mich eben nicht ...» Subjektiv wird die Wunschlosigkeit oft als Stolz erlebt. Stolz ist das Festhalten an einer Idealvorstellung vom eigenen Selbst, das lieber verbittert und wuterfüllt ausharrt als einen Wunsch zu äußern, ja auch nur die einmal vertane oder versagte Befriedigungsmöglichkeit zu erneuern. Mir fällt dazu ein Mann ein, der sich selbst, seine Frau und sein Kind durch tagelanges Schweigen in Wut und Trotz quälte, wenn seine Frau einmal seinen Wunsch nicht wahrnahm, mit ihr zu schlafen. Er empfand die eigene Unfähigkeit, sich erneut zu öffnen, höchst schmerzlich – es gelang ihm nicht, in dieser Stimmung die Zuwendung seiner Frau überhaupt als ehrlich anzunehmen. Nur wenn sie auch trotzte, fand er sie glaubwürdig: Im Bösen war dann die narzißtische Harmonie wiederhergestellt, die im Guten nicht glückte. Die wunschlose Befriedigung, der Stolz und das von ihnen verheißene Glück sind wichtige Attribute des Helden und des Helfers.

Mir scheint, daß die Hemmung, durch die so viele Wünsche in uns sauer werden und endlich als Vorwürfe beim Partner landen («nie denkst du an mich ... ich hätte mir so sehr eine liebevolle Geste gewünscht ... du interessierst dich nicht für mich ... du willst nur was für dich, du willst nur mit mir schlafen ...»), mit der Preisgabe narzißtischer Sehnsüchte zu tun hat. Wer Wünsche äußert, gibt zu, daß er nicht allmächtig ist, wie sich das Baby fühlen mag, das mit der Mutter zu einer omnipotenten Wunsch-Befriedigungs-Maschine verschmilzt. Wer sich etwas wünscht, gibt zu, daß ihm etwas fehlt, was ein anderer hat. Er gesteht sich und – bedrohlicher noch – dem Partner zu, daß er mangelhaft und unvollkommen ist, nicht unmittelbar mit dem seelischen System des Partners verbunden, sondern gezwungen, sich in dieser Unvollständigkeit an einen anderen zu wenden.

Wesentlich für die emotionale Grundsituation des Wünschens ist die Nähe zur Bitte, die Gefahr, der ungerechtfertigten, aufdringlichen, lästigen Bitte, der Bettelei bezichtigt zu werden. (Ein Nebengedanke: Die Vormacht der Geldwirtschaft, der Tauschbeziehungen hilft mit, das Wünschen zu verlernen, Situationen zu meiden, in denen kein Profit versprochen, kein Gegenwert angeboten werden kann. Und heute verschwinden, dank bargeldloser Zahlung und Selbstbedienung, die letzten Reste der Wunschäußerung aus dem Wirtschaftsleben, bis zur Zukunftsvision des Einkaufs per Kabelfernsehen.) So klagt sich der Wünschende an und nimmt Ablehnung vorweg, unterläßt den Wunsch oder unterstellt dem möglichen Geber von vornherein negative Gefühle («ich weiß ja, ich falle dir lästig ...»). Oder er kleidet die offene Bitte in den Mantel scheinbar begründeter Forderungen («ich hab den ganzen Tag gearbeitet, könntest du bitte ...») oder Feststellungen («es ist jetzt das fünfte Mal nacheinander, daß ich aufgestanden bin und Kaffee koche»).

Die Schwierigkeit im Wünschen liegt darin, daß mit ihm unweigerlich die Fremdheit anerkannt wird, die zwischen dem Wünschenden und dem Objekt seines Wunsches besteht. So gesehen, ist die Schwierigkeit, zu wünschen, auch ein Ausdruck der Angst, den ursprünglichen Narzißmus der Mutter-Kind-Einheit zu verlassen, die sehnsüchtige Rückkehr zu ihr aufzugeben, die Trennung als unwiderruflich anzuerkennen. Selbst wenn es uns gelingt, ein Stück weit die narzißtische Phantasie, allmächtig zu sein, preiszugeben und offen etwas zu wünschen, was uns fehlt – wir versuchen doch, die Illusion der Allwissenheit zu behalten und unsere Wünsche geschickt und kontrolliert so anzubringen, daß wir von vornherein Bescheid wissen, ob sie nun erfüllt werden oder nicht.

Die Austauschbarkeit des Helden und des Helfers: Thor verwandelt sich in Dr. Blake, der nicht die Welt vor dem Untergang, sondern Mr. Markham vom Tod rettet. «Selbst das Leben eines Donnergottes bietet keine größere Befriedigung, als einem Mitmenschen zu helfen!» (rechts)

THERE IS A MEDICAL REPORT WHICH DR. BLAKE HATH BEEN EXPECTING...
A REPORT WHICH WILL TELL HIM THE CONDITION OF AN AILING PATIENT!
THUS DO I STRIKE MY HAMMER!!!
FOR, TO A DOCTOR, THE LIFE OF ONE SICKLY MAN IS AS IMPORTANT AS THE FATE OF THOUSANDS!
I SEE THAT THE TEST RESULTS HAVE ARRIVED!
THIS IS THE REASON I RUSHED AWAY FROM THOSE YOUNGSTERS...
MR. MARKHAM WILL BE HERE SOON---TO LEARN HIS CONDITION! I CAN'T KEEP HIM WAITING!
WELL, THE NEXT FEW SECONDS WILL TELL THE STORY..!
DOCTOR BLAKE! THANK HEAVEN YOU'RE HERE!
FORGIVE ME FOR BARGING IN THIS WAY... I-I JUST HAVE TO KNOW... WHAT THE X-RAYS REVEAL!
MR. MARKHAM! I TOLD YOU NOT TO UPSET YOURSELF!
LUCKY I GOT HERE WHEN I DID! HE MUST HAVE BEEN WORRYING HIMSELF SICK!
YOU'VE GOT TO TELL ME THE TRUTH, DOCTOR! DON'T KEEP ANYTHING FROM ME!
I KNOW I'M JUST A NOBODY! IT DOESN'T MATTER IF I LIVE OR DIE!
DON'T EVER SAY THAT, MR. MARKHAM! EVERY MAN'S LIFE IS IMPORTANT-- VITALLY IMPORTANT!
BUT STILL-- I-I JUST HAVE TO KNOW!
NOW JUST GET A GRIP ON YOURSELF, WHILE I STUDY YOUR REPORT---
YOU'VE BEEN WONDERFUL, DOCTOR---TREATING ME LIKE YOU DID--EVEN THOUGH I CAN'T AFFORD TO PAY YOU--I DON'T KNOW---WHAT TO SAY--!
JUST SAY... A PRAYER OF THANKS!
YOUR TESTS ARE ALL NEGATIVE!
YOU MEAN ... I-I'M GOING TO BE ... ALL RIGHT?!!
JUST A LITTLE REST... AND YOU'LL BE FIT AS A FIDDLE IN NO TIME!
THE JOY IN HIS EYES ... IN HIS HEART! EVEN THE LIFE OF A THUNDER GOD CAN OFFER NO GREATER SATISFACTION THAN THIS!
FOR I HAVE HELPED A FELLOW MAN!

Wunscharbeit

Zu den Arbeiten, die wenig geachtet werden, gehört nicht nur die Hausarbeit, sondern auch die Beziehungsarbeit. Meist ist es die Frau, der es zufällt, die gefühlshafte Seite der Partnerschaft zu verwalten. Sie spricht Konflikte an und entwickelt Vorschläge, wie mit ihnen umgegangen werden kann. Oft wird damit auch die Wunscharbeit verknüpft. Einer der Partner produziert Wünsche für beide; dem anderen fallen Zustimmung und Ablehnung zu. Diese Situation führt früher oder später dazu, daß sich der zur Wunscharbeit gedrängte Partner überfordert und ausgebeutet fühlt. «Immer muß ich mich um das kümmern, was wir gemeinsam machen. Wenn ich sage, ich möchte am Wochenende was unternehmen, dann muß ich mir die Vorschläge ausdenken. Und womöglich sagt er dann noch: ‹Machen wir doch das, was dir am liebsten ist.› Wenn dicke Luft ist, würde er es auch zehn Jahre lang nicht ansprechen.»

Grundgesetz des Narzißmus ist das Sicherheitsprinzip. Die Verschmelzung mit einem Erwachsenen gewährt dem Kind Schutz vor übermächtigen inneren und äußeren Reizen. Ein Kind wird in der Regel auf Triebbefriedigungen verzichten, wenn sie es hindern, die vertraute Bezugsperson zu behalten. Es lernt, Leistung und Anpassung an die Stelle des Gefühls- und Wunschausdrucks zu setzen. Der narzißtische Urwunsch und Unwunsch richtet sich darauf, die Last der individuellen Wunschproduktion, der Vereinzelung durch Triebbefriedigung, abzuwälzen, das Wünschenmüssen in einem bedürfnislosen Nirwana aufzuheben. Im Alltagsleben drückt sich diese Sehnsucht in der Phantasie vom idealen Partner aus, der alle Wünsche nach Bestätigung, Beziehung und Triebbefriedigung erfüllt, ohne daß der Schritt in die Unsicherheit gewagt werden muß, sie zu äußern (und dann Gegenforderungen wahrnehmen zu müssen). Diese Unsicherheit vermeidet der Mann, der die Wunschproduktion innerhalb der Beziehung seiner Partnerin überläßt. Er kann eine kritische, distanzierte Haltung einnehmen, er kann scheinbar erwachsen bleiben (im Sinn der Industriegesellschaft, in der erwachsen ist, wer sich rational kontrolliert). Wenn Erwartungen enttäuscht werden, sind es die seinen nicht gewesen, war es nicht seine Allmacht, von der er ein Stück preisgeben mußte, ist es nicht seine Abhängigkeit vom Entgegenkommen der Wirklichkeit, die deutlich wurde.

Der Held stellt zur Gesellschaft eine ähnliche Beziehung her wie dieser Mann zu seiner Partnerin: Er tut das Richtige, erfüllt das Ideal, und wird daher – scheinbar ohne eigene Bedürftigkeit – von allen gepriesen, bestätigt, wunschlos gefüttert. Dem Helden gelingt in der Phantasie, was dem beschriebenen Ehemann wohl mißlingen wird, da Frauen immer häufiger aus dieser Rollenteilung ausbrechen, die Wunscharbeit verweigern und durch diesen Streik dem Partner eine Abhängigkeit verdeutlichen, die ihn tief verletzt und mit der er gar nicht gelernt hat umzugehen.

Von einem, der auszog, das Wünschen zu lernen

Das Märchen von dem, der auszog, das Gruseln zu lernen, bezieht seinen Reiz daraus, daß ein Mensch angeblich das Lebensgefühl seiner Gattung nicht kennt: die Angst. Vom Wünschen reden die Märchen nicht so. Sie sprechen von der Zeit, in der das Wünschen noch geholfen hat, und verweisen damit in das narzißtische Paradies, in dem Wunsch und Befriedigung untrennbar miteinander gekoppelt sind. Mit den offen ausgesprochenen Wünschen geht das Märchen anders um. Es versucht zu zeigen, daß der Mensch nicht mit seiner Wunschproduktion umgehen kann, wenn wirklich eine Fee die Rolle der idealen Mutter übernimmt. Es gibt verschiedene Versionen des Wunschmärchens, aber den meisten ist gemeinsam, daß der erste Wunsch an eine Augenblickslust vergeudet wird – etwa Bratwürste – und der zweite, in der Wut ausgesprochen, einen schlimmen Schaden anrichtet (die Bratwürste werden etwa an die Nase des voreilig

Wünschenden gezaubert). Der dritte Wunsch dient dann dazu, den früheren Zustand herzustellen. Mir fällt dazu die klassische Handlung der Superhelden-Comics ein: Ein Übeltäter taucht auf, zerstört den Frieden, bedroht den Helden und die ganze Stadt oder gleich die ganze Erde und wird aus scheinbar aussichtsloser Position heraus in einem Gigantenkampf doch wieder zurückgeschlagen. Viel Lärm um nichts! Das Ende ist wie der Anfang, wie im Wunschmärchen oder wie in der frühen Kindheit, wenn die verlorengegangene Symbiose durch die Rückkehr der Mutter wiederhergestellt wird.

Der «richtige» Wunsch (nämlich die «ewige Seligkeit») kann im Märchen seine Abkunft von der narzißtischen Paradiessehnsucht nicht verleugnen. Doch läßt sich die Geschichte von den drei Wünschen auch so auffassen, daß wir ungeübt sind, die grenzen- und maßlosen Wunschproduktionen unserer Phantasie in Wünsche zu übersetzen, die abgrenzbar, realistisch und erfüllbar sind. Je weniger Wünsche im Dialog mit dem Partner geäußert und mit seiner Wirklichkeit verbunden werden, desto mehr entfernt sich die gesamte, wunschproduzierende Phantasie vom Dialog und von der Wirklichkeit des anderen. Je länger sie in den abgespaltenen Dschungeln wuchert, desto mehr scheuen die Wünsche die rauhe Luft außerhalb der abgeschlossenen Wände – und je weniger sie sich nach draußen wagen, desto kälter und rauher scheint die Realität. So ergibt sich die Situation, daß alle an die Wirklichkeit gerichteten Wünsche verleugnet werden. Der Kontaktarme redet sich ein, die übrigen Leute seien einfach zu primitiv; der Durchsetzungsgehemmte läßt anderen bereitwillig den Vortritt. Die Allmachtsillusion der Bedürfnislosigkeit bleibt erhalten, wie in der ausgehungerten Stadt, deren Bewohner die feindlichen Belagerer täuschen, indem sie ihnen die letzte, gemästete Sau über die Mauer werfen.

So zerstört die Lähmung der Wunschproduktion durch eine Spaltung in die ideale Traumwelt der narzißtischen Phantasie und einen feindlichen Alltag die realen Befriedigungsmöglichkeiten. Doch ist es gerade deshalb wichtig, die Traumwelten der

Phantasie und die Helden, welche in ihnen herrschen, genauer zu untersuchen. Vielleicht lassen sich daraus Möglichkeiten gewinnen, den Dialog wiederzubeleben, der im Monolog des narzißtischen Phantasierens abgerissen ist – und vielleicht gewinnt der eine oder andere Leser auch Zugang zu einer Welt trivialen Heldentums, der ihm bisher (eben wegen der unseren gebildeten Schichten anerzogenen Abwertung des offenen Narzißmus) verschlossen blieb.

Wer selbst nicht wünschen kann, wird von der Wunschproduktion der Menschen abhängig, die ihm nahestehen, und muß mit Eifersucht darüber wachen, daß sie verfügbar bleiben. In Partnerbeziehungen kann sich das so auswirken, daß der/die Betroffene auf der Suche nach dauerndem Glück ständig unglücklich ist. Das Streben nach einem Idealzustand, der durch Partnerwechsel oder ständige aggressive Vorwürfe endlich erreicht werden soll, führt dazu, daß die im Jetzt liegenden Befriedigungsmöglichkeiten nicht mehr wahrgenommen werden. Für diese Bereitschaft, sich der Zukunft zu opfern, bieten die Heldengeschichten zahlreiche Hinweise – etwa Aragorn im «Herrn der Ringe», der vierzig Jahre auf Königtum und Vermählung wartet. Die Szenen des Alltags sind freilich bitterer, allenfalls eine selbstquälerische Variante des Heroismus mag erkennbar sein, wenn wir Formeln hören:» Ich habe dir die besten Jahre meines Lebens geopfert», oder: «Ich habe soviel in diese Beziehung investiert, und es hat mir nichts gebracht ...» Verzicht und Anpassung sollen den Weg für eine ideale, wunschlos glückliche Zukunft öffnen; demgegenüber scheinen die Möglichkeiten, durch den Wunschausdruck in der Gegenwart befriedigt zu werden, kümmerlich und vorläufig. Wer in dem Gefühl lebt, sich für eine ferne Befriedigung geopfert zu haben, und endlich spürt, daß er sein Ziel nie erreichen wird, gerät in eine unausweichliche, lebensbedrohliche Krise. Er hat sich tatsächlich geopfert, doch nicht nur, indem er sich an die Erwartungen eines Partners, Arbeitgebers, einer wie auch immer gearteten Karriere anpaßte, sondern vor allem dadurch, daß er seine ganze persönliche, nur ihm eigene Wunschproduktion aufgab für ein ideales Bild, das von äußeren Forderungen bestimmt war. Es zu erreichen, sollte endlich die Wiederkehr des paradiesischen Zustandes bringen, die allmächtige narzißtische Einheit, das dauernde Glück.

Diese Untersuchung über Narzißmus und Heldentum führt die beiden Themen fort, die mich in den letzten Jahren beschäftigt haben: die seelischen Mechanismen hinter dem Helfer-Verhalten (deren Fortführung ja die Helfer-Helden-Mythologie darstellt, bis hin zum Thor der Marvel-Comics, der im Privatleben Arzt ist und ganz offen den narzißtischen Gewinn aus beiden Rollen – der des Donnergottes und der des Arztes – vergleicht) und die Problematik von Idealen. Doch wird der Leser hoffentlich auch merken, daß ich die Heldengeschichten liebe. Ich verdanke das unter anderem meiner Mutter, vor der ich zwar meine Tarzan-, Akim- und Sigurd-Comics verstecken mußte, die uns Kindern aber am Abend aus HERODOT, HOMER und anderen Quellen der griechischen Mythologie erzählte, lange ehe wir selbst solche Geschichten lesen konnten. Selbst die akademische Trockenheit, die ich den Helden in meiner Doktorarbeit über Mythos und Psychologie («aufgezeigt an der Ödipussage») antat, hat meine Freude an Heldenphantasien nicht beeinträchtigt. Als mir eine Freundin den «Herrn der Ringe» lieh, erhielt ich den letzten Anstoß, diesen seit langem weggelegten Faden wieder aufzunehmen. Ich gab den ersten, ausgelesenen TOLKIEN-Band meiner Mutter. Als ich ihr die beiden anderen bringen wollte, winkte sie ab: Sie hatte sich längst das ganze Werk gekauft, es gelesen und wir konnten uns lange über das dualistische Weltbild des Autors und unsere Liebe zu den Elben unterhalten. So sind die Heldengeschichten ein Weg für uns geblieben, die narzißtische Harmonie auf einer intellektuellen Ebene herzustellen ...

Ich danke KARIN KREMER, INGA WILD, DOROTHEE ECHTER, WERNER RICHTER und SIEGLINDE DIESSELHORST für praktische Hilfe und narzißtische Bestätigung. EDMUND FRÜHMANN hat mir geholfen, meine eigenen Helden-Träume aus dem Dunkel der Vergessenheit zurückzuholen. Siegfried Gröninger förderte meine eigene psychotherapeutische Praxis von Anfang an. Ich fand in ihm einen Begleiter und Gesprächspartner, der mir viele Anstöße gegeben hat, so daß meine Helfer-Träume sich mehr mit der Wirklichkeit auseinandersetzen konnten und mußten, als es sonst möglich gewesen wäre. Obwohl ich die Geduld meiner Klienten diesmal nicht mit ihrer Verwendung in doch nicht genug verschlüsselten Fallgeschichten belaste, danke ich ihnen für viele, unersetzliche Einsichten. Meine Töchter Ina-Maria und Lea haben mich mit Anregungen, aber diesmal auch mit Literatur und ihrer intensiven Kenntnis des Fernsehprogramms unterstützt. Widmen möchte ich dieses Buch der Heldin meiner Tage und Nächte.

W.S.
München, März 1981

2. Einleitung: Heldentum, Narzißmus und Selbstgefühl

Schwierigkeiten mit dem Selbstgefühl sind die am weitesten verbreitete seelische Störung in den Gesellschaften der westlichen Welt. Zu ihnen zählen die Depressionen, in denen jedes Gefühl einer inneren Bindung an die Welt und an unsere Mitmenschen abzureißen droht und große Bereiche unserer Person, unseres Lebens ihre Daseinsberechtigung verlieren. Dahinter steht ein unbewußtes und ungewolltes Streben nach Grandiosität, nach vollkommener Beherrschung des Lebens auf einer Ebene des Leistens und Machens, die bei allen äußeren Erfolgen den Keim des Scheiterns in sich trägt, nicht viel anders als die auf ähnlichen Grundlagen beruhende Industriegesellschaft.

In einer Fortentwicklung des von FREUD geprägten Begriffs «Narzißmus» werden heute die Störungen des Selbstgefühls mit der seelischen Entwicklung in der frühesten Kindheit verbunden und als Zwei-Personen-Thema dem Drei-Personen-Konflikt des Ödipuskomplexes gegenübergestellt. Darüber hinaus ist der Narzißmus zu einem vieldiskutierten Deutungsansatz in der Erziehung geworden: politische Apathie, Konzentrationsmängel, «orale Flipper» (im Gegensatz zu den «autoritären Scheißern» früherer Generationen) unter den Jugendlichen sollen mit einem «narzißtischen Sozialisationstyp» zusammenhängen.

Ich möchte hier vor dem Hintergrund dieser aktuellen Debatte eine neue Perspektive entwickeln: Wie läßt sich das Narzißmus-Konzept auf literarische Texte anwenden? Es liegt nahe, die typischen Muster von Heldengeschichten mit dem Selbstgefühl ihrer Autoren und Leser zu verknüpfen. Ich möchte jedoch über diese (zunächst einigen Raum einnehmende) Untersuchung der Spiegelung des Selbstgefühls und seiner Wandlungen in literarischen Texten hinausgehen. Es geht mir auch darum, zu zeigen, daß es eine spezifisch bürgerliche Heldenvorstellung und damit auch einen bürgerlichen Narzißmus gibt, der in den letzten zweihundert Jahren tiefgreifende Veränderungen (von den Helden KARL MAYS zu jenen der Comics, beispielsweise) durchgemacht hat. Ich will nicht nur mit Hilfe der analytischen Narzißmus-Forschung die Heldengeschichten besser verstehen, sondern auch umgekehrt mit Hilfe der Heldengeschichten (und ihrer gesellschaftlichen Bedeutung) das psychoanalytische Narzißmuskonzept relativieren. Die hinter ihm stehenden Interessen der Psychoanalytiker sollen deutlich gemacht werden, um klarzustellen, daß auch auf diesem Gebiet die Analyse keine Aussagen machen kann, die für jeden Menschen, gleich aus welcher Kultur, zutreffen.

Mir scheint, daß dieser Anspruch mit einer aufgelockerten Darstellungsweise vereinbar ist, die dem Reiz der «trivialen» Vorlagen keineswegs zugeknöpft gegenübersteht. Ich finde es auch sehr wichtig, in einem solchen Buch Bilder zu zitieren, weil diese – vielleicht mindestens ebenso wie der Text – die Wandlungen der Heldengestalten und Heldenbilder aufzeigen können (und weil ich aus meinen eigenen Erinnerungen noch genau weiß, wie wichtig mir die Illustrationen in meinen Kinder- und Jugendbüchern waren).

Die Beschäftigung mit den Heldengeschichten ist auch eine Begegnung mit den inneren und äußeren Bildern der Jugend. Für mich gab es damals zwei Welten (und was ich von meinen Kindern erfahre, spricht dafür, daß es ihnen nicht viel anders geht). Die eine war mein Alltag – unbedeutend, abhängig von den Erwachsenen, oft ohnmächtig, mit heftigen Schwankungen des Selbstgefühls. Doch gab es auch eine andere Welt. In ihr suchten Männer ihren Weg durch große Gefahren, in der Wüste, im Eismeer, in den Bergen oder im Dschungel. Diese Helden waren mir verwandt und waren doch mein Gegenteil: Während mein innerer Zustand sehr labil war, meine äußeren Lebensumstände aber durch die Zwänge des Gymnasiums fest und für die unendlich lange Zeitspanne bis zum Abitur klar vorgezeichnet, verhielt es sich bei den Helden umgekehrt. Ihr innerer Zustand schwankte nicht, ihr Mut und Selbstvertrauen blieben unerschütterlich, während sie von äußeren Veränderungen und Bedrohungen in rascher Folge heimgesucht wurden.

«Wer ist gestürzt?» rief Ivanhoe aus; «um unserer heiligen Jungfrau willen sage mir, wer ist gestürzt?»

«Der schwarze Ritter!» antwortete Rebekka mit schwacher Stimme, rief aber schon eine Sekunde später mit freudiger Hast: – «Doch nein – nein! – der Name unsres alten Gottes sei gepriesen! – er steht wieder und kämpft, als habe sein einzelner Arm die Kraft von zwanzig Männern. – Ach, sein Schwert bricht – er entreißt einem Vasallen die Streitaxt – er dringt, Streich auf Streich führend, auf Front de Boeuf ein – der Riese schwankt wie die Eiche unter der Axt des Holzfällers. – Er stürzt! Er stürzt!»[1]

Der Held ist periodisch in Gefahr, vollständig zu erliegen, doch gelingt es ihm immer wieder, alle Gegner und Gewalten zu bezwingen. In den Bildgeschichten ist es meist diese Situation, in der eine Episode abreißt: Dem Helden droht ausweglose Todesgefahr, aber er wird sicherer überleben als der Leser. Zu Beginn der nächsten Folge bezwingt er alle Gegner, schöpft kaum Atem und gerät wieder in tödliche Gefahr.

Ich pflegte den ohnehin weiten Schulweg in das Gymnasium zu verlängern, indem ich das Rad nach Hause schob und träumte. Die Erniedrigung, schwächer zu sein und schlechter gekleidet als die anderen, weniger schlagfertig mit Fäusten und Worten, verschwand in diesen Träumen ganz. Es war so, daß Old Shatterhand und Winnetou in eine Gefahr gerieten, die sie aus eigenen Kräften nicht mehr bewältigen konnten, wäre nicht ich erschienen – klüger und kräftiger als sie beide. Sie waren hoffnungslos eingeschlossen in tiefen Tälern oder labyrinthischen Höhlen, und ich befreite sie. Oder Dietrich von Bern, ein ande-

1 Walter Scott, Ivanhoe. Deutsch von Otto Randolf, Leipzig o. J., S. 310

rer Gefährte meiner Jugend, drohte einer Übermacht feindlicher Ritter zu erliegen. Sein Helm war durchlöchert, sein Schild gespalten, als ich in die Meute der Gegner sprengte und sie auseinandertrieb, wie ein Windstoß den Rauch eines Feuers.

Doch waren diese Szenen meiner Träume weniger wichtig als die auf mich selbst bezogenen Phantasien. Sie kreisten vor allem um meine Ausrüstung. Es war klar, daß ich unsterblich sein mußte und völlig unverwundbar, daß alle Waffen hilflos an mir abprallten, wobei es mich lange Überlegungen kostete, wie denn an diesen gepanzerten Körper noch angenehme erotische Empfindungen herankommen sollten, und wie durchlässig der Schutzmantel für die unerläßlichen Ausscheidungen sein müßte. Am Ende kam es mir am sinnvollsten vor, den Schutzpanzer als ein Kraftfeld zu denken, das sich erst dann aufbaute, wenn irgendeine Bedrohung von außen kam, und mich sonst unbehelligt ließ. Der hürnene Siegfried, dessen Haut durch das Drachenblut unverwundbar geworden war mit Ausnahme jenes entscheidenden Flecks zwischen den Schulterblättern, war im Vergleich zu mir wie ein Vorderlader gegenüber einer Laserpistole.

Damit sind wir bei den Waffen, die natürlich in diesen Phantasien ebenfalls eine wichtige Rolle spielten. Wie zu erwarten, war mein Schwert schärfer als Mimung (das berühmte Schwert Wielands, das einen Gegner in zwei Hälften trennte, ohne daß er mehr merkte als einen leisen Schauer, der ihm den Rücken herunterlief: erst als er sich schüttelte, fiel er auseinander) oder als Siegfrieds Schwert Balmung, dessen Knauf ein großer Smaragd zierte. Am Knauf meines Schwertes saß ein Diamant, und sein Licht blendete alle meine Feinde. Bei den Schußwaffen entschied ich mich nach langem Überlegen für eine unscheinbare Browning-Pistole, die jedoch in der Lage war, je nach meinem Wunsch und den Erfordernissen der Schlacht Granaten, ja Atombomben genau ins Ziel zu schießen, und sei es auch noch so weit entfernt. Um es wahrzunehmen, sollte ein kleines, doch kräftiges Zielfernrohr eingebaut sein, das es mir ermöglichte, die erstaunlichen Schußleistungen von Karl Mays Bärentöter bei weitem zu übertreffen. Weit mehr als die päpstliche beschäftigte mich nämlich die Unfehlbarkeit der Schützen.

«Mitten ins Zentrum! – Hubert hoch!»

«Den Schuß kannst du nicht übertreffen, Locksley!» sagte der Prinz mit höhnischem Lächeln.

«Wenigstens will ich seinem Pfeil eins versetzen!» meinte Locksley.

Und seinen Pfeil mit etwas größerer Aufmerksamkeit absendend als früher, traf er den seines Gegners und spaltete ihn mitten durch.

Die Umstehenden waren von dieser wunderbaren Geschicklichkeit so verblüfft, daß sie ihrem Staunen nicht einmal durch das gewohnte Geschrei Luft machen konnten.

«Das muß der Teufel sein und nicht ein Mensch von Fleisch und Blut!» flüsterten die Bogenschützen einander zu. «Ein solcher Schuß ward noch nie getan, solange man in unserem Reiche den Bogen spannt.»[1]

«Narzißmus» ist ein schillernder Begriff für das, was in diesen Geschichten steckt. In der alten griechischen Fabel wird beschrieben, wie ein Jüngling – Narziß – so schön ist, daß sich Frauen und Männer in ihn verlieben. Doch er verschmäht diese Liebe, zu keiner Gegenliebe fähig oder bereit (über diesen wichtigen Unterschied läßt uns der unbekannte Schöpfer dieser Geschichte im unklaren). Die Nymphe Echo, die Narziß unsterblich liebt, schwindet in ihrem Kummer so dahin, daß endlich nur noch ihre Stimme übrigbleibt[2], die in verlassenen Schluchten klagend laut gesprochene Worte wiederholt. Als Narziß aber auch noch einem männlichen Anbeter, dessen Werben ihm lästig wird, ein Schwert schickt und dieser sich damit tötet, zürnt ihm die Liebesgöttin. Sie bestraft ihn mit unerfüllbarer Liebe zu seinem eigenen Bild im Spiegel einer klaren Quelle. So verschmachtet Narziß und wird endlich in die Blume verwandelt, der wir im Deutschen bezeichnenderweise einen weiblichen Namen geben – steht es doch hierzulande (und anderwärts in den Vaterländern) eher Frauen an, lange in den Spiegel zu blicken.

1 W. Scott, Ivanhoe, a. a. O., S. 93

2 Dieses «Schwinden» beschreibt Tolkien auch für die Nâzgul, die Ringgeister

Wer sich selbst so sehr liebt, daß er unfähig ist, andere zu lieben, entspricht dem Volkscharakter des Narziß (oder Narzißten). Das ist gar nicht weit entfernt von der Bedeutung, die Sigmund Freud dem Wort gegeben hat, obwohl er es vermieden hat, einen Narzißten als Person zu beschreiben. Der Zustand des Narzißmus – so Freud – ist dadurch ausgezeichnet, daß die sexuelle Energie, die Libido, sich auf die eigene Person richtet und daher wenig Liebe für andere Personen zustande kommen kann. Ein Wahnkranker ist so sehr damit beschäftigt, alle Ereignisse, die um ihn herum ablaufen, auf sich selbst zu beziehen, daß er gar keine Kraft übrig hat, sich jemandem mit liebevollen Gefühlen zuzuwenden und sich für dessen innere Welt zu interessieren. Ein anderes Beispiel Freuds ist der in schwärmerischer Anbetung seiner Erwählten schmachtende Dichter, den plötzlich Zahnweh befällt:

> «Ich schnitt es gern in alle Rinden ein,
> ich schrieb es gern auf jeden Kieselstein,
> ich sät' es gern auf jedes frische Beet,
> mit Kressensamen, der es schnell verrät,
> auf jeden weißen Zettel möcht' ich's schreiben:
> Dein ist mein Herz, und soll es ewig, ewig bleiben.» ...[1]
>
> «Und einzig in der engen Höhle
> des Backenzahnes wohnt die Seele ...»[2]

Der Narzißt ist dem Egoisten insofern verwandt, als er sich einer Haltung überführen läßt, die man in der bürgerlichen Gesellschaft zwar hat und von der man auch weiß, die jedoch nicht gezeigt wird. «Gemeinnutz geht vor Eigennutz» wird auf die Münzen geprägt, und im Prägejahr dieser Münzen fragt ein Dichter: «Was ist die Beraubung einer Bank gegenüber der Gründung einer Bank?» Der Narzißt, der Egoist und der Bankräuber haben gemeinsam, daß sie den Mantel des Allgemeinin-

1 Schubert/Müller: Die schöne Müllerin
2 Wilhelm Busch

teresses nicht geschickt genug über Beweggründe decken, die tatsächlich die gesamte Gesellschaft beherrschen. Sie sind keine Helden, oder sie sind Helden zur falschen Zeit.

Narziß ist als Ausgangspunkt von Überlegungen zum Selbstgefühl in vieler Hinsicht nützlich. Er ist kein Held wie die anderen, wie Herakles oder Perseus, Achill oder Odysseus – er tut nichts, sondern er verweigert sich dem Handeln. Und wenn wir überhaupt von Helden wissen, so liegt das daran, daß es nicht nur Helden gibt, sondern auch gemütlichere Leute: Zuhörer von Heldengeschichten, oder Dichter solcher Geschichten. Sehr wenige Helden sind so passiv wie Narziß – er ist ein negativer Held, und gerade das macht ihn dem Zuhörer von Heldengeschichten (dem Zuschauer von Filmen, dem Betrachter von Comics) so ähnlich. Auch sie sitzen vor dem Spiegel – nur ist es ihnen verborgen, daß er sie selbst zeigt. Sie bleiben untätig, und ihre inneren Verwandlungen fallen niemandem auf, obwohl sie kaum weniger tiefgreifend sind als die Verwandlung des Jünglings Narziß.

Ich will die Erscheinungsformen des Narzißmus am Beispiel des Helden verfolgen und ihre Abhängigkeit von gesellschaftlichen Einflüssen nachweisen. Am sinnvollsten scheint es mir dabei, von einem klar faßbaren Typus des Helden auszugehen, wie er im «bürgerlichen» Kulturbetrieb entstanden ist, und von dort aus weiter zu verfolgen, wie dieser bürgerliche Held mit den Helden der Rittersagen (des Feudalismus) zusammenhängt. Diese Vorarbeit wird es dann ermöglichen, genauer zu ermitteln, welche Veränderungen des Narzißmus sich in den Eigenarten der heutigen Superhelden ausdrücken, wie wir sie aus den Comics kennen.

Der Wunsch, großartig und mächtig zu sein, muß in einer männlich beherrschten Gesellschaft notwendig zur Herstellung von Helden führen, welche diese Möglichkeit vorstellbar machen. Als Wunsch ist er nicht naturwüchsig, sondern seinerseits eine Folge der herrschenden Lebensbedingungen, wie uns das Beispiel der sogenannten «Primitivkulturen» lehrt: Ihre zyklische Lebensform, darauf abgestellt, daß eine kleine Gruppe von Menschen über lange Zeit hin in Harmonie mit der Natur lebt, kann auf Heldentum verzichten. Sicherlich ist auch der meist von Psychoanalytikern für narzißtische Motive verwendete Ausdruck «Allmachtswünsche» oder «Omnipotenzphantasien» keine Beschreibung eines allgemeinmenschlichen Bedürfnisses, sondern einer gesellschaftlichen Situation, in der Macht zu einem zentralen Wert geworden ist.

Was mit Narzißmus in der Alltagssprache verknüpft wird, bleibt unklar. Jeder Politiker, der sich zu ihm als seinem Leitmotiv bekennen würde, setzt seine Karriere aufs Spiel. Narzißmus wird oft mit jenen Personen verbunden, die sich besonders durch einen *Mangel* an festem Selbstgefühl auszeichnen. Der heute in den Gesprächen der Psycho-Szene erwähnte «Narziß» ist einem Reichen vergleichbar, der sich durch chronischen Geldmangel auszeichnet und ständig andere Leute anpumpt. Wenn die seelischen Verhältnisse ähnlich leicht klärbar wären wie die finanziellen, würde niemand darauf beharren, diesen Mann deshalb reich zu nennen, weil er so viele Schulden hat und so sehr darauf angewiesen ist, ständig von seinen Freunden Geld zu leihen. Wie man in der bürgerlichen Gesellschaft Geld hat, aber nicht davon spricht, so ist es in ihr auch mit dem Narzißmus bestellt. Seit der Hippie-Bewegung und dem Aufbruch in die verschiedenen Alternativ-Szenen hat sich das teilweise geändert. Ich will hier nicht verhehlen, daß meine Sympathie eher den Männern gehörte, die ihr Bedürfnis, sich selbst zu bewundern, durch Muschelketten und Zottelhaare ausdrückten, als jenen, die durch ihre kriegerischen Tugenden in Vietnam Helden der amerikanischen Nation werden wollten und ihren Narzißmus als Pflichterfüllung zu entschuldigen wußten.

Der Psychoanalytiker, nach einer genaueren Begriffsbestimmung befragt, wird weiter ausholen, aber nicht viel mehr Klarheit schaffen.

Die Vermutung, daß der vollständig geschlossene Liebes-Kreislauf des Narziß vor dem Wasserspiegel eine reale menschliche Ursituation des selbstgenügsamen Zustandes vor und kurz nach der Geburt wiederholt, sollte aufgegeben werden. Wir wissen zu wenig vom Erleben des Säuglings, aber auch zuviel von der großen Bedeutung von Geburtsphantasien und Wünschen, wieder in den Mutterleib zurückzukehren, um einen menschlichen Ur-Narzißmus anzunehmen. Entsprechende Phantasien sind eher auf die Rückzugsvorstellungen von älteren Kindern und Erwachsenen zurückzuführen, denen die Last des Lebens zu schwer wird, als auf reale Erinnerungen an einen Urzustand, in dem alle Liebe bei einem selbst war. Die Annahme MICHAEL BALINTS von einer Ur-Liebe, die durchaus anderen Menschen gilt, ist glaubwürdiger und paßt auch besser zu dem beobachtbaren Verhalten des Säuglings, der sich mit vorgeprägten Handlungen den Menschen seiner Umwelt zuwendet – beispielsweise mit Bewegungen zur Brustsuche, mit Anklammerungsgesten oder mit seinem Sauginstinkt.

Der Narzißmus hängt sicher mit dem Bedürfnis zusammen, sich selbst zu lieben und auf diese Weise eine ähnliche Geborgenheit zu gewinnen, wie sie das Kind gewann, wenn die Augen der frühen Bezugspersonen wohlwollend auf ihm ruhten. Dieses Bedürfnis setzt die frühere, äußere Abhängigkeit fort, indem es den Betroffenen abhängig macht von einem inneren Ideal, dem sein Leben entsprechen kann oder auch nicht. Freilich ist die Ablösung von äußerer Abhängigkeit nur teilweise möglich; ganz glückt sie wohl nur dem Helden, der jahre- und jahrzehntelang, von Angst und Trauer unbewegt, seinen Weg geht. Fortbestehende Abhängigkeit von äußerer Anerkennung, heute ungenau oft «narzißtische Bestätigung» genannt, ist bei den meisten Menschen größer, als sie es sich wünschen. Unser Selbstgefühl gleicht in der Regel einem Luftballon: Solange wir das Wohlwollen um uns spüren, bläht es sich auf und wird immer größer. Doch die gesamte, heile Oberfläche bringt unserem Erleben nicht so viel Festigkeit, daß ein winziges Loch keinen Schaden mehr anrichten kann. Im Gegenteil: der Luftballon schlafft ab, er kollabiert nach innen, mühevoll muß das Loch in ständiger

Beschäftigung mit der Kränkung geschlossen werden. «Eigentlich habe ich doch alles», sagt sich der Betroffene. «Wieso bringt mich diese Kleinigkeit derart aus dem Gleichgewicht?»

Vielleicht wird hier bereits deutlicher, weshalb die Rede vom Narzißmus lauter wird in den westlichen Industriegesellschaften, in denen zumindest die Psychoanalytiker und ihre Klienten sich sagen können: «Ich habe doch eigentlich alles – weshalb bin ich trotzdem unglücklich?» Ist es möglich, daß unser Umgang mit dem Narzißmus stark von den heftigen Anstrengungen bestimmt wird, Kindern beizubringen, wie man mit Besitz umgeht? Narziß vor dem Spiegel strebt den geschlossenen Kreislauf an, er will sein Kapital zusammenhalten, er ist nicht bereit, Gegenliebe zu schenken oder sich offen einem anderen Menschen zuzuwenden.

Vielleicht wird hier deutlicher, weshalb sich heute Versuche bemerkbar machen, den Narzißmus wohlwollend zu beurteilen, ihn als notwendiges Stück des seelischen Haushalts anzuerkennen, nicht als unerwünschtes, dem Erwachsenen unangemessenes Überbleibsel kindlicher Sehnsüchte. Schrittweise ergreift der vom bürgerlichen Individualismus geprägte Mensch Besitz von sich selbst – zuerst von seiner Seele (die psychologische Wissenschaft ist ein Kind der bürgerlichen Aufklärung), später von seinem Unbewußten, seiner Sexualität, zuletzt von seinem Narzißmus. Die expansive, stets auf Eroberung und Kolonisierung bedachte Grundhaltung des kapitalistisch bestimmten Bewußtseins überwindet beständig die Grenzen, welche zunächst als für das Funktionieren der bürgerlichen Gesellschaft unentbehrlich angesehen werden. DARWIN und FREUD, die so heftig angefeindeten Neuerer der geistigen Grundlagen des Bürgertums, haben sich durchaus als integrierbar erwiesen. Das gilt wohl auch für die Narzißmusforschung; jedenfalls scheint es sehr sinnvoll, auf diese Gefahr zu achten.

Wenn Narzißmus die Ebene der mehr oder weniger geglückten Verinnerlichung einer frühkindlichen Harmonie zu einem festen Selbstgefühl bedeutet, zu der Sicherheit, liebenswert zu sein und trotz augenblicklicher Krisen oder Rückschläge Anerkennung erwerben zu können, so ergibt sich ein enger Zusammenhang zu unserem Erleben von Vollkommenheit. Das Selbstgefühl wird, wie die Liebe der Eltern, die ihr Kind in jeder menschlichen Gesellschaft zu «etwas» erziehen müssen, von Bedingungen abhängig. Je vollkommener diese Bedingungen erfüllt werden, desto fester und sicherer darf das Selbstgefühl sein. Das Streben nach Vollkommenheit bestimmt also die Art und Weise, in der mit den Inhalten des Narzißmus umgegangen wird. Charakteristisch für das bürgerliche Individuum ist dabei, daß es die Leistungsideale in aktiver Arbeit zu verwirklichen sucht, während es die Beziehungsideale (die Sehnsucht nach einem idealen Liebespartner) passiv erlebt. Der Held vollbringt erstaunliche Taten, und wegen dieser Taten wird er geliebt. Wer im Konkurrenzkampf siegt, gewinnt die Gunst der Frau als Zuwaage. Der bürgerliche Held käme gar nicht auf den Gedanken, nicht wegen seiner kontrollierbaren Leistungen, sondern wegen seiner eigenen Gefühle, wegen seiner zärtlichen Zuneigung auf Gegenliebe zu stoßen. Das ist mehr etwas für Heiratsschwindler, die es nötig haben, Kredit zu erschleichen. Die Krisen vieler «erfolgreicher» Männer werden dadurch ausgelöst, daß ihre passiven Erwartungen, geliebt und gehätschelt zu werden, von ihren Partnerinnen unerfüllt bleiben. Der Trost, es sei eben nicht die «richtige», dem narzißtischen Ideal entsprechende Partnerin, hält nicht lange vor, wenn auch der Wechsel des Objekts – in der *mid life crisis* so häufig geworden – keine dauerhafte Lösung bringt.

Der Held wäre dann die Wiedergeburt der urtümlichen Verschmelzung von Uterus und Kind, der vollständigen Geborgenheit der Einheit von Aktivität und Passivität im Mutterleib. Er ist seiner selbst immer sicher und unzerstörbar, er ist unabhängig. Ein Held, der sich von seinen Eltern beeinflussen, von seiner Frau überreden läßt, ist bald keiner mehr, wie die Geschichte von Samson und Delilah oder von Siegfried und Kriemhild lehrt. Diese Macht des Helden ist zugleich der neubelebte Narzißmus der frühen Kindheit und das Ziel der Sozialisation: Wer so wird wie er, gewinnt das frühkindliche Paradies in sozialer Form zurück, indem die Augen aller Erwachsenen bewundernd auf ihm ruhen.

«Und als die Hobbits sich näherten, wurden Schwerter aus der Scheide gezogen und Speere erhoben, und Hörner und Trompeten erschallten, und Männer riefen mit vielen Stimmen und in vielen Sprachen:

Langes Leben den Halblingen! Rühmt sie mit großem Preis ...

Und als der frohe Zuruf angeschwollen und wieder verklungen war, trat zu Sams höchster und vollkommener Befriedigung und reiner Freude ein Sänger von Gondor vor, kniete nieder und bat um die Erlaubnis zu singen. Und siehe! er sagte:

‹Ihr Herren und Ritter und Mannen von unbeschämter Tapferkeit, Könige und Fürsten und das schöne Volk von Gondor und Reiter von Rohan und ihr Söhne von Elrond und Dunedain des Nordens und Elb und Zwerg und ihr Wackeren aus dem Auenland, und alles freie Volk des Westens, hört nun mein Lied. Denn ich werde singen von Frodo mit den Neun Fingern und dem Ring des Schicksals.›

Und als Sam das hörte, lachte er laut auf aus reinem Entzücken, und er stand auf und rief: ‹O große Pracht und Herrlichkeit! Und alle meine Wünsche sind in Erfüllung gegangen!› Und dann weinte er.

Und das ganze Heer lachte und weinte, und inmitten ihrer Fröhlichkeit und Tränen erhob sich die klare Stimme des Sängers wie Silber und Gold, und alle Mannen waren still. Und er sang bald in der Elbensprache, bald in der Sprache des Westens, bis ihre Herzen, von süßen Worten verwundet, überflossen und ihre Freude wie Schwerter war und sie in Gedanken in Gefilden weilten, wo Freude und Schmerz ineinander übergehen und Tränen der Wein der Glückseligkeit sind.»[1]

Spätestens seit dem Faschismus ist die narzißtische Besäufnis am Beifall der Massen verdächtig[2]. Die modernen Helden des Trivialromans – Superman und James Bond etwa – erhalten keinen Beifall, höchstens eine persönliche Anerkennung durch den US-Präsidenten, der sich bei Superman bedankt, oder die britische

1 J. R. R. Tolkien, Der Herr der Ringe, Bd. III, S. 262, Stuttgart 1978

2 «Oft quält mich eine tiefe Depression. Man kann sie nur überwinden, wenn man wieder vor die Massen tritt; diese sind die Quelle unserer Macht», sagt Joseph Goebbels, Vom Kaiserhof zur Reichskanzlei, München 1934, S. 120

Königin, welche dem Geheimagenten 007 einen hohen Orden verleiht. Die große Zahl der Tolkien-Verehrer ist ein Beweis dafür, wie anziehend die Schwarz-Weiß-Darstellung mit ihren eindeutigen Helden und eindeutigen Feinden geblieben ist. Gemildert wird sie bei Tolkien durch seine literarischen Fähigkeiten und durch den Humor, mit dem er die große Heldenwelt aus der Perspektive der kleinen Hobbits darstellt, deren Liebe vor allem dem Essen, Trinken und Gärtnern gilt. Doch die Klasse der Orks, der verderbten, von Melkor und später von Sauron aus gefangenen Elben gezüchteten Sklavenhalter und Räuber, ist den «Untermenschen» der nationalsozialistischen Propaganda täuschend ähnlich.

> «So wie die Nacht aufsteht gegen den Tag, wie sich Licht und Schatten ewig feind sind – so ist der größte Feind des erdbeherrschenden Menschen der Mensch selbst.
>
> Der Untermensch – jene biologisch scheinbar völlig gleichgeartete Naturschöpfung mit Händen, Füßen und einer Art von Gehirn, mit Augen und Mund, ist doch eine ganz andere, eine furchtbare Kreatur, ist nur ein Wurf zum Menschen hin, mit menschenähnlichen Gesichtszügen – geistig, seelisch jedoch tiefer stehend als jedes Tier. Im Innern dieses Menschen ein grausames Chaos wilder, hemmungsloser Leidenschaften: namenloser Zerstörungswille, primitivste Begierde, unverhüllte Gemeinheit.
>
> Untermensch – sonst nichts!
>
> Denn es ist nicht alles gleich, was Menschenantlitz trägt. – Wehe dem, der das vergißt.
>
> Was diese Erde an großen Werken, Gedanken und Künsten besitzt – der Mensch hat es erdacht, geschaffen und vollendet, er sann und erfand, für ihn gab es nur ein Ziel: sich hinaufzuarbeiten in ein höheres Dasein, das Unzulängliche zu gestalten, das Unzureichende durch Besseres zu ersetzen.
>
> So wuchs die Kultur.
>
> So wurde der Pflug, das Werkzeug, das Haus.
>
> So wurde der Mensch gesellig, so wurde Familie, so wurde Volk, so wurde Staat. So wurde der Mensch gut und groß. So stieg er weit über alle Lebewesen empor.
>
> So wurde er Gottes Nächster!
>
> Aber auch der Untermensch lebte. Er haßte das Werk des anderen. Er wütete dagegen, heimlich als Dieb, öffentlich als Lästerer – als Mörder. Er gesellte sich zu seinesgleichen. Die Bestie rief die Bestie.

Nie wahrte der Untermensch Frieden, nie gab er Ruhe. Denn er brauchte das Halbdunkel, das Chaos.

Er scheute das Licht des kulturellen Fortschritts.

Er brauchte zur Selbsterhaltung den Sumpf, die Hölle, nicht aber die Sonne. –

Und diese Unterwelt der Untermenschen fand ihren Führer: den ewigen Juden ...»[1]

Der sportliche Wettkampf im Orkhälseabhacken, den Gimli und Legolas, Zwerg und Elb, auf den Wällen der Klammburg entfalten, drückt diese Schwarz-Weiß-Zeichnung ebenso eindrucksvoll aus wie Tolkiens Schlachtbeschreibungen, in denen durchweg die Orks zur Stunde ihres scheinbar sicheren Sieges vernichtend geschlagen werden: Vor Helms Klamm, auf den Pelennor-Feldern vor Minas Tirith und endlich vor den schwarzen Toren Morannons, aber auch schon früher in der Schlacht der sieben Heere, die im «Hobbit» beschrieben wird. Vielleicht läßt sich gerade anhand dieser Bilder von Kriegen gegen das Dunkel, wo die entscheidenden Angriffe immer in der Morgendämmerung geführt werden, die besondere narzißtische Qualität von Erlebnissen genauer verfolgen. In der klassischen Tiefenpsychologie wäre der Kampf gegen die Orks deutlich ein Kampf gegen das Unbewußte, gegen chaotisch-bösartige Triebe, Sadismus und Kannibalismus. C. G. Jung hat in vielen Vergleichen diesen Kampf zwischen dem Bewußten und dem Unbewußten als Sieg des Helden über den Drachen, die Finsternis usw. beschrieben. Doch hat dieser Triumph, der ein Ausdruck der Kraft und Macht des Helden (oder seiner Heere) ist, auch seine besondere seelische Qualität: Schauer, Rührung, Begeisterung sind Ausdrücke dafür, welche die narzißtische Ebene dieses Geschehens erfassen. Blickt man allein auf den Kampf von zwei seelischen «Instanzen» – das Ork-Es und das Elben-Ich –, dann verschwindet diese besondere Qualität. Gerade sie und die mit ihr verknüpften literarischen Bilder sollen uns hier aber beschäftigen.

1 «Der Untermensch», Aufklärungsschrift aus dem SS-Hauptamt, 1935, zit. n. Walter Hofer, Der Nationalsozialismus – Dokumente 1933–1945, Frankfurt a. M. 1977

3. Der Herr der Ringe

Die narzißtische Ebene des Inhalts von Heldengeschichten drückt sich darin aus, daß es grundsätzlich um die Wiederherstellung von Vollkommenheit geht – nicht um das Paradies, sondern um die Wiedereroberung des verlorenen Paradieses. Der Held ist einerseits unbeugsam und unabhängig, andrerseits muß ihn sein endlich errungener Sieg immer knapp an der vollständigen Niederlage vorbeiführen. Der narzißtische Gewinn liegt nicht darin, einen ursprünglich paradiesischen Zustand dauernd beizubehalten, sondern im Gegenteil aus Erniedrigung und Schwäche wieder aufzutauchen und dann, erschöpft aber stolz, den Sieg davonzutragen. König Theoden und Aragorn reiten nicht stolz aus und schlagen jeden Feind in die Flucht, sondern sie werden in Helms Klamm eingeschlossen, viele ihrer Reiter fallen, die Orks sind übermächtig, die Helden völlig erschöpft. Erst von diesem Tiefpunkt aus scheint der Sieg wirklichen narzißtischen Gewinn zu versprechen, wobei sehr deutlich wird, daß Licht und die freie Beherrschung weiter Räume Symbole für die Wiederherstellung des Selbstgefühls sind, während Dunkelheit, Rückzug, Eingeschlossensein in finstere Höhlen oder dickwandige Türme die Einengung und Verfinsterung des Selbstgefühls darstellen.

> «Die Welt verändert sich, und alles, was einst stark war, erweist sich nun als unsicher. Wie soll irgendein Turm einer solchen Zahl von Feinden und solchem tollkühnen Haß standhalten?» sagt Theoden auf dem Tiefpunkt der Schlacht in Helms Klamm.[1]

1 J. R. Tolkien, Der Herr der Ringe II, S. 162

Er ist mit seinen Reitern eingeschlossen, die Wälle um die Burg sind besetzt, die Orks haben mit Hilfe des bösen Zauberers Saruman ein Sprengfeuer entwickelt, dem Mauern und Tore nicht standhalten können. Die narzißtische Grundsituation der Wiederherstellung des Paradieses (für das der intrauterine Zustand ein Symbol und ein Symbolisiertes ist) drückt sich hier gewissermaßen sozialgeschichtlich aus: Die Ritter Theodens tragen endlich doch noch den Sieg über die pulvergeschwärzten, namenlosen Ork-Bürger davon, welche ihre Existenz bedrohen. Saruman und Sauron sind für Tolkien tatsächlich auch Symbole des umweltzerstörenden Kapitalismus, gegen den der paradiesische Zustand des Feudalsystems wiederhergestellt werden soll. Die Ausweitung des Narzißmus spiegelt sich im Gegenangriff Theodens bei der Schlacht in Helms Klamm. Dem für solche Szenen empfänglichen Leser (wie mir selbst) rinnt ein Schauer über den Rücken, und er atmet tiefer: Zeichen für die endlich wieder mögliche Expansion des Selbstgefühls, die sich bei unseren Affen-Vorfahren im Sträuben des Fells (dem «Imponiergehabe» der Gorillas) ausgedrückt haben mag.

«Es gab ein Getöse und einen Feuerstoß. Der Bogengang über dem Tor, auf dem er (Aragorn) vor einem Augenblick noch gestanden hatte, stürzte krachend in Rauch und Staub in sich zusammen. Die Verrammelung wurde auseinandergerissen, als habe der Blitz hier eingeschlagen. Aragorn rannte zum König.

Doch gerade, als das Tor fiel und die Orks ringsum sich schreiend zum Angriff rüsteten, erhob sich ein Gemurmel hinter ihnen, wie ein Wind in der Ferne, und es schwoll an zu einem Geschrei vieler Stimmen, die seltsame Neuigkeiten in der Morgendämmerung ausriefen. Als die Orks auf dem Felsen die Entsetzensrufe hörten, zauderten sie und schauten sich um. Und dann erschallte plötzlich und schrecklich Helms großes Horn.

Alle, die den Klang hörten, zitterten. Viele der Orks warfen sich auf den Boden und hielten sich mit den Klauen die Ohren zu. Aus der Klamm kam der Widerhall zurück, ein Schmettern nach dem anderen, als ob auf jedem Fels und jedem Berg ein mächtiger Herold stünde. Aber auf den Wällen schauten die Männer auf und horchten erstaunt; denn der Widerhall verklang nicht. Die Hornsignale wurden in den Bergen geblasen; näher jetzt und lauter antworteten sie einander und schmetterten ungestüm und ungehemmt.

‹Helm! Helm!› riefen die Reiter. ‹Helm ist auferstanden und zieht wieder in den Krieg. Helm für König Theoden!›

Und zugleich mit diesem Ruf kam der König. Weiß wie Schnee war sein Pferd, golden sein Schild und lang sein Speer. Zu seiner Rechten ritt Aragorn, Elendils Erbe, und hinter ihm die Ritter des Hauses von Eorl dem Jungen. Licht wurde der Himmel. Die Nacht verging.

‹Vorwärts, Eorlingas!› Mit einem Kriegsruf und großem Geschrei griffen sie an. Herab von den Toren brausten sie, fegten über den Dammweg und fuhren durch die Heere von Isengart wie ein Wind durch das Gras. Hinter ihnen aus der Klamm erschollen die lauten Rufe der Mannen, die aus den Höhlen herauskamen und den Feind vor sich her trieben. Heraus kamen alle Mannen, die auf dem Felsen geblieben waren. Und immer noch hallte der Klang blasender Hörner in den Bergen wider.

Voran ritten sie, der König und seine Gefährten. Hauptleute und Kämpfer fielen oder flohen vor ihnen. Weder Ork noch Mensch hielt ihnen stand. Ihre Rücken waren den Schwertern und Speeren der Reiter und ihre Gesichter dem Tal zugewandt. Sie weinten und jammerten, denn Furcht und großes Staunen waren über sie gekommen mit dem Anbruch des Tages.»[1]

Der Augenblick der Wende ist hier besonders anschaulich: Das Tor fällt durch eine Explosion, der bisher unerschütterliche

1 Tolkien a. a. O., S. 164f

Held läuft zum König – die Niederlage scheint besiegelt, die Übermacht unbezwingbar. Doch dann verändert sich alles. Das Geschrei der Feinde wird übertönt von dem Hornruf, der sich weit ausdehnt und Antwort findet. Rufen und Schreien hängt in der menschlichen Kindheit ja sehr eng mit der narzißtischen Wiederherstellung zusammen. Wenn das Kind schreit und die Mutter kommt, ist die vollkommene, Sicherheit spendende Beziehung wiederhergestellt, die zum Urmodell des Selbstgefühls wird. Der Hornruf[1] als Ausdruck des Wunsches nach narzißtischer Wiederherstellung gehört in diesen Zusammenhang. Er spielt bei Tolkien eine große Rolle. Boromir trägt ein silberbeschlagenes Horn, doch sein Ton bringt ihm keine Hilfe gegen die Orks, weil er sich verführen ließ. Das zerbrochene Horn Boromirs ist ein Zeichen seines Todes, ähnlich wie Theodens Horn, das er auf den Pelennor-Feldern vor Minas Tirith so schmetternd bläst, daß es zerspringt. Pippin kann später nie mehr ein Horn blasen hören, ohne daß ihm die Tränen kommen – ein Hinweis auf die Rührung, welche die Rettung aus der tödlichen Belagerung von Gondor bewirkte, die in vielen Einzelheiten der Rettung in Helms Klamm gleicht (ein Feuerblitz zerstört das Tor – da blasen die Hörner von Rohan, und die Morgendämmerung naht mit einem Wind von Westen). Tolkien hat dieses Motiv des magischen Hornrufs nicht erfunden, sondern aus der Sage übernommen. Im Rolandslied hört Kaiser Karl das letzte Signal des von den Heiden eingeschlossenen Vasallen und bricht zu seiner Rettung auf, obwohl er viele Tagereisen entfernt ist. Ähnlich hat Denethor, Boromirs Vater, das weit entfernte Todessignal bereits gehört, als ihm Pippin die Botschaft vom Tode Boromirs überbringt. Und das Horn, welches Eowyn zum Abschied Merry schenkt, ist mit zauberkräftigen Runen bedeckt, so daß sein Ton Freude und Siegesgewißheit in den Herzen der Freunde weckt, die Feinde jedoch ängstigt.

1 Wobei es kaum ein Zufall ist, daß Hörner auch die wichtigsten Trinkgefäße der Sage sind – ein Hinweis mehr auf den Zusammenhang von Oralität und Narzißmus.

Der Heldentod
(König Dietrich und Ecke)

Allmacht und Ohnmacht

Das Thema im Mittelpunkt der narzißtischen Phantasie ist der Wechsel von der Ohnmacht zur Allmacht. Dabei sprechen die Heldengeschichten meist deutlich für die auch aus anderen Quellen belegbare Ansicht, daß die Allmachtsphantasie ein Ausgleich für die tiefempfundene Ohnmacht ist, welche den Menschen immer wieder in den Krisen seines Selbstgefühls heimsucht. Im «Herrn der Ringe» ist der allmähliche Machtgewinn Aragorns vom verachteten Waldläufer zum mächtigsten König ein Beleg dafür. Er zeigt gewissermaßen die Längsschnitt-Darstellung der in den Schlachten gegen die Orks und andere Anhänger Saurons deutlichen Veränderungen des Selbstgefühls. Die niedrigen Anfänge von Helden sind schon früh den Tiefenpsychologen aufgefallen; Otto Rank hat sich in seinem Buch über die Geburt des Helden damit befaßt.[1] Er knüpft an Freuds

1 O. Rank, Der Mythos von der Geburt des Helden, Wien 1909, Schriften zur angewandten Seelenkunde, Heft V (F. Deuticke)

Beobachtungen über den Familienroman der Neurotiker an: Viele (und keineswegs nur neurotisch auffällige) Menschen erinnern sich an Phantasien, in denen ihre Eltern gar nicht die wirklichen Eltern sind, sondern sie in heimlicher Liebe zu einem hochgeborenen Fürsten gezeugt wurden. Das kleine Kind bewundert seine Eltern. Sie scheinen ihm vollkommen und allmächtig, und sie sind es für das Kind insofern, als sie die Produktionsmittel für die kindliche Bedürfnisbefriedigung darstellen. Das geschieht auf eine ganz elementare Weise durch die Einfühlung in die kindliche Wunschproduktion: Der Säugling ist darauf angewiesen, daß die Mutter besser «weiß» als er selbst, was er braucht. Seine Wunschäußerung – das Schreien – ist diffus; die Mutter soll darauf mit «spezifischen» Maßnahmen antworten, soll füttern, neu betten, Körperkontakt bieten, je nachdem, was gerade fehlt. Der spätere Zustand kindlicher Langeweile, der durch die Zuwendung des vertrauten Erwachsenen und sein Interesse für die kindliche Wunschproduktion rasch behoben werden kann, gehört ebenfalls hierher, ist ein Hinweis auf die Allmacht der frühen Bezugspersonen (die einseitig, aber der spätbürgerlichen Kleinfamilie entsprechend, auf «Mutter» verdichtet werden kann).

«Groß zu werden wie Vater und Mutter ist der intensivste, folgenschwerste Wunsch dieser Kinderjahre», sagt FREUD, dem die Idealisierung der Eltern durchaus bekannt war. Doch weniger der von den Narzißmus-Forschern betonten Enttäuschung über mangelnde Einfühlung der Eltern schreibt FREUD die Auflösung dieser Idealisierung zu, als der «zunehmenden intellektuellen Entwicklung».[1]

So lernt das Kind andere Eltern kennen, prüft und vergleicht, kann nicht umhin, sich zu sagen: die wären besser. Und wenn schon besser, dann gleich die besten, Könige, Kaiser, Genies. Die wirklichen Eltern, die mich so geringschätzig behandeln,

1 Beide Zitate S. FREUD, Der Familienroman der Neurotiker, Ges. W. VII, S. 227

können doch nur Stiefeltern sein! Stiefeltern spielen nun auch in der «Durchschnittssage» von der Geburt des Helden eine Rolle, die Otto Rank auf Anregung Freuds hin aus den verschiedensten Überlieferungen herausgearbeitet hat:

«Der Held ist das Kind vornehmster Eltern, meist ein Königssohn. Seiner Entstehung gehen Schwierigkeiten voraus, wie Enthaltsamkeit oder lange Unfruchtbarkeit oder heimlicher Verkehr der Eltern infolge äußerer Verbote oder Hindernisse. Während der Schwangerschaft oder schon früher erfolgt eine vor seiner Geburt warnende Verkündigung (Traum, Orakel), die meist dem Vater Gefahr androht.

Infolgedessen wird das neugeborene Kind meist auf Veranlassung des Vaters oder der ihn vertretenden Person zur Tötung oder Aussetzung bestimmt; oft wird es in einem Kästchen dem Wasser übergeben.

Es wird von Tieren oder geringen Leuten (Hirten) gerettet und von einem weiblichen Tiere oder einem geringen Weibe gesäugt.

Herangewachsen, findet es auf einem sehr wechselvollen Wege die vornehmen Eltern wieder, rächt sich am Vater einerseits, wird anerkannt andrerseits und gelangt zu Größe und Ruhm.»[1]

Diese Zusammenfassung trifft (mit einigen Veränderungen) auf Sargon, den legendären Gründer Babylons (2500 v. Chr.) ebenso zu wie auf Moses, Kyros von Persien, Romulus, Zeus, Ödipus, Karna, Paris von Troja, Telephos, Perseus, Gilgamesch, Amphion und Zethos. Freud deutet diese Standardgeschichte nach dem Ödipus-Thema: Der Held steht für den Sohn, der den Vater besiegt. Der Kampf des Vaters gegen den Sohn ist eine Zurückverlegung, welche den Kampf des Sohnes rechtfertigt[2]. Auf die Bilder, welche zwingend die Rückkehr in den

1 O. Rank, zit. n. S. Freud, Der Mann Moses und die monotheistische Religion, Ges. W. XVI, S. 107

2 Die psychoanalytische Literatur kennt dafür den Ausdruck «Laios-Komplex», nach dem mythischen Vater des Ödipus, der den Neugeborenen aussetzen ließ. Solche Ausdrücke sind analytisch wenig fruchtbar, weil strafende Väter in

Mutterleib (das Kästchen, Binsenkörbchen usw. und das Wasser) symbolisieren, geht FREUD nicht weiter ein. Das Thema der ödipalen Rivalität hat ihn immer stärker gefesselt als die vorödipalen Situationen, in denen es um die Mutterbeziehung geht. Das hängt möglicherweise damit zusammen, daß FREUD nie aufgehört hat, seine eigene Mutterbeziehung zu idealisieren und sie in seiner ebenfalls idealisierenden Ehe fortzusetzen, aber auch von seinem Bewußtsein fernzuhalten. Gegen Ende seines Lebens wurde FREUD von seiner Tochter gepflegt, und aller drei Frauen hat er im «Motiv der Kästchenwahl» gedacht.

Den narzißtischen Kreis der Erniedrigung des Hochgeborenen mit neuer, größerer Erhöhung deutet FREUD als Ausdruck der Konkurrenz zwischen Sohn und Vater. In den ersten Kinderjahren überschätzt der Sohn den Vater, macht ihn zu König und Kaiser. Später entwertet er ihn. In der gegenwärtigen Narzißmus-Debatte heißt es immer wieder, daß heute viele Menschen die Ebene der ödipalen Rivalität gar nicht erreichen, welcher die Identifizierung mit dem Vater folgt. Ihr Ich ist schwach entwickelt und durch den ständigen Wunsch nach Verschmelzung mit der allmächtigen Mutter und ihren Ersatzbildungen vorgeschädigt, so daß der ödipale Kampf gar nicht angetreten werden kann. Die Heldenmythen bestätigen das ödipale Klischee nur zum Teil. Die Betrachtung literarischer Texte erweist auch, daß eine ganz unklare Situation entsteht, wenn die Lehre von den Phasen der Libidoentwicklung mit den spezifischen Erlebnisinhalten des Narzißmus vermengt wird. Tatsächlich hat der «präödipal» Gestörte mit einem in die früheste Kindheit zurückreichenden Entwicklungsschaden ebenso «seinen» Narzißmus, wie der unter den Folgen des Ödipus-Komplexes Leidende (wobei der Leser mancher Narzißmus-Texte den Eindruck ge-

der äußeren Welt des Kindes den Blick auf die ödipalen Phantasien verstellen können. Doch scheint es mir wesentlich, daß der Ausdruck «Laios-Komplex» von Tiefenpsychologen verwendet wird, die sich gegen die psychoanalytischen Establishments wehren und dabei eigene begründen wollen, so von Schülern ALFRED ADLERS und jüngst von GÜNTER AMMON.

winnt, die Ödipus-Situation sei ein verlorenes Paradies bürgerlicher Verfestigung und nicht der Auslöser schwerer neurotischer Behinderungen). Die Unterscheidung «früher» und «später» Störungen ist ohnedies problematisch genug, weil es zur Eigenart der frühen Schädigung gehört, daß sie die gesamte spätere Entwicklung beeinträchtigt. Letztlich lassen sich klinisch also nicht «frühe» und «späte» Störungen unterscheiden, sondern es gibt einfache späte Störungen und späte Störungen, die durch eine bereits bestehende Frühstörung verschärft werden. Anders ausgedrückt: es gibt Menschen, die an der Ödipus-Situation scheitern, weil diese nach einer bisher ungestörten Entwicklung nicht zu bewältigen war, und es gibt andere, die an der Ödipus-Situation scheitern, weil sie bereits in früheren Entwicklungsstufen, noch ehe sie sich selbst als abgegrenzte Personen erleben konnten, Schäden davontrugen. Ob sie ohne diese die Ödipus-Situation bewältigt hätten, läßt sich nicht klären.

Ödipus und Narziß I

Mir scheint es am sinnvollsten, von einem dialektischen Verhältnis zwischen ödipalen und narzißtischen Anteilen in den Heldenerzählungen auszugehen. Beide sind gleich wichtig, doch ist es in konkreten Situationen nicht möglich, beide gleichzeitig zu analysieren. Diese dialektische Betrachtungsweise läßt sich an einem Beispiel verdeutlichen, das ich Georges Devereux verdanke, der diese dialektische Betrachtungsweise auf das Verhältnis von Psychoanalyse und Soziologie anwendet. Nehmen wir an, während des ungarischen Aufstands gegen die sowjetisch beeinflußte Regierung tötet ein junger Mann einen Geheimpolizisten. Psychoanalytisch gesehen, hängt dieses Verhalten damit zusammen, daß er von unbewußten Mordimpulsen gegen seinen Vater beeinflußt ist. Doch reicht diese Betrachtung, soweit sie sich in die Lebensgeschichte und die ödipalen Phantasien des Revolutionärs vertiefen mag, nicht aus, um sein Handeln zu verstehen. Dazu ist ein ganz anderer Gedankengang ebenfalls notwendig, der unabhängig von der psychoanalytischen Untersuchung die sozialen Bedingungen des Zustandekommens einer Revolution gegen einen diktatorischen Polizeistaat analysieren muß. Es ist nicht möglich, beides gleichzeitig zu tun; andrerseits bleibt eine Betrachtung unvollständig, die nur den Ödipus-Komplex oder nur die Revolution anspricht.

Ähnlich scheint es mir mit Ödipus und Narziß: Beide können nicht gleichzeitig analysiert werden, doch sind beide notwendig, um den Helden zu verstehen. Bei Aragorn, dem Helden des «Herrn der Ringe», finden sich durchaus Hinweise auf Ödipus, die ein FREUD-Schüler um 1910 gewiß nicht unerwähnt gelassen hätte. Sein Vater stirbt kurz nach seiner Geburt, und dieser Tod ist sogar geweissagt; Aragorn wächst bei hochgeborenen Stiefeltern – dem Halbelben Elrond – auf und heiratet endlich Arwen Undomiel, Elronds Tochter, nachdem er über drei Jahrzehnte lang einsam gegen Saurons Diener gekämpft hat. Arwen ist viel älter als Aragorn. Die Elben altern nur langsam und sterben nicht, außer durch Gewalt oder aus dem freien Entschluß, Mittelerde zu verlassen. Elrond leidet sehr unter dem Verlust seiner Tochter.

Die Rivalität mit dem Vater und der Vatermord sind also im Untergrund der Aragorn-Sage durchaus nachweisbar, auf verschiedene Personen verteilt und durch die Weisheit der Gegner gedämpft. Die Untersuchung der verborgenen und entstellten Triebwünsche verstellt jedoch den Blick auf den narzißtischen Genuß ihrer Verfeinerung. Dieser ist gerade bei den Elben TOLKIENS für ein Verständnis ihrer Wirkungen auf den Leser unentbehrlich. Die Analyse des Ödipus führt stets auf ein Grundmuster zurück, das in seiner Weise eintönig ist und nur durch die verschiedenen Formen der Abwehr Farbe und Lebhaftigkeit gewinnt. Die Analyse des Narziß hingegen erschließt die Vielfältigkeit des Selbst-Genusses, den die Bemächtigung kulturell vorgegebener Formen des Umgangs mit den Trieben bietet. Gerade die Elben-Weisheit, die Elrond seinem Rivalen wohlwollend entgegentreten läßt, und die stolze Demut von Aragorn zeigen die Macht des narzißtischen Genusses über die Befriedigung aggressiver oder sexueller Triebe. Die Stärke der narzißtischen Motive zeigt sich im Triumph über die Orks, die ganz deutlich ein Symbol der sofortigen Triebbefriedigung sind und die Chancen eines langfristigen Sieges verscherzen, weil sie sich in einen mörderischen Kampf um das Mithril-Panzerhemd Frodos einlassen.

Die magische Welt

Die narzißtische Allmachtsphantasie hängt eng mit einem Grundgefühl zusammen, das in der Welt der Magie herrscht. Die Faszination durch diese Welt drückt sich in den Arbeiten von Carlos Castaneda aus. Hier wird der Weg eines Ich-Erzählers in die magische Welt eines indianischen Zauberers beschrieben. Castaneda gewinnt einen Teil seiner fesselnden Darstellung aus dem spezifisch narzißtischen Effekt, daß immer wieder aus Augenblicken der größten Angst, Erniedrigung und Auflösung des Selbstgefühls die erlösende Erweiterung des Selbst bis hin zur magischen Allmacht erfolgt.

> «Ich verharrte schlaff, beinah gleichgültig in einer Situation, die mein Tod sein konnte. Wie von fern verspürte ich die Anstrengung in ihren Armen und Schultern, während sie das Band um meinen Hals fester zog. Sie würgte mich mit aller Kraft und Sachkenntnis. Ich fing an zu keuchen. Ihre Augen starrten mich mit irrem Glanz an. Jetzt wußte ich: sie hatte vor, mich zu töten.
>
> Don Juan hatte immer gesagt: Wenn wir endlich erkennen, was gespielt wird, ist's meistens zu spät, umzukehren. Und zwar ist es, wie er sagte, immer der Intellekt, der uns hereinlegt, denn er empfängt als erster die Botschaft. Aber statt sie zu glauben und sofort zu handeln, tändelt er damit herum.
>
> Dann hörte ich – oder vielleicht spürte ich – ein Knacken in meiner Halswurzel, direkt hinter dem Kehlkopf. Ich ahnte, sie hatte mir das Genick

gebrochen. Erst summte, dann klingelte es in meinen Ohren. Ich hatte die Empfindung, mit außerordentlicher Klarheit zu hören. Ich meinte, jetzt müsse ich sterben. Ich verfluchte meine Unfähigkeit, mich irgendwie zur Wehr zu setzen. Ich konnte keinen Muskel rühren, sonst hätte ich wenigstens versucht, sie zu treten oder zu schlagen. Ich konnte nicht mehr atmen. Mein Körper bebte – und plötzlich stand ich auf und war frei, ihrem tödlichen Griff entronnen. Ich schaute auf das Bett hinab. Mir war, als blickte ich von der Zimmerdecke herab. Ich sah meinen Körper schlaff und reglos auf ihr liegen. Ich sah die Panik in ihren Augen. Ich wollte, daß sie die Schlinge lockerte. Mich packte die Wut über meine eigene Dummheit, und ich knallte ihr die Faust vor die Stirn. Sie schrie auf und hielt sich den Kopf, und dann fiel sie in Ohnmacht. Vorher aber sah ich – wie am Rande meines Gesichtsfeldes – eine phantastische Szene. Ich sah, wie Doña Soledad durch meinen gewaltigen Schlag aus dem Bett geschleudert wurde.»[1]

Der Befreier des Ich-Erzählers ist sein eigener Doppelgänger, der im Augenblick der größten Gefahr aus dem ohnmächtigen Körper heraustritt und mit großer magischer Stärke ausgerüstet ist. Diese Vision ist aus der Narzißmus-Forschung als Zwillingsphantasie bekannt. Der Doppelgänger ist das Spiegelbild des eigenen Selbst und dient seinem Zusammenhalt, wie der Blick in den Spiegel einer der Wege für den Menschen ist, ein festes Selbstbild zu gewinnen. Die Zwillingsphantasie äußert sich auch in den besonderen Formen der narzißtischen Übertragung. Der Analytiker wird z. B. in Kleidung, Gestik oder Ausdrucksweise als besonders ähnlich erlebt. Eine Frau, die an ihre Freunde einen sehr hohen Anspruch an Gemeinsamkeit stellte, erinnert sich an eine Hochzeit, die sie in ihrer Jugend tagträumte: Sie habe eine Zwillingsschwester, die genauso sei wie sie selbst, und sie beide würden am gleichen Tag Zwillingsbrüder heiraten. (Sie lebte in einer sehr konfliktbelasteten Ehe, die später daran scheiterte, daß es fast jeden Tag wegen der mangelnden Gemeinsamkeit erbitterten Streit gab.)

Der Doppelgänger drückt zwei narzißtische Grundsituationen aus: den Blick in den Spiegel, in dem uns das eigene Selbst begegnet, und den Wunsch nach (All)macht und Stärke, der durch die

1 C. Castaneda, Der zweite Ring der Kraft, Frankfurt a. M. 1978, S. 58f

Entfaltung magischer Kräfte erfüllt wird. Bei Tolkien scheinen die magischen Doppelgänger gelegentlich durch die realen Personen hindurch: Der Elbenfürst Glorfindel wird im Kampf mit den schwarzen Reitern Saurons an der Furt zu Bruchtal zu einer mächtigen weißen Gestalt. (I, S. 263; S. 271 sagt Gandalf: «Du hast ihn – Glorfindel – einen Augenblick so gesehen, wie ihn die andere Seite sieht: als einen der Mächtigen unter den Erstgeborenen.») Aragorn ist ein treffendes Beisspiel für die magische Verwandlung in einen übermächtigen Doppelgänger.

> «Er stand auf und schien plötzlich größer zu werden. In seinen Augen blitzte es auf, stark und gebieterisch. Er warf seinen Mantel zurück und legte die Hand auf das Heft des Schwertes, das verborgen an seiner Seite gehangen hatte. Sie wagten sich nicht zu rühren.» (I, S. 214)

Mit dem Erscheinen des Doppelgängers werden die Anwesenden, die keinen Anteil an der magischen Welt haben, gelähmt. Wie im Erleben Allmachtswunsch und Ohnmachtsgefühl eng zusammenhängen (da die Allmacht unerreichbar ist, kippt der Anspruch auf sie in das Erleben von Ohnmacht um), so wird das Auftreten des mächtigen magischen Doppelgängers von Lähmung und Verstummen der Anwesenden begleitet.

> «Aragorn warf seinen Mantel zurück. Die Elbenscheide glitzerte, als er sie packte, und Andúrils helle Klinge leuchtete wie eine Flamme, als er sie herauszog. ‹Elendil!› rief er. ‹Ich bin Aragorn, Arathorns Sohn, und werde Elessar, der Elbenstein, und Dúnadan genannt, der Erbe Isildurs, Elendils Sohn, von Gondor. Hier ist das Schwert, das geborsten war und neu geschmiedet wurde! Wollt ihr mir helfen oder mich hindern? Entscheidet euch rasch!›
>
> Gimli und Legolas betrachteten ihren Gefährten erstaunt, denn sie hatten ihn noch nie in solchem Zorn gesehen. Er schien gewachsen zu sein, während Eomer geschrumpft war; und in seinem lebendigen Gesicht erblickten sie flüchtig das Abbild der Macht und Majestät der Könige aus Stein. Einen Augenblick schien es Legolas, als flackere eine weiße Flamme auf Aragorns Stirn wie eine schimmernde Krone.
>
> Eomer trat zurück, und ein Ausdruck ehrfürchtiger Scheu lag auf seinem Gesicht. Er schlug die stolzen Augen nieder. ‹Es sind wahrlich seltsame Zeiten›, murmelte er. ‹Träume und Sagen tauchen aus dem Gras auf und werden lebendig.›» (II, S. 37)

Das immer wiederkehrende Motiv der leuchtenden Augen gehört ebenfalls in einen narzißtischen Zusammenhang. Der «Funke im Auge der Mutter» ist das Ur-Modell der narzißtischen Bestätigung für das Kind. Ist er vorhanden, so fühlt es sich sicher und mächtig; fehlt er, wird die kindliche Welt leer.

Von den Hobbits, die eher als Gegensatz zu der hohen Welt der Elben und Menschen dargestellt werden, hat nur Frodo einen Doppelgänger:

> «Dann plötzlich ... sah Sam diese beiden Gegner (Frodo und Gollum) mit anderen Augen. Ein zusammengekauertes Geschöpf, kaum mehr als der Schatten eines Lebewesens, jetzt völlig vernichtet und besiegt, und dennoch von abscheulichem Gelüste und Raserei erfüllt; und vor ihm stand, unbeugsam, für Mitleid jetzt unerreichbar, eine in Weiß gekleidete Gestalt, aber an ihrer Brust hielt sie ein Feuerrad. Aus dem Feuer sprach eine befehlende Stimme.»

Der Hobbit gewinnt den Doppelgänger durch den Ring der Macht. Dieser Ring ist, wie die Magie allgemein und die narzißtische Allmachtsphantasie nicht minder, ein unberechenbarer Helfer, der seinen Träger auch belasten und plötzlich im Stich lassen kann. Die Allmachtsphantasie kann auf der einen Seite zu genialen Leistungen beflügeln, auf der anderen zu lebensbedrohlichen, vernichtenden Gefühlen von Ohnmacht und Verzweiflung führen. Ein Gegenbild zu dieser satanischen Macht (auch der Luzifer der christlichen Mythologie war der schönste und mächtigste Engel und wurde – ähnlich Melkor und Sauron in der TOLKIEN-Mythologie – nach seinem Sturz zum zerstörerischen Prinzip) ist die Magie von Gandalf, dem Zauberer.

In der Lehre von der Magie pflegt man zwischen «weißer» und «schwarzer» Zauberei zu unterscheiden. Die eine dient guten, die andere guten und bösen Zwecken. Ich vermute, daß sich hierin auch Grundeinstellungen zu den narzißtischen Phantasien von einem paradiesischen Urzustand und von der Allmacht ausdrücken, die diesen Urzustand wiederherstellen kann. Die Paradiesphantasie von einem glücklichen, spannungslosen, von magisch verkoppelter Wunsch-Befriedigungs-Folge bestimmten Urzustand ist ein Traumbild, eine Illusion. Die Realität ist bestimmt von unvollkommener Wunscherfüllung, von Rivalität um begrenzte Quellen der Befriedigung, angefangen bei der mütterlichen Zuwendung bis hin zu den Rohstoffreserven eines geplünderten Planeten. Auch die weiße Magie ist eine Illusion: mehr Macht, magische Macht wird unter Menschen, die verschiedene Interessen haben, immer auch die Verschiedenheit dieser Interessen verschärfen und nur für das Bewußtsein einer bevorzugten Gruppe alle Schwierigkeiten bewältigen. Das hat aber die Mythologen noch nie gehindert, an ihrem Glauben an eine Paradieswelt, erfüllt von wohlwollender Magie, festzuhalten – und es hindert uns bis heute nicht, gerne mit ihnen solche Welten zu bereisen, zu deren Wesen es gehört, daß sie sich gegen tödliche Bedrohungen verteidigen müssen.

Bei TOLKIEN ist diese Paradieswelt die Welt der Elben, sind es die glücklichen Inseln von Bruchtal, wo Elrond lebt, und von Lorien, wo Galadriel den Zauberring trägt. Den dritten Ring – lange bleibt es verborgen – verwahrt der Zauberer Gandalf. Er befähigt ihn, die Herzen mit Mut zu erfüllen und Menschen, Hobbits oder Zwerge zu Taten zu beflügeln, die denen der Elbenhelden früherer Tage gleichen. Freilich: Saurons Ring, der die schwarze Magie verkörpert, die von destruktiver, narzißtischer Wut bestimmte Allmachtsphantasie, ist mächtiger als die Elbenringe, die von dem beherrschenden, bösen Ring abhängen, ihm aber nicht unterworfen sind, solange Sauron ihn nicht zurückgewinnt. Die «gute» Allmacht ist der «bösen» Allmacht untergeordnet – Zünglein an der Waage sind die Hobbits.

Die magische Verwandlung in den übermächtigen Doppelgänger sieht bei Gandalf so aus: Er tritt als zerlumpter Bettler auf und springt, von Gimli bedroht, auf einen großen Felsblock.

> «Dort stand er, plötzlich groß geworden, sie überragend. Seine Kapuze und die grauen Lumpen warf er ab. Sein weißes Gewand schimmerte. Er hob seinen Stab, und Gimlis Axt entwand sich seinem Griff und fiel klirrend auf den Boden. Aragorns Schwert, das er fest in der reglosen Hand hielt, loderte

von einem plötzlichen Feuer. Legolas stieß einen lauten Ruf aus und schoß einen Pfeil hoch in die Luft; er verschwand in einem Flammenblitz.» (II, S. 110)

Die Kraft von Gandalfs Magie, ihre Fähigkeit, mutlose und verängstigte Menschen zu verwandeln, zeigt sich in der verblüffenden Veränderung von Theoden, dem König von Rohan. Verkrümmt, vom Alter gebeugt, von Angst gelähmt, sitzt er in seiner Halle, willenlos den Einflüsterungen seines treulosen, von Saruman bestochenen Ratgebers Grima ausgeliefert.

«Plötzlich verwandelte er (Gandalf) sich. Er warf seinen zerlumpten Mantel ab, reckte sich und stützte sich nicht mehr auf seinen Stab; und er sprach mit einer klaren, kalten Stimme.

‹Die Weisen reden nur über das, was sie wissen, Grima, Galmods Sohn. Eine einfältige Schlange seid Ihr geworden. Deshalb schweigt und behaltet Eure gespaltene Zunge hinter Euren Zähnen. Ich bin nicht durch Feuer und Tod gegangen, um verlogene Worte mit einem Diener zu wechseln, bis der Blitz einschlägt.›

Er hob seinen Stab. Ein Donner grollte. Das Sonnenlicht von den östlichen Fenstern war ausgelöscht; die ganze Halle wurde plötzlich dunkel wie die Nacht. Das Feuer verblaßte zu düsterer Glut. Nur Gandalf war zu sehen, er stand weiß und groß vor dem schwarz gewordenen Herd.»

Die Elemente von Theodens Befreiung aus dem magischen Bann von Saruman und Grima Schlangenzunge zeigen viele Eigenarten der narzißtischen Phantasie von der Wiederherstellung des Selbstgefühls: Die Verbindung mit dem Kosmos, von Tolkien in seinen glänzenden Wetter-Schilderungen formuliert; der Wechsel aus dem engen, geschlossenen Raum in die Weite der Landschaft; der Ersatz verbrauchter Luft durch einen frischen Wind; aufgerichtete, nicht mehr embryonal gebeugte Körperhaltung («ein vom Alter so gebeugter Mann, daß er fast ein Zwerg zu sein schien»); Kraft kehrt in Hand und Arm zurück, sobald Theoden nicht mehr seine Krücke, sondern ein Schwert hält: «Plötzlich hob er die Klinge und schwang sie, so daß sie in der Luft schimmerte und pfiff. Dann stieß er einen lauten Ruf aus.» (II, S. 137)

Es fällt auf, daß diese Phantasien der Wiederherstellung des Selbstgefühls viele Hinweise auf eine Geburt enthalten: der Wechsel aus engen, finsteren Räumen (wie in der schon beschriebenen Schlacht um die Hornburg, vgl. S. 40f) in die freie, helle Landschaft; Situationen der Lähmung, des Gefesseltseins, wechseln ab mit Situationen der kraftvollen Bewegung.

Wenn wir davon ausgehen, daß die Paradies-Phantasie mit ihrem Inhalt: «Alle meine Bedürfnisse werden ohne Anstrengung und Aufschub erfüllt» ein Symbol der Rückkehr in den Mutterleib und der Wiederherstellung der ursprünglichen Symbiose ist, verblüfft dieser Vergleich. Das narzißtische Paradies wäre der Uterus. – Wie verträgt sich das mit den Bildern von Befreiung, frischer Luft, Licht und Bewegung, die mit der Wiederherstellung des Selbstgefühls verknüpft sind? Hier wird deutlich, daß die Rückkehr in den Mutterleib zwei Seiten hat. Neben die Sehnsucht nach dem Paradies vollständiger Geborgenheit tritt die Angst vor Enge, Finsternis und Tod, vor dem Ersticken im Bauch der verschlingenden Mutter.

Dieser Gegensatz läßt sich zweifach deuten: Einmal mischt sich in der unbewußten Sehnsucht, in den Leib der Mutter zurückzukehren, sicherlich die Lust mit der Angst.[1] Das mag daran liegen, daß für das Kind Bewegungsfreiheit und Autonomie ebenso große Werte sind wie Geborgenheit und Sicherheit – daß es fürchten muß, die mühsam errungene Unabhängigkeit preiszugeben, wenn es sich auf die Rückkehr in den Mutterleib einläßt. Doch spielt sicher auch das Verhalten der Mutter eine wichtige Rolle. Sie kann das Kind freilassen, wenn es frei sein möchte,

1 Zu verweisen ist hier auch auf BALINTS Arbeit «Angstlust und Regression» (Stuttgart 1960), in der in diesem Zusammenhang die Jahrmarktsvergnügen mit Todesschaukel, Riesenrad, Achterbahn usw. untersucht werden. Auch hier verbinden sich Lust und Angst – die Freiheit ungehemmter Bewegung und raschen Beschleunigungswechsels mit dem Gefangensein in einem Gehäuse. Die Leidenschaft von Menschen mit einer narzißtischen Charakterproblematik für Segeln, Surfen, Skifahren, Fliegen oder Autofahren ist immer wieder zu beobachten, vgl. a. H. ARGELANDER, Der Flieger, Frankfurt a. M.

und es festhalten, wenn es festgehalten sein möchte. Oder sie kann nur eines tun: das Kind immer in der Symbiose festhalten, oder es sofort aus der Symbiose hinausstoßen. Wenn die Mutter liebevoll auf das Kind eingeht und sich in dessen Abhängigkeits- wie Freiheitsbedürfnis einfühlen kann, wird das Kind in der Welt «zu Hause» sein. Die Mutter wird als Stütze und point of return entbehrlich, die Natur als solche wird «Mutter» – der Tag, die freie Luft, die Sonne. Der Weg «zurück» zur feindseligen Mutter führt in das lähmende Gefängnis der Depression, während die Wiederherstellung des Selbstgefühls den freien, hellen Raum der Zukunft zur Mutter macht. – Das abgelehnte, vernachlässigte, zurückgewiesene Kind wird sich nicht von der Phantasie befreien können, in das Bergende des Mutterleibes zurückzukehren. Es vermag die ersehnte Rückkehr jedoch nicht zu genießen, weil seine alte Wut diese bergenden Höhlen und Gruben mit Orks und böseren Wesen erfüllt. Das von der Mutter festgehaltene, nicht aus einer verschlingenden Geborgenheit entlassene Kind hingegen wird die weiten, freien Räume der Gebirge, Meere, Wälder und Wüsten zu seiner neuen Mutter machen und an einer Einsamkeit leiden, die dadurch entsteht, daß es in Gefahr ist, allen Menschen verlorenzugehen. Vor allem Frauen werden für solche Männer zur Gefahr, da die engste Bindung – die sexuelle – stets die Gefahr mit sich bringt, daß die Mutterbeziehung wieder aufersteht.

Die Frau und der männliche Narzißmus

Frauen spielen in der Welt des «Herrn der Ringe» eine Nebenrolle. Von den drei Hobbits hat nur Sam eine Freundin; an dem großen Rat bei Elrond nimmt keine einzige Frau teil; Elben, Zwerge, Hobbits und Menschen lassen ihre öffentlichen Angelegenheiten durch Männer regeln. Wie treten Frauen auf? Als weise Ratgeberin (Galadriel), als Waffenmaid, die sich in mächtige

Krieger verliebt (Eowyn von Rohan), als passiv im Hintergrund bleibende, Fahnen stickende Verlobte, die endlich als Preis der Mühe winkt (Arwen Undomiel, Aragorns Verlobte; Rosie Hüttinger, Sams Frau). Der sexuelle Teil des Lebens verschwindet vollständig: erotische Phantasie, körperliche Berührung, Zärtlichkeit zwischen Mann und Frau, zusammen schlafen, Schwangerschaft, Geburt. «Und lange wanderten sie in den Wäldern dieses schönen Landes», sagt TOLKIEN, wenn er im «Silmarillion» die glücklichen Tage der Liebe von Beren und Luthien beschreibt.

Es wäre gewiß möglich, mit TOLKIEN das durchzuführen, was ARNO SCHMIDT so brillant mit KARL MAY gemacht hat: die Sexualverdrängung umzukehren, und in allen Landschaften, Kämpfen oder Freundesküssen die unterdrückte (Homo)Sexualität aufzuspüren.[1] Enge Täler mit baumbestandenen Eingängen, finstere Bergwerke, in denen schmutzig-sadistische Orks lauern, verschlingende Mutter-Spinnen gibt es auch im «Herrn der Ringe» genug. Wenn Hadschi Halef Omar «ganz simpel MAYS eigener Penis»[2] ist, wie steht es dann um die Hobbits mit ihren behaarten Füßen, ihrer merkwürdig schwankenden Größe, ihrem «schwer entflammbaren Mut» und dem allgemeinen Hedonismus ihrer Lebensgestaltung? Mir scheint eine solche Betrachtungsweise an vielem vorbeizugehen, was in meinem eigenen Erleben den Eindruck des «Herrn der Ringe» bestimmt. Der Mangel an Sexualität stört nicht. Die Darstellung erotischer Vorgänge in der Literatur weckt bei mir selten so intensive Gefühle wie der Bericht über Siege und Niederlagen des Selbstgefühls. Das

1 A. SCHMIDT, Sitara und der Weg dorthin, Karlsruhe 1963

2 A. SCHMIDT, Sitara, a. a. O., S. 160 der Taschenbuchausgabe, Frankfurt a. M. 1976. «Dieser lebens-längliche, bis zum Ende nicht zu ‹veredelnde› kleine ‹Begleiter›, dem Reiten über alles geht; dieser haararme ‹Zwerg Mesach› mit der munteren Peitsche, den ‹nichts so sehr empören konnte, als wenn ihm die Kleinheit seiner Gestalt vorgeworfen wurde› (Silberlöwe II, 493), verfügt nicht nur über ein Kismet, sondern buchstäblich über einen ‹Leib, wie aus Gomelastik gemacht. Das steht nicht fest, das hat keinen Halt; das bleibt nie so wie es ist› (a. a. O., S. 549) ...»

mag daran liegen, daß die Möglichkeiten körperlicher Befriedigung begrenzt und jedem von uns aus eigener Erfahrung bekannt sind. Ihre Beschreibung muß deshalb eintöniger werden als die ungleich reicheren Formen des Narzißmus. Die Bindung der Selbstliebe an ein gesellschaftlich vermitteltes Ideal von Vollkommenheit macht den Narzißmus zu einem öffentlichen, «exhibitionistischen» Geschehen, mehr als die Geschlechtsliebe. In keiner patriarchalischen Gesellschaft war die sexuelle Wunscherfüllung jemals etwas öffentlich Geachtetes und exhibitionistisch Verwendbares.

Bezeichnenderweise ist die Mann-Frau-Beziehung bei Tolkien fast durchweg von exhibitionistischen Zügen bestimmt. Galadriel prüft die Entschlußkraft der neun Begleiter des Ringes. Es geht nicht um Erotik, sondern um den Blick der Elben-Mutter (sie ist die Großmutter von Arwen, der Verlobten Aragorns) in die Herzen der Besucher. Die Frau ist der Gegenstand von Ehrfurcht und Scheu; ihre Gefühle den Männern gegenüber sind (Rosie Hüttinger bleibt die einzige, auf wenigen Zeilen abgetane Ausnahme) erhaben, auf Bewertung ihrer Helden-Qualität gerichtet, nicht auf Zärtlichkeit oder gemeinsame Lust. Eowyn von Rohan verliebt sich in Aragorn, weil sie in ihm einen Heerführer und Kriegshelden ahnt, den sie wie eine Walküre («Aber bin ich nicht aus Eorls Haus, eine Schildmaid und keine Kinderfrau?» III, S. 60) zur Schlacht ermutigt. Aragorn läßt sie deshalb nicht mitreiten, weil er ihren Bruder und ihren König-Onkel erst um Erlaubnis fragen müßte.

Später wirbt Faramir um Eowyn. Die Geschichte dieser Liebe ist sehr zart angedeutet. Eowyn schätzt zunächst Faramirs kriegerische Qualitäten, doch spürt sie ihm gegenüber auch neue Möglichkeiten. «Er schaute sie an, und da er ein Mann war, den Jammer zutiefst rührte, schien es ihm, daß ihre Schönheit bei all ihrem Kummer ihm das Herz durchbohrte. Und sie blickte ihn an und sah die ernste Weichheit in seinem Blick und wußte dennoch, denn sie war unter Kriegern aufgewachsen, daß hier einer war, den kein Reiter der Mark in der Schlacht übertreffen wür-

Schildmaid

de.» (III, S. 268) Unter diesen Voraussetzungen – Faramir ist der unübertreffliche Krieger, aber auch ein gefühlsbestimmter, warmherziger Mann – kann Eowyns «Winter» (ihre sexuelle Kälte) vergehen. «Ich stehe in Minas Anor, auf dem Turm der Sonne», sagt sie, «und siehe, der Schatten ist dahingegangen! Ich will nicht länger eine Schildmaid sein oder mit den großen Reitern wetteifern und mich nicht nur an den Gesängen des Mordens erfreuen. Ich will ein Heiler sein und alles lieben, was wächst und nicht unfruchtbar ist.» (III, S. 274) Liebe ist hier deutlich als ein Zustand des durch wechselseitige Einfühlung gesteigerten Selbstgefühls dargestellt, nicht als ein Bündnis, das der wechselseitigen Befriedigung sexueller Wünsche dient.

Faramir verschafft sich wie je ein Therapeut Informationen

über Eowyn und behandelt sie taktvoll so, daß sie über die narzißtische Kränkung, von Aragorn verschmäht zu sein, hinwegkommen kann. Er umschreibt verständnisvoll ihre Verliebtheit in Aragorn («Und wie ein großer Hauptmann einem jungen Krieger, so erschien er Euch bewundernswert», III, S. 273), geht auf Eowyns Angst ein, nur aus Mitleid geliebt zu werden («Verachtet Mitleid nicht, das die Gabe eines gütigen Herzens ist, Eowyn! Aber ich biete Euch nicht mein Mitleid an ...» – III, S. 273). Selbst Kuß und Umarmung sind narzißtisch-exhibitionistisch getönt: «Und er nahm sie in die Arme und küßte sie unter dem sonnigen Himmel, und es kümmerte ihn nicht, daß sie hoch oben auf den Wällen standen und für viele sichtbar waren. Und tatsächlich sahen viele sie und das Licht, das um sie schien, als sie Hand in Hand von den Wällen herab zu den Häusern der Heilung gingen.» (III, S. 274)

Beredter und wichtiger als die Szenen, in denen in der narzißtischen Welt Tolkiens über Mann-Frau-Beziehungen gesprochen wird, ist das Schweigen, das die meisten Helden in diesem Punkt umgibt. Bilbo und Frodo, Merry und Pippin sind Junggesellen, bei denen mit keinem Wort der Tatsache gedacht wird, daß sie nur homoerotische Freundschaften pflegen. Das gleiche gilt für Gandalf, Saruman, Radegast, für Sauron, Theoden und Denethor (seine Frau starb sehr jung). Selbst die Orks, zu deren Unsitten Lust an Folterung, Mord und Kannibalismus gehören, haben anscheinend weder Frauen noch Kinder. Sie legen auch keinen Wert darauf (wie es rauhe Krieger des gehaßten Feindes doch sonst stets zu tun pflegen), die Frauen von Menschen oder Elben zu vergewaltigen.

Ein besonders lehrreiches Beispiel für die narzißtische Grundstruktur der Mann-Frau-Beziehungen bei Tolkien bieten die Ents, die Hirten der Bäume. Ihnen sind die Frauen einfach verlorengegangen:

> «Denn die Ents liebten die großen Bäume und die wilden Wälder und die Hänge der hohen Berge; und sie tranken aus den Gebirgsbächen und aßen nur jene Früchte, die die Bäume auf ihren Weg fallen ließen; und sie lernten

von den Elben und redeten mit den Bäumen. Doch den Entfrauen lag mehr an den geringeren Bäumen und den Wiesen im Sonnenschein jenseits des Fußes der Wälder; und im Frühling sahen sie die Schlehe im Dickicht und den wilden Apfel und die Kirsche blühen und im Sommer die grünen Kräuter in den Bachtälern und auf den herbstlichen Feldern die samentragenden Gräser. Sie hatten nicht das Verlangen, mit diesen Lebewesen zu reden; doch wünschten sie, sie sollten auf das hören und dem gehorchen, was ihnen gesagt wurde. Die Entfrauen befahlen ihnen, nach ihren Wünschen zu wachsen und Blatt und Frucht zu tragen nach ihrem Geschmack; denn die Entfrauen wünschten Ordnung und Überfluß und Frieden (worunter sie verstanden, daß die Pflanzen dort blieben, wo sie sie hingesetzt hatten). So legten die Entfrauen Gärten an, um in ihnen zu leben. Wir Ents aber wanderten weiterhin und kamen nur dann und wann in die Gärten ...» (II, S. 87f)

Die Naturverbundenheit der Ents, die mit den Bäumen sprechen, muß sich von der Kulturgebundenheit der Entfrauen entfernen, welche den Pflanzen sagen, wie sie sich verändern sollen, um Ordnung und Überfluß zu ermöglichen. Das ist ein Mythos über die Veränderungen, welche sich in der Jungsteinzeit ab-

Ents vor Tolkien? «Das organische Leben in der Natur», Holzschnitt von M. v. Schwind

Die Elbin und der Mensch

spielten und aus dem schweifenden Jäger und Sammler einen seßhaften Ackerbauern machten. – Tolkien vermutet, daß diese Veränderung zur Seßhaftigkeit und zur Pflanzerkultur hin von den Frauen ausging, und es gibt archäologische und völkerkundliche Hinweise, die das bestätigen. Doch die tatsächliche Entwicklung soll uns hier weniger beschäftigen als die zugrundeliegende Phantasie über das Wesen von Mann und Frau und über die Gründe ihrer Trennung. Tolkien stellt der von Einfühlung und dem freien Wandern in weiten Räumen bestimmten Welt des männlichen Narzißmus die begrenzten, von Kontrolle und Veränderung der Natur geprägten Welten der Entfrauen gegenüber – den wilden Wald dem gepflegten Garten. Die Ents verhalten sich wie pubertierende Jugendliche, die sich vor ihren kontrollierenden, aus Inzestscheu zu meidenden Müttern in die Naturschwärmerei zurückziehen. Dieses Verhalten hat seine Wurzeln in einer Kindheit, in der die Mutter sich in weiten Bereichen nicht in ihren Sohn einfühlte, sondern ihn nach ihrem gesellschaftlichen Ideal erzog: Er durfte nicht frei wachsen, und sie redete nicht mit ihm, sondern er mußte «nach ihren Wünschen wachsen und Blatt und Frucht tragen nach ihrem Geschmack» (II, S. 88). An diesem Vorgang liegt es wohl auch, daß viele so erzogene Männer buchstäblich die Fähigkeit preisgeben, über ihre Gefühle zu Frauen zu sprechen. Solche Kommunikationsbahnen zu öffnen, hieße sich erneut unter die Kontrolle der allmächtigen Mutter der frühen Kindheit zu begeben. Das soll unbedingt vermieden werden, selbst um den Preis der seelischen Ferne zu allen Frauen. Die gefühlsmäßige Nähe zu den Dingen der freien Natur und zu den weiten Räumen der Berge, Wälder und Meere scheint weniger bedrohlich und gleich bergend.

Tolkiens Lebensgeschichte enthält Hinweise auf eine solche Entwicklung. Wenn sich ein Knabe bereits ganz eigene Welten schafft und – wie Tolkien – aufgrund seiner besonderen Begabung sogar eigene «Elbensprachen» für sie entwirft, dann liegt die Vermutung nahe, daß er sich einer Mutter entziehen will, die ihn ganz zu verschlingen droht (die häufig auftauchenden großen, bösen, giftigen Spinnen mit ihren undurchdringlichen Netzen und ihrem Mantel aus Dunkelheit sind ein Symbol der verschlingenden Mutter). Kreativität hat viel mit diesem Versuch zu tun, sich von der Symbiose mit der Mutter zu befreien, indem auf einer neuen, symbolischen Ebene eine selbstgeschaffene Welt eine neue Symbiose ermöglicht. Hier gebietet die Mutter nicht mehr, sondern der männliche Schöpfer-Gott schaltet und waltet allmächtig.

Unsterbliche Gegenwart

Die schwerste narzißtische Bedrohung ist der Tod, und zugleich hebt er jede Bedrohung auf. Dieser Widerspruch findet sich oft in den Erlebnisberichten von Menschen, die einen Selbstmord versucht haben, um unerträglichen Gefühlen narzißtischer Kränkung zu entgehen. Für viele besonders kränkbare Menschen ist der Gedanke daran, daß sie sich jederzeit töten können, ein unverzichtbarer Trost. In die Literaturgeschichte eingegangen ist der Fall von THOMAS MANNS Schwester, die zu diesem Zweck unter einer mit einem Totenschädel geschmückten Verzierung auf einem Bucheinband immer das tödliche Gift bei sich trug, an dem sie endlich auch starb. Im Tod wird die ursprüngliche Symbiose mit der Mutter in der Phantasie wiederhergestellt – ein Zustand der Bedürfnislosigkeit, der Abwesenheit von Schmerz und Angst, der Auflösung in einer endlich nicht mehr als fordernd und versagend erlebten Welt. Und doch fürchten die Menschen den Tod und verleugnen ihn als unerbittliche Tatsache, und sie erdichten Heldengeschichten, zu deren zentralem Thema es gehört, daß der Held immer wieder dem schier unausweichlichen Tod entgeht.

Da die menschliche Gegenwart immer von Schwankungen des Selbstgefühls, von Unvollkommenheit und Tod bedroht ist, bleiben nur Vergangenheit und Zukunft, um einen idealen Dauerzustand herzustellen. In vielen Erzählungen ist das Paradies in der Vergangenheit zu finden und vielleicht in der Zukunft wiederherzustellen. Der Psychotherapeut kennt seelisch Kranke, die unaufhörlich einem vergangenen, idealisierten Glückszustand nachtrauern, und er kennt auch wieder andere, die ihre Vergangenheit und Gegenwart entwerten, weil ihnen nur in der Zukunft, erst wenn dies, das und jenes geschaffen ist, ein erträglicher Zustand winkt. In der Politik gibt es die Konservativen, die das gute Alte vor dem schlechten Neuen beschützen wollen, und die Progressiven, welche das hoffnungsvolle Neue gegenüber dem unausrottbaren Alten durchsetzen wollen.

Ruhe für den Helden bieten in der mythenbildenden, narzißtischen Phantasie die von Unsterblichkeit und Unveränderlichkeit bestimmten Paradiese.

> «Alles, was er (Frodo) sah, war wohlgeformt, aber die Formen schienen klar umrissen, als seien sie erst, als ihm die Augenbinde abgenommen wurde, ersonnen und geschaffen worden, und zugleich alt, als ob sie seit eh und je dagewesen waren. Er sah keine Farben, außer denen die er kannte, Gold und Weiß und Blau und Grün, aber sie waren frisch und strahlend, als nehme er sie in diesem Augenblick zum erstenmal wahr und erfinde neue und wunderbare Namen für sie. Hier konnte im Winter kein Herz um Sommer oder Frühling trauern. Kein Makel, kein Gebrechen, keine Mißbildung ließ sich an irgend etwas entdecken, das auf der Erde wuchs. Kein Fehl war am Land Lorien.» (I, S. 423)

Die Elben stehen bei Tolkien für den narzißtischen Idealzustand, für die vollkommene Einheit von Natur und Kultur, die Freiheit von Tod und Krankheit, von allem, was das menschliche Leben mit vorhersagbarem Makel befleckt und das Selbstgefühl bedroht. Eine Rettung in dieser Situation ist das «ich besaß es doch einmal», die Vorstellung, daß auch die Erinnerung an den längst verlorenen Idealzustand ausreichen könnte, um das Selbstgefühl zu festigen.

> «Obwohl Frodo lief und atmete und um ihn her lebende Blätter und Blumen von demselben kühlen Wind bewegt wurden, der sein Gesicht fächelte, hatte er das Gefühl, als sei er in einem zeitlosen Land, das nicht verging oder sich veränderte oder in Vergessenheit geriet. Wenn er dort war und wieder in die äußere Welt hinübergewechselt hatte, würde Frodo, der Wanderer aus dem Auenland, immer noch hier wandeln auf dem Gras zwischen *elanor* und *niphredil* im schönen Lothlorien.» (I, S. 424)

Die Illusion von der Unverlierbarkeit eines Glückszustandes wird hier eindrucksvoll beschrieben. Die narzißtische Dimension liegt darin, daß ein fester Halt für das Selbstgefühl gesucht wird, der – wie es die Paradiese und Utopias ausdrücken – für immer von den Schwankungen, von der inneren Zerbrechlichkeit befreit, welche das narzißtische Gleichgewicht immer

Die Rückkehr zur Natur und die Verschmelzung mit ihr – narzißtische Alternative angesichts einer überentwickelten Technik.

wieder gefährdet und die Fähigkeit auflöst, sich selbst zu bewundern und zu lieben.

Das schöne Land Lorien ist deutlich ein Mutter-Paradies, ein idealisierter Schoß, in dem herrliche Dinge gemacht werden und sich die individuelle Qual zu zeitloser Harmonie auflöst. Es gibt viele Hinweise auf diese Mutter-Situation.[1] Lorien wird mit verbundenen Augen betreten, wie auch kein Kind den Weg aus der Mutter heraus und in die Mutter zurück sehen kann. Aragorn kann hier ohne Angst schlafen, und später wird Arwen Undomiel hierher zurückkehren, um zu sterben. Königin von Lorien ist Galadriel, die einzige deutliche Mutter-Gestalt im «Herrn der Ringe». Sie kann sich in eine omnipotente Gestalt verwandeln: «Und ich werde nicht dunkel sein, sondern schön und entsetzlich wie der Morgen und die Nacht! Schön wie das Meer und die Sonne und der Schnee auf dem Gebirge! Grausam wie der Sturm

1 Im «Silmarillion» ist es ebenfalls eine Frau, die Maya Melian, durch deren «Gürtel» das Land Doriath von allem Übel freigehalten wird, vgl. J. R. R. Tolkien, Das Silmarillion, Stuttgart 1978, S. 164

und der Blitz! Stärker als die Grundfesten der Erde. Alle werden mich lieben und verzweifeln!» (Auch hier wird die Verbindung zwischen der allmächtigen Mutter und den Elementen der Natur deutlich, die sich in den Schilderungen von Wind, Sonne, Landschaft bei Tolkien immer wieder zeigt. Doch Galadriel lehnt den beherrschenden Ring ab und nimmt in Kauf, daß ihr Elbenring an Macht verliert.)

> «Sie hob die Hand, und von dem Ring, den sie trug, ging ein starkes Licht aus, das nur sie allein erleuchtete und alles andere dunkel ließ. Sie stand vor Frodo und schien jetzt unermeßlich groß zu sein, und unerträglich schön, entsetzlich und verehrungswürdig. Dann ließ sie die Hand sinken, und das Licht verblaßte, und plötzlich lachte sie wieder, und siehe da! sie war geschrumpft: eine schlanke Elbenfrau, in einfaches Weiß gekleidet, deren liebliche Stimme leise und traurig war. ‹Ich bestehe die Prüfung›, sagte sie. ‹Ich werde schwächer werden und in den Westen gehen und Galadriel bleiben.›» (I, S. 441)

Die Elben verkörpern eine von den narzißtischen Gesichtspunkten der Einfühlung, der Harmonie mit der Natur, der Vollkommenheit und Unsterblichkeit bestimmte Welt, in der sexuelle oder ödipale Dimensionen anscheinend nicht existieren. Jeder Leser, der sich nicht von dieser narzißtischen Welt begeistern läßt, sondern auf den Ebenen der Triebbefriedigung nachforscht, wird die Elbenreiche entzaubern: Wie soll es möglich sein, daß Völker von Unsterblichen, die heiraten und Kinder zeugen, nicht so zahllos werden wie der Sand am Meer? Wie sollen sie die Verliebtheit des Sohnes in die Mutter, der Tochter in den Vater bewältigen, wenn alle Generationen gleich alterslos sind? In der vom Narzißmus bestimmten Welt TOLKIENS tauchen diese Fragen gar nicht auf. Die drei Ehen zwischen den Elben und den Menschen freilich zeigen deutlich, daß hier die Suche nach der vollkommenen Mutter eine wichtige Rolle spielt. Immer sind es sterbliche Männer, die sich mit Elbenfrauen vermählen – wobei von den Elbenfrauen durchweg gesagt wird, sie seien die schönsten Wesen ihres Zeitalters. Die Ehe mit einer Elbenfrau läßt sich auch als verschlüsselte Fassung des Ödipus-Themas deuten (da die Elbenfrau in der Regel weit älter ist als ihr Gatte), doch scheint mir die Suche nach Vollkommenheit von größerem Gewicht. Der Wunsch, unsterblich zu sein, den PLATO als tiefste Sehnsucht des Menschen ansah, ist im Erleben des einzelnen ja kein Wunsch, nicht zu sterben, sondern einen narzißtischen Idealzustand festzuhalten, der vom Tod als der schlimmsten, endgültigen Zerstörung des Selbstgefühls befreit sein soll. Die Unsterblichkeit soll nicht nur vom Tod, sondern auch vom Leben befreien, das ja stets durch ein zyklisches Wechseln von Ausdehnung und Verkleinerung des Selbstgefühls, von Freude und Leid, Lust und Schmerz bestimmt ist.

Die Elben haben den narzißtischen Idealzustand erreicht, läßt uns TOLKIEN vermuten. Sie leben in vollkommener Harmonie mit der Natur: Was sie essen und trinken, ihre Waffen und ihr Schmuck, ihre Kleider und Boote sind natürlichen Formen nachgebildet und vollkommener als die von Menschen gemachten Dinge. Ihre Wegzehrung, die waffelähnlichen Lembas, geben Kraft für lange Märsche, obwohl sie ganz leicht sind. Ihre

Seile sind nicht nur leicht und fest, sondern von einem Leben erfüllt, das sie zu ihren Besitzern zurückkehren läßt. Die Idealisierung der Verschmelzung mit der Natur im Gegensatz zur Idealisierung von Triebbefriedigung läßt sich an vielen Stellen auffinden, vor allem in der Gestalt von Legolas Grünblatt, dem Waldelben.

> «Ein kleineres und leichteres, aber ungebärdiges und feuriges Pferd wurde Legolas gebracht. Arod war sein Name. Legolas aber bat, ihm Sattel und Zügel abzunehmen. ‹Ich brauche sie nicht›, sagte er, und sprang leicht hinauf, und zur Verwunderung aller war Arod zahm und willig unter ihm und ging hierhin und dorthin bloß auf ein gesprochenes Wort hin: das war die elbische Art mit allen guten Tieren.» (II, S. 44)

Wiederum fällt hier die Betonung von Einfühlung und Verständigung auf; in den von ungezügelten Allmachtswünschen viel deutlicher bestimmten Erzählungen von Karl May werden Pferde häufig auf brutale Weise «zugeritten».[1]

Die Bedeutung der Einfühlung in die natürlichen Zusammenhänge bei den Elben ist Tolkien durchaus bewußt. Gesteigert ist diese Verwandtschaft noch bei den Hirten der Bäume, den Ents – einem höchst originellen Einfall, den Tolkien angeblich seinem

1 «Sofort hatte ich ihn mit der Linken bei der Mähne und schlug ihm den Zeigefinger und Mittelfinger der Rechten tief in die Nüstern. Er wollte empor, ich hielt ihn nieder; er hätte sich sonst die Nüstern zerreißen müssen. Da stieß ich ihm den Kopf empor und trat einen Schritt zurück; ein Ruck, und er lag auf den Hinterfüßen; ein zweiter half ihm wieder auf; ein dritter warf ihn wieder nieder und so fort. Es war ein ernsthaftes Stück Arbeit, denn hier rang nur rohe physische Kraft gegen ganz dieselbe rohe Kraft, nur daß ich den Vorteil hatte, das Tier bei den Nüstern zu halten, ein Griff, der es in meine Gewalt geben mußte. Das Pferd dampfte, und ich schwitzte; endlich blieb es stehen, zitterte an allen Gliedern und stöhnte. Jetzt strich ich ihm Kopf, Brust und Vorderbeine und sprach ihm dabei mit kräftiger Stimme zu; dann schnellte ich mich auf seinen Rücken. Es wollte emporsteigen, aber ein scharfer Ruf genügte, es am Platze zu halten. Dann gehorchte es dem Drucke meiner Schenkel und ging im langsamen Schritte, noch immer zitternd und schnaubend, im Hof umher.» Aus: K. May, Am Stillen Ozean, Freiburg 1896, S. 302f

Sohn Michael verdankt. Gleich ihm liebte Michael Bäume sehr und wünschte sich eine Geschichte, wo sie Rache an den Maschinen-Liebhabern nehmen, die sie zerstören. Die Ents werden im Alter «baumig», sie gewöhnen sich an, den ganzen Sommer halb schlafend unter blättrigem Haar zu stehen. «Ents sind mehr wie Elben: weniger auf sich selbst bezogen als Menschen, und sie vermögen sich besser in andere hineinzuversetzen.» (II, S. 79) Allerdings waren es die Elben, die begannen, die Bäume aufzuwecken und mit ihnen zu sprechen. Legolas sagt: «Und ich werde in den Wäldern dieses schönen Landes umherwandern, das ist Ruhe genug.» (III, S. 264)

Die Elben sind ein sehr anschauliches Bild für die von Michael Balint «philobatisch» (wörtlich übersetzt: wanderfreudig) genannte Dimension der narzißtischen Phantasie. Die Elben leben in der Natur, wie der Fisch im Meer: eines der ältesten, am meisten verbreiteten Symbole für eine harmonische Verschränkung von Umwelt und Individuum. Es ist unsinnig, zu fragen, ob das Wasser in den Kiemen eines Fisches Teil des Fisches oder Teil des Meeres ist, und ähnlich scheint die Beziehung zwischen dem Fötus und dem Mutterwasser beschaffen zu sein. Ein ähnliches Verhältnis haben wir später zur Luft: Sie ist lebensnotwendig, ein Teil unser selbst. Wir müssen sie einatmen, um unersetzliche Stoffe zu gewinnen und Gifte auszuscheiden. Wir nehmen sie jedoch nicht als ein Gegenüber wahr, wie etwa einen anderen Menschen. Erst wenn uns die Atemluft fehlt, gewinnt sie eine ungeheure Bedeutung: die bisher verborgene Besetzung mit seelischer Energie wird deutlich.[1] Wir leben mit der Luft in einem Zustand der harmonischen Durchdringung, wie er für die primäre, liebevolle Umweltbezogenheit des Menschen kennzeich-

1 M. Balint, Therapeutische Aspekte der Regression, Stuttgart 1970, S. 82. – Die in einigen Märchen überlieferte «Liebesprobe», wo die eine Tochter, die den Vater wirklich liebt, ihre Liebe mit einem unscheinbaren Element vergleicht (etwa mit Salz, ohne das keine Speise schmeckt), wird in diesem Zusammenhang verständlicher.

nend ist. In dieser Welt gibt es keine abgrenzbaren Objekte, nur Stoff, Raum, Grenzenlosigkeit, Verschmelzung.

Ich teile BALINTS Meinung nicht, daß dieser Zustand jäh mit der Geburt endet. Die neueren Erfahrungen mit der «sanften Geburt»[1] zeigen, daß Geborenwerden keineswegs «unter einer echten Todesdrohung eine neue Form der Anpassung» erzwingt, wie BALINT sagt (a. a. O., S. 82). Mir scheint ein Entwicklungsmodell sinnvoller als ein Katastrophenmodell: Allmählich bilden sich in der Verschmelzung der Substanzen Objekte (einschließlich des eigenen Selbst) mit deutlicheren Umrissen. Sie müssen wahrgenommen und beachtet werden, die seelische Energie fließt nicht länger gleichförmig, sondern muß sich einerseits konzentrieren, andrerseits verdünnen. In dieser Situation unterscheidet BALINT zwei grundsätzliche Möglichkeiten: In der Welt des Anklammerfreudigen (des Oknophilen) wird die ursprüngliche Besetzung mit einer erheblichen Beimischung von Angst an die auftauchenden Objekte geknüpft. Diese werden als sicher und tröstlich empfunden, während die Räume zwischen ihnen bedrohlich und erschreckend sind. In der philobatischen Welt hingegen behalten die objektlosen, grenzenlosen Weiten ihre ursprüngliche Qualität. Sie werden als sicher und freundlich empfunden («die Braut des Seemanns ist das Meer»), während die Objekte trügerisch und bedrohlich sind.

«Magst du sie immer noch, nachdem du sie jetzt aus der Nähe gesehen hast?» fragt Frodo Samweis nach ihrem ersten Zusammentreffen mit den Elben.

«Sie scheinen nicht davon berührt zu werden, ob ich sie mag oder nicht mag», antwortete Sam langsam. «Es scheint nicht wichtig zu sein, was ich von ihnen halte. Sie sind ganz anders, als ich erwartet hatte – so alt und jung, und so fröhlich und traurig gewissermaßen.» (I, S. 114)

Diese Unabhängigkeit von anderen Objekten zeichnet den

1 F. LEBOYER, Der sanfte Weg ins Leben, München 1974, sowie M. ODENT, Die sanfte Geburt, München 1978

Philobaten ebenso aus wie eine Überbetonung der eigenen Ich-Funktionen. Bei den Elben drückt sich diese nicht nur in ihrer Fähigkeit zur Kommunikation mit der Natur aus, sondern auch in ihrer Leichtfüßigkeit, ihrer Widerstandskraft gegen Alter, Krankheit und Tod, ihrer Weitsichtigkeit, ihrer Geschicklichkeit, wunderbare Gebrauchsgegenstände, Nahrungsmittel und Getränke zu schaffen. Auf diesen liegt immer ein Zauber von Harmonie, Vorauswissen und Schönheit: auf den Lembas-Waffeln ebenso wie auf den leichten Booten, den sehenden Edelsteinen, den Phiolen voll Sternenlicht.

Der Baumeister von Mittelerde

> «Der Bereich des Schöpferischen ... beginnt vielleicht mit einem regressiven Rückzug von den als zu streng und versagend erlebten Objekten zu der harmonischen Verschränkung früherer Zustände, worauf der Versuch folgt, etwas Besseres, Freundlicheres, besser Verstehbares, Schöneres, und vor allem Beständigeres und Harmonischeres zu schaffen, als es die wirklichen Objekte sind.»
> M. BALINT[1]

JOHN RONALD REUEL TOLKIEN wurde 1892 in Bloemfontein, Südafrika, geboren. Sein Vater war Bankangestellter, der wegen der geringen Aussichten auf eine Karriere in Birmingham vor zwei Jahren ausgewandert war; seine Mutter, MABEL SUFFIELD TOLKIEN, war Missionarin und hatte bereits eine Afrikareise hinter sich, auf der sie versuchte, den Harem des Sultans von Sansibar zum Christentum zu bekehren.[2] Das Kind war kränklich, ebenso wie sein zwei Jahre später geborener Bruder Hilary. Daher beschlossen die Eltern, daß Mabel mit den beiden Söhnen nach England zurückkehren sollte, bis die Kinder stark genug

1 Therapeutische Aspekte der Regression, Stuttgart 1970, S. 84

2 Dieses Detail erwähnt D. GROTTA, J. R. R. Tolkien, Philadelphia: Running Press 1978, S. 18, während es in der Biographie von H. CARPENTER, J. R. R. Tolkien, Stuttgart: Klett 1979, fehlt.

seien, das Klima zu ertragen, oder bis der Vater eine entsprechende Stellung in England finden könnte.

Diese Daten aus TOLKIENS Biographie sind aufschlußreich, doch sicher sehr unvollständig. Die schlechte Gesundheit der Kinder durch das Klima zu erklären, scheint mir sehr fragwürdig – es sei denn, wir deuten es im Sinn von «Familienklima». Wenn zwei nur wenige Jahre verheiratete Eheleute beschließen, sich zu trennen, dann gibt das auch Aufschluß über die Stärke ihrer Bindung. Es wäre sehr wichtig zu wissen, von wem der Entschluß zur Trennung ausging. Ich vermute, von MABEL TOLKIEN, die wie andere Mütter von Söhnen anscheinend schon sehr bald den Vater für gänzlich entbehrlich, ja störend hielt (wohl nicht auf einer ihrem Bewußtsein zugänglichen Ebene). Zwei Informationen aus der TOLKIEN-Biographie von DANIEL GROTTA[1] bestärken mich in dieser Vermutung: Der Vater starb, sechs Monate nachdem ihn Mabel verlassen hatte, an akuter Peritonitis im Gefolge einer scheinbar geringfügigen Grippeinfektion. Und der junge TOLKIEN berichtete später von einer Vorahnung bei der Abreise, daß er seinen Vater niemals wiedersehen würde. Diese Vision stellte sich ein, als der Junge zusah, wie der Name seines Vaters auf den großen Schiffskoffer gemalt wurde. Der Schiffskoffer glich einem Sarg, und die Vorstellung vom Tod des Vaters fügt sich in die ödipalen Phantasien eines Vierjährigen. Nach einem Bericht von WILLIAM CARTER, einem der wenigen Freunde, denen TOLKIEN Einzelheiten aus seiner Kindheit anvertraute, hatte er noch lange Schuldgefühle über den Tod des Vaters und dachte, dieser würde noch leben, wenn er nicht durch seine eigene schlechte Gesundheit die Mutter aus Südafrika fortgezwungen hätte.[2]

MABEL TOLKIEN ließ sich mit ihren beiden Söhnen in Sarehole, einem Dorf in der Nähe von Birmingham nieder. Bezeichnen-

1 D. GROTTA, J. R. R. Tolkien, Architect of Middle-Earth, Philadelphia 1978

2 GROTTA, a. a. O., S. 20

derweise konzentriert sich der Biograph bereits hier auf den philobatischen Aspekt: auf die reizvolle Landschaft, die dörflichen Feste, die Wanderleidenschaft des jungen TOLKIEN, der noch im Alter von 74 Jahren von sich sagte, er könnte jeden Zoll des Dorfes aufzeichnen (das später zum Muster für sein Auenland wurde). Mabels Umgang mit den beiden Kindern verrät deutlich, wie stark sie ihre Söhne zur eigenen narzißtischen Aufwertung brauchte. Sie war stolz darauf, ihre Söhne nach der Mode zu kleiden, mit langen, lockigen Haaren, Samtjacken, Kniehosen und weißen Satinhemden. Die Dorfjungen verachteten diesen Aufzug. Die TOLKIEN-Brüder blieben isoliert und mußten neidvoll zuschauen, wenn sich die Bauernbuben auf der Straße balgten. (Diese Außenseiterposition unter den Hobbits haben Bilbo und Frodo Beutlin bewahrt).

MABEL TOLKIEN war Gouvernante gewesen, ehe sie Missionarin wurde. Ihren Mangel an formaler Bildung ersetzte sie durch Eifer, und TOLKIEN lernte sehr rasch lesen und schreiben, Mathematik und Literatur. Mit sieben Jahren mußte er schon Latein und Griechisch lernen. ALICE MILLER hat solche Situationen «Das Drama des begabten Kindes» genannt: Eine im Grunde emotional unsichere Mutter ist auf bestimmte Verhaltensweisen des Kindes angewiesen, um ihren Lebensinhalt zu finden.[1] Das Kind ist besonders sensibel für diese Situation und paßt sich ihr an, indem es dem von der Mutter entworfenen Bild vollkommen gerecht wird und aufhört, ihm widersprechende Gefühle wie Eifersucht, Zorn, Neid, Verlassenheit, Ohnmacht oder Angst bewußt zu erleben. Philobatische Erlebnisformen sind Ausweichmöglichkeiten für diese zum Aufbau eines der Mutter angepaßten Selbst gezwungenen Kinder, die wenig Anlaß haben, die Objekte in ihrer frühen Umwelt wohlwollend zu finden. Die unzensierten Erlebnismöglichkeiten beziehen sich auf die Natur. «Da konnten sie empfinden, ohne die Mutter damit zu verletzen, sie unsicher zu machen, ihre Macht zu schmälern, ihr Gleichge-

1 A. MILLER, Das Drama des begabten Kindes, Frankfurt a. M. 1979

wicht zu gefährden. Aber es fällt sehr auf, daß diese überaus aufmerksamen, wachen und sensiblen Kinder, die sich genau erinnern, wie sie z. B. im Alter von vier Jahren das Sonnenlicht im strahlenden Gras entdeckten, beim Anblick ihrer schwangeren Mutter noch mit acht Jahren überhaupt ‹nichts gesehen haben› und keine Neugier zeigten, daß sie bei der Geburt des Geschwisters ‹überhaupt nicht› eifersüchtig waren ... Es ist eine ganze Kunst entwickelt worden, Gefühle nicht erleben zu müssen, denn ein Kind kann diese nur erleben, wenn eine Person da ist, die es mit diesen Gefühlen annimmt, versteht und begleitet.»[1]

TOLKIEN suchte sich innere Freiräume durch eine Über-Erfüllung der mütterlichen Forderungen zu verschaffen. Er lernte nicht nur die geforderten Sprachen – Latein und Griechisch im Alter von sieben Jahren –, sondern fing gleichzeitig an, eigene Sprachen zu erfinden und mit ihnen zu arbeiten. Das verdroß die Mutter, die nur daran dachte, den Jungen für ein Stipendiatsexamen vorzubereiten. Später erinnert sich TOLKIEN (und bezeichnenderweise ist jeder Affekt aus dieser Erinnerung verschwunden): «Ich erfand einige Sprachen, als ich erst acht oder neun Jahre alt war, aber ich zerstörte sie. Meine Mutter war nicht einverstanden. Sie hielt meine Sprachen für eine nutzlose Frivolität, die Zeit kostete, welche ich besser an mein Studium wenden sollte. Es ist ein Jammer. Die Sprachen waren eher rohe Versuche, aber es wäre interessant, sie zu sehen.»[2]

Sicher ist die Welt von Mittelerde durch die Auseinandersetzung mit der perfektionistischen, zwanghaften, glühend katholischen Mutter bestimmt, die sich ganz auf ihre Söhne konzentrierte, ihr Sexualleben nach einer dreijährigen Ehe begraben hatte und TOLKIENS intellektuelle Leistungen auf Kosten seiner Gefühls- und Triebwelt überstimulierte. «Das narzißtisch besetzte Kind hat die Chancen, seine intellektuellen Funktionen

1 A. MILLER, a. a. O., S. 25f
2 D. GROTTA, J. R. R. Tolkien, Philadelphia 1977, S. 22

ungestört zu entwickeln, nicht aber seine Gefühlswelt, und das hat schwerwiegende Konsequenzen für sein Wohlbefinden. Der Intellekt übernimmt zwar eine prothetische Funktion von unschätzbarem Wert, indem er die Abwehr stärkt. Doch dahinter kann sich die narzißtische Störung noch vertiefen.»[1]

Aus der Analyse von Wahnvorstellungen ist der Zusammenhang zwischen dem frühkindlichen Erlebnis, der unerbittlichen Kontrolle einer leistungsbewußten Mutter ausgesetzt zu sein, und der vermeintlichen Verfolgung durch Geheimdienste, Untergrundorganisationen anderer Art oder «gefährliche» politische Gruppen (etwa Nazis) bekannt. Das im «Herrn der Ringe» gezeichnete Bild von Sauron mit seinen Orks, Ringgeistern und anderen Spähern ist ein Bild der in die Außenwelt projizierten und entstellten, omnipotenten Mutter, ähnlich wie die gräßlichen Spinnen, welche Düsterwald und Cirith Ungol bevölkern. Das Symbol für Sauron ist das rote, spähende, grausame Auge; seine Diener, die Orks, finden Lust an Schmutz, Folterung, Raub und Kannibalismus. Die analsadistischen Inhalte, welche in der Auseinandersetzung mit einer Mutter entstehen müssen, welche die Kinder in Samt und Satin kleidet, bleiben in der Welt der Orks unintegrierbar abgespalten. Nicht nur die frühe Intellektualisierung, sondern auch die katholische Religion stärkte TOLKIENS Abwehr. Er hielt ein Leben lang an ihr fest und befolgte damit ein Gebot seiner Mutter, die bei ihrem frühen Tod (TOLKIEN war damals zwölf Jahre alt) einen katholischen Geistlichen als Vormund einsetzte, um sicherzustellen, daß die protestantischen Verwandten nicht ihre eigene und die Bekehrung ihrer Söhne rückgängig machten.

Die Stärke dieser Abwehr wird durch die Unversöhnlichkeit zwischen den Orks und den Elben dokumentiert. Eine Versöhnung mit den abgespaltenen Teilen des Unbewußten ist nicht möglich. Der faule Schmutzteufel und Sklavenhalter, der hinter der Fassade des intellektuell frühreifen Jungen im Samtanzug

1 A. MILLER, Das Drama des begabten Kindes, Frankfurt a. M. 1979, S. 67f

steckt, kann nicht mit dem bewußten Ich verbunden werden. Im Gegenteil: freie, den Wunschträumen der Mutter entsprechende und doch ihr entzogene Welten müssen geschaffen und mit hohen, reinen Gestalten bevölkert werden, um die Drohung durch den inneren Ork zu bekämpfen.

Das narzißtische Thema der Rückkehr in den «ozeanischen» vorgeburtlichen Zustand findet sich im «Herrn der Ringe» mehrfach. Gandalf wird von einem Balrog – dem mächtigsten Diener Saurons, analsadistisch mit Peitsche, rotem Schwert und Finsternis bewaffnet – in einen Abgrund gerissen, aus dem er geläutert wiederkehrt.[1] «Weit unter den tiefsten Grabungen der Zwerge nagen namenlose Wesen an der Welt.[2] Selbst Sauron kennt sie nicht. Sie sind älter als er. Nun bin ich dort gewandert, doch will ich nicht darüber berichten, um das Licht des Tages nicht zu verdunkeln.» (II, S. 118) Frodo muß den «Schatz», den mächtigsten Ring Saurons, in die Tiefen der feurigen Klüfte des Schicksalsberges werfen. Dadurch kann Sauron entmachtet werden. Auf der Ebene der unbewußten frühkindlichen Phantasie opfert das Kind etwas höchst Wertvolles (und büßt dabei ein unersetzliches Stück seiner selbst ein), um sich von der bösen, omnipotenten Mutter zu befreien. Der Gedanke von den Ringen der Macht ist ein glänzender Einfall, um die ganze Schwierigkeit einer Auseinandersetzung mit der Allmachtsphantasie und die hoffnungslosen Bemühungen darzustellen, sie zu zügeln und zu beseitigen. Der große Ring Saurons verbindet die Welt des bösen, roten Auges mit der idealen Welt der Elben. Und dem Kind

1 Gandalf ist sicher eine der Figuren, mit denen sich Tolkien identifizierte; ein Verwandter von ihm ist der «Weihnachtsmann» als der Tolkien seinen Kindern Briefe und Zeichnungen schickte. Die Liebe zu Feuerwerk ist ihm und Gandalf gemeinsam. Vgl. J. R. R. Tolkien, Die Briefe vom Weihnachtsmann, Stuttgart 1978

2 «Der Himmel ist uns leerer Weltraum geworden, eine schöne Erinnerung, wie es einstmals war. Unser ‹Herz› aber glüht, und geheime Unruhe benagt die Wurzeln unseres Seins», sagt C. G. Jung, Über die Archetypen des kollektiven Unbewußten, Zürich 1935 (Eranos-Jahrbuch), S. 203

ist er anvertraut: Frodo dem Hobbit, der mit ihm zu den Schicksalsklüften geht, unsäglichem Leid unterworfen. Von der Spinne mit ihrem Gift gelähmt, von den schwarzen Reitern verwundet, kann er nicht wieder in der Wirklichkeit von Mittelerde leben. So geht er endlich, nachdem er dem finsteren, grausamen Mutterschoß der Schicksalsklüfte entronnen und ihnen Teile von sich – den «Schatz» Gollums und seinen Finger – geopfert hat, in den heilen, von ewiger Musik erfüllten Mutterschoß der seligen Inseln des Westens, wo den Ringträgern Vergessen winkt.

Wenn die Macht Saurons und der Orks dahingegangen ist, werden auch die Elben schwächer und müssen endlich über das Meer segeln. Die Verschmelzung mit der Mutter und ihren Werten, die Tolkien (sicher mitbedingt durch den frühen Tod der Mutter, der ihm eine echte Auseinandersetzung und Ablösung unmöglich machte) zeitlebens aufrechterhielt, gibt dem Selbst eine große Macht und eine unerschütterliche Ausdauer. Ohne sie hätte Tolkien nie mit unendlicher Geduld die nur ihm eigene Welt von den drei Zeitaltern Mittelerdes aufbauen können. Doch wird diese Unerschütterlichkeit und Kreativität durch einen schwerwiegenden Verlust an emotionaler Autonomie bezahlt: Frodos Verletzungen sind unheilbar. Wie oft bei der Überanpassung an elterliche Ideale, waren schwere Depressionen und psychosomatische Krankheiten der Preis für die Unterdrückung der Gefühlswelt. Tolkien litt immer wieder an Magengeschwüren und quälender Melancholie. Er lebte in einem stabilen Gehäuse, beruflich wie familiär, er verliebte sich nur ein einziges Mal, er wechselte nie seinen Beruf, dessen Wahl – Professor für altnordische Sprachen – sicherlich einen Wunschtraum seiner früh verstorbenen Mutter erfüllte. Die abenteuerliche innere Gegenwelt zu dieser äußerlich unerschütterten bürgerlichen Stabilität hat eine ganze Generation gefesselt.

Ödipus und Narziß II: Kastration und narzißtische Wunden

Die Kastration spielt in der psychoanalytischen Theorie seit der Analyse des «kleinen Hans» (im Jahr 1908) eine wichtige Rolle. FREUD nahm an, daß der kleine Junge fürchtet, sein Glied, das Zentrum seiner frühen sexuellen Empfindungen und Aktivitäten, zu verlieren. Er fühlt sich vom Vater bedroht, gegen den er ja seinerseits Tötungs- und Kastrationswünsche hegt, um ihm die Mutter wegzunehmen. Der Anblick des als kastriert erlebten Mädchens fördert diese Angst. Der Junge muß vermuten, daß der Schwester oder Spielkameradin bereits geschehen ist, was er fürchtet. Die Kastration kann symbolisch ausgedrückt werden: Entweder sind andere Körperteile bedroht – Ödipus etwa reißt sich die Augen aus – oder die geistige tritt an die Stelle der körperlichen Ganzheit («wer masturbiert, wird verrückt»).

Die um den Kastrationskomplex zentrierten Erlebnisse spielen im analytischen Material eine wichtige Rolle. Dabei scheint die ursprüngliche Bedeutung der Kastration als Strafe für die frühkindliche Sexualität nicht auszureichen. Der Verlust des Penis wird zum Zeichen für Trennung und Verlust schlechthin. Die nicht selten in Träumen auftretende Vorstellung, daß der Penis (oder ein Zahn) ganz locker am Körper hängt und bei leichter Berührung abgerissen wird, erläutert diese Auffassung. Die schmerzliche Trennung vom Penis wäre dann nur ein Glied in einer Kette ähnlicher Verluste: des Verlusts der Mutterbrust, der angsteinflößenden Trennung von einem schützenden Erwachsenen.

Das Thema der Trennung führt nun unmittelbar zu den narzißtischen Aspekten der Kastration. OTTO RANK hat vermutet, daß die Kastrationsangst nur ein Echo der viel früher durch die Trennung von der Mutter entstandenen Geburtsangst ist. Ob es nun eine reale Geburtsangst gibt oder nicht, sicherlich spielen die Phantasien um Geburt und Rückkehr in den Mutterschoß eine sehr wesentliche Rolle in unserem Erleben.

Die Auflösung des Körper-Selbst und die orgastische Kastration, narzißtische Themen von den Kybele-Priestern bis zu den ironisch-erotischen Zeichnungen Gotlibs.

Die Aufteilung in einen triebdynamischen und einen narzißtischen Aspekt der Kastrationsphantasie verdeutlicht zwei Seiten eines Geschehens, das im normalen Erleben einheitlich ist. Wir pflegen die Befriedigung unserer Triebwünsche nicht nur als lustvoll, sondern auch als narzißtisch stabilisierend zu erleben. Daß eine Trennung beider Bestandteile sinnvoll ist, zeigen erst die Störungen des Erlebens. Eine solche Störung drückt etwa das Sprichwort aus: «Post coitum omne animal triste.» Nach dem Geschlechtsakt ist keineswegs jedes Lebewesen traurig, sondern nur ein Mensch, der die Fähigkeit eingebüßt hat, seine Triebwünsche angemessen zu idealisieren, d. h. sie in die Festigung seines Selbstgefühls einzubeziehen.

Die Triebseite unseres Erlebens bezieht sich auf die Lust-Unlust-Ebene, während es bei der narzißtischen Seite um die von Einfühlung bestimmte, soziale oder verinnerlichte Bestätigung geht. Die Kastrationsangst wird aus beiden Quellen gespeist: einerseits ist das zur Triebbefriedigung notwendige Organ be-

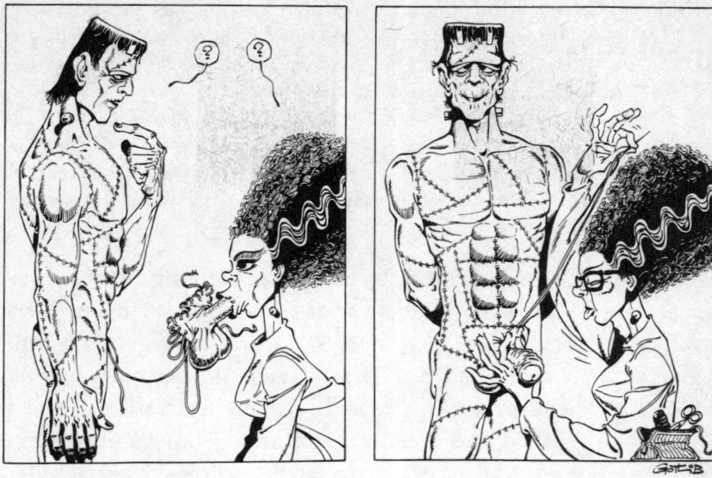

droht, andrerseits ein sehr wesentlicher Teil des Selbst. Wie mächtig die narzißtischen Anteile werden können, zeigen die gar nicht seltenen Phantasien von Selbst-Entmannung.

Ein Klient, der große Schwierigkeiten hatte, sich gegen seinen Vater durchzusetzen, sich aber dennoch nicht von diesem trennen konnte (beide arbeiteten in einem Familienbetrieb), mußte immer dann, wenn er eine Schere sah, daran denken, sich den Penis abzuschneiden. Die Analyse dieses Zwangsgedankens ergab, daß er einerseits dem Vater gegenüber eine «weibliche» Haltung einnahm, andrerseits diesen sehr um den größeren Penis beneidete, den der Vater auch immer wieder – im unmittelbar körperlichen wie im übertragenen Sinn – demonstrierte.

Ein Mann, dessen phallische Auffassung von Sexualität durch mehrere Frauen hintereinander in Frage gestellt wird, schneidet sich endlich mit einem elektrischen Messer den Penis ab. (Zusammenfassung eines italienischen Spielfilms, dessen Titel ich vergessen habe.)

«Darauf bestieg er das Gerüst und begann vor dem Volke mit scharfen Messern zuerst seine Nase abzuschneiden, dann seine Ohren, dann alle Glieder und schließlich soviel Fleisch, wie es ihm möglich war. Er schleuderte es weg und umher, bis soviel Blut vergossen war, daß er schwach wurde, worauf er sich zuletzt die Kehle durchschnitt.» (J. FRAZER, Der goldene Zweig, Köln 1968. Der Bericht stammt aus dem 16. Jahrhundert und betrifft den König der indischen Provinz Quilcare. Der Nachfolger des Königs mußte einer der Zuschauer bei diesem Zeremoniell sein.)

«Auf der höchsten Stufe religiöser Erregung schleuderten sie die abgetrennten Teile ihres Selbst gegen das Bild der grausamen Göttin.» (Ein Bericht über die phrygischen Feste zu Ehren von Attis, dem Geliebten Kybeles, bei denen sich die Priester Schnittwunden zufügten und sich im Zustand der Ekstase selbst kastrierten.)

Die Selbst-Kastration läßt sich als Verinnerlichung einer Rivalität auffassen, die ursprünglich zwei Personen austrugen, etwa nach dem Motto: «Ich tue mir selbst an, was ich eigentlich dem Vater antun wollte (und was er aus Rache mir antun würde).» Diese Ansicht vernachlässigt jedoch, daß die Kastration in einen Zyklus von Verlust und Wiederherstellung gehört. Hinter dem leichter faßbaren Kampf mit dem Vater steckt ein Ruf nach der allmächtigen Mutter, die Integrität des Selbstgefühls wiederherzustellen. Am deutlichsten wird dieser Wunsch in der rituellen Kastration der Kybele-Priester. Der Penis bietet eine begrenzte, an einen konkreten Triebwunsch gebundene Möglichkeit, das Selbstgefühl zu festigen: die teilweise Rückkehr in den Schoß einer Frau. Der Sexualakt hat vielfältige narzißtische Bedeutung und ist für viele Männer und Frauen der wichtigste Weg zu starken Gefühlen von Geborgenheit und Nähe. Doch gelingt es keineswegs immer, die erwachsene, genitale Sexualität mit ihren begrenzten Möglichkeiten der Verschmelzung genügend zu idealisieren, um sich nach dem Sexualakt glücklich und nicht traurig oder verlassen zu fühlen. Das setzt voraus, daß die sexuelle Entwicklung einigermaßen ungestört ablaufen konnte. Im anderen Fall werden die Sexualität und ihr Symbol – der Penis – zu einer Bedrohung für das Selbstgefühl. Warum nicht einen Teil opfern, um das Ganze, die Festigkeit des Selbstgefühls, die Verschmolzenheit mit einer allmächtigen Mutter, zu retten? Aus diesem auf der Ebene der Triebbefriedigung so angsteinflößenden Wunsch gewinnt die Kastrationsangst häufig einen Teil ihrer Stärke.

Das Ziel der narzißtischen Antriebe ist es, Sicherheit für das

Selbstgefühl zu gewinnen. Es gibt mehrere Wege dazu: Liebesbeziehungen zu anderen Menschen; Kontrolle der Umwelt durch Leistung; Veränderung des Erlebens durch seelisch wirksame Stoffe (z. B. Rauschdrogen); Manipulation durch Meditation oder Ekstasetechniken. Die Versuche, das narzißtische Gleichgewicht zu erhalten, beziehen sowohl die Triebwünsche wie ihre Abwehr ein: Die geglückte Verbindung beider, der Kompromiß zwischen Ich und Es, wird vom Über-Ich angenommen und als Festigung des Selbstgefühls erlebt. Doch können die narzißtischen Bedürfnisse so mächtig werden, daß die Triebdynamik vollständig in den Hintergrund gedrängt wird.[1] Der narzißtische Gewinn aus dem Verzicht auf eine unvollkommene, vorläufige Triebbefriedigung kann so groß sein, daß im Extremfall eine Selbstkastration erfolgt.

Wirklich nur im Extremfall? Immerhin werden in fast allen Weltreligionen Triebverzicht und Sexualeinschränkung gepriesen. Wer sich kasteit, wird narzißtische Vollkommenheit und Sicherheit erreichen, Geborgenheit in der Liebe Gottes, im ewigen Leben, im Nirwana oder wie auch immer die Namen für den endlich gewonnenen, unauslöschlichen Zustand des dauernden Glücks, des für immer befestigten Selbstgefühls lauten.

> «Solange der Mensch irgendeinen Gedanken für diesen leichnamhaften Körper hat, ist er unrein und leidet von seinen Feinden ebenso wie von Geburt, Krankheit und Tod; aber wenn er sich denkt als rein, als das Wesen des Guten und das Unbewegliche, wird er frei ... Wirf weit weg die Begrenzung dieses Körpers, der träge und schmutzig ist von Natur. Denke nicht länger an ihn.

1 Schwierigkeiten in dieser Darstellung entstehen dadurch, daß Es, Ich und Über-Ich Instanzen des seelischen Apparates sind, d. h. Abstraktionen, «Konstrukte», die nicht unmittelbar im Erleben nachweisbar sind und oft in Gefahr geraten, als Homunkuli verwendet zu werden («das strafende Über-Ich» oder «mein Es hat mir wieder einen Streich gespielt»), während das Selbst und die narzißtischen Vorgänge eine erlebnisnahe Ebene der Beschreibung erfassen, jedoch von manchen Autoren zusätzlich wie die metapsychologischen Instanzen verwendet werden. Narzißtische Befriedigung ist umfassender als Triebbefriedigung; sie kann auch aus der gelungenen Abwehr eines Triebwunsches (vor allem durch Sublimierung) bezogen werden.

Denn ein Ding, das erbrochen ist, wie du deinen Körper aus dir erbrechen sollst, kann nur Ekel erregen, wenn es in den Geist zurückgerufen wird.»[1]

Solche leibfeindlichen Äußerungen finden sich nicht nur in zahllosen religiösen Texten, sondern auch in der unbewußt bestimmten Praxis vieler Menschen, die ihren Körper mißhandeln. Selbst die Aufforderung, «den Körper zu erbrechen», wird nicht selten buchstäblich befolgt: bei den Mädchen und Frauen, die an Magersucht leiden, die aufhören zu essen oder alles Gegessene wieder erbrechen, um einen narzißtischen Zustand zu erhalten, der ihrer drohenden körperlichen Entwicklung zur Frau, zur Mutter entzogen ist. Die Motive für den Mißbrauch von Nikotin, Alkohol, Psychopharmaka und Rauschgiften sind ebenfalls narzißtisch bestimmt. Das schwankende Selbstgefühl soll kontrollierbar werden, die unsichere Identität in der Industriegesellschaft dadurch gefestigt, daß sich etwa der Heroinsüchtige sicher sein kann, etwas Besonderes – eben ein Junkie – zu sein, der jederzeit in der Lage ist, die lästigen Reste körperlicher Gebundenheit durch den goldenen Schuß auszulöschen zu einem ewigen Nirwana.[2]

«Sie war gar schön von Gestalt, darum hatte ihr Vater ein Fieber auf sie herabgefleht, an dem sie schwer darniederlag. Da nun Petrus einst mit seinen Jüngern bei Tische saß, sprach Titus zu ihm: ‹Meister, warum machest du alle Kranken gesund und lässest Petronellen siech liegen?› Antwortete Petrus: ‹Weil es ihr also nütz ist; aber damit ihr nicht vermeinet, daß ihr Heilung unmöglich sei, so sage ich dir, Petronella, stehe bald auf und diene uns zu Tische.› Da stund Petronella alsbald auf in ganzer Gesundheit und diente ihnen zu Tische. Und da sie allen Dienst hatte getan, sprach Sanct Peter zu ihr: ‹Petronella, nun kehr wieder in dein Bett.› Also legte sie sich hin und war wieder am Fieber krank wie zuvor.»[3]

1 Shankacharya, Vivekachudamani, S. 396 u. 414, Mayavati 1932, zit. n. J. Campbell, Der Heros in tausend Gestalten, Frankfurt a. M. 1953, S. 116

2 Eine ausführliche Darstellung dieser narzißtischen Seiten der Sucht gibt J. v. Scheldt, Der falsche Weg zum Selbst (mit einem Vorwort von H. Kohmt), München 1976

3 Jacobus de Voragine, Legenda aurea, zit. n. d. Übers. v. R. Benz, Jena 1917, Bd. I, S. 513

Die Flucht vor dem Vergänglichen, dem Vorübergehenden, in die ewige Dauer ist ein Grundmotiv der christlichen Legenden. Petronella stirbt später freiwillig, um ehelos zu bleiben. (Daneben enthält die Legende auch ein Stück krasser patriarchalischer Haltung: Der allmächtige Vater verhängt das Fieber und nimmt es, damit seine Tochter ihn und die Jünger bedienen kann.)

Wer ist mächtiger, Ödipus oder Narziß? Die Frage ist nicht zu beantworten, aber es ist doch sinnvoll, sie als Denkanstoß zu stellen. Sexualität und Selbstkastration haben uns bisher beschäftigt, aber auch auf einem anderen Gebiet läßt sich die Triebbefriedigung der narzißtischen gegenüberstellen. Man übersieht in der gebräuchlichen Betrachtung von Ödipus und Narziß leicht, daß Ödipus auch ein Mörder ist, und Narziß ein Selbstmörder. Der Selbstmord ist die am weitesten gesteigerte Form der Selbstkastration, der Beseitigung eines störenden, uns an den Kreislauf von Lust und Schmerz bindenden Körpers, um einen spannungslosen, sicheren Zustand zu erreichen, der als umfassende Geborgenheit vorgestellt wird.

> «Die Vorstellungen vom Tod bestehen bei Suizidanten entweder aus einer Negation – das heißt, sie beinhalten die Flucht aus einer unerträglichen Situation, ohne daß positive Vorstellungen darüber existieren, wohin die Flucht geht – oder aus Phantasien von Zuflucht in einen harmonischen Zustand. (Bei den 50 Suizidanten verteilen sich die beiden Formen auf je eine Hälfte.) Der harmonische Zustand wird geschildert als ein vager, unklarer Zustand von Wärme, Ruhe, Erlösung, Geborgenheit, Seligkeit, Triumph ...»[1]

Der Selbstmord ist durch eine narzißtisch bestimmte Verwendung der Aggression charakterisiert, der Mord durch eine unmittelbar triebhafte. In den Industriegesellschaften kommen auf einen Mord mindestens zehn Selbstmorde und mindestens hundert ernsthafte Selbstmordversuche. Narziß herrscht hier schon lange über Ödipus.

1 H. Henseler, Narzißtische Krisen, Zur Psychodynamik des Selbstmords, Reinbek bei Hamburg 1974

Die narzißtische Bedeutung der Kastration, der Preisgabe eines Körperteils im Dienst der Wiederherstellung eines harmonischen Idealzustandes, findet sich bei TOLKIEN in den beiden Fällen Berens und Frodos. Im Silmarillion[1] gewinnt Beren nach übermenschlichen Leiden den leuchtenden Edelstein, der später zum Herold der Niederlage des dunklen Herrschers Morgoth wird. Der Silmaril ist seine Brautgabe, ohne den er die wunderschöne Elbin Luthien nicht heiraten darf. Als er zu König Thingol kommt, erhebt er den Stummel des rechten Arms und sagt: Ich trage einen Silmaril in meiner Hand. Die Hand ist ihm von einem mächtigen Wolf abgebissen worden, mitsamt dem leuchtenden Stein, der erst auf Umwegen zu Beren zurückkommt und nach einigen Generationen die Hilfe der Valar ermöglicht.

Das Motiv des zu Erlösung der Welt geopferten Gliedes findet sich bei Frodo wieder. Gollum beißt ihm den Finger ab, an dem der Hobbit, endlich der Macht des Ringes erliegend, ihn tollkühn in den Schmieden des Schicksals aufsetzt. Und wie es Frodo voraussah, stürzt Gollum mit seinem wiedergewonnenen Schatz in den feurigen Schlund, und alle Macht Saurons hat ein Ende.

Auf triebdynamischer Ebene ist die Kastration Strafe und Verlust; auf der narzißtischen ein Opfer, um die ersehnte, universelle Harmonie zu erreichen, die Preisgabe eines Teiles, um das Ganze zu retten. Dem Analytiker sind Phantasien bekannt, wonach abgeschnittene Gliedmaßen wieder nachwachsen: Symbole der narzißtischen Wiederherstellung. In einem Roman der «Fantasy»-Kategorie, die einen wachsenden Anteil der Science-Fiction ausmacht, beschreibt MICHAEL MOORCOCK einen «scharlachroten Prinzen», der einer älteren, weisen Rasse angehört, welche die Menschen als primitiv verachtet. Diese fangen an, die Vardagh auszurotten, die längst verlernt haben, sich zu wehren. Prinz Corum wird als letzter gefangengenommen, auf ein Brett

1 J. R. R. TOLKIEN, Das Silmarillion, Stuttgart 1978

geschnallt und verstümmelt: Er verliert ein Auge und eine Hand, ehe er sich kraft seiner parapsychologischen Fähigkeiten auf eine andere Raum-Zeit-Ebene retten kann, wo er von einem geheimnisvollen Riesen befreit wird. Corum denkt nur noch an Rache, und gerät endlich auf eine Insel, die ein Zauberer bewohnt. Dieser gibt ihm Hand und Auge zweier Götter, die nicht nur die verlorenen Organe ersetzen, sondern in Gefahrensituationen übermenschliche, magische Kräfte entfalten. Mit ihrer Hilfe gelingt es Corum, den Chaos-Gott, der die Menschen gegen die alten, weisen Rassen aufgestachelt hat, zu töten und seine Geliebte zurückzugewinnen. Obschon «Der scharlachrote Prinz», verglichen mit dem «Herrn der Ringe», von ärmlicher Phantasie und voller grober Unwahrscheinlichkeiten ist, wird in ihm die narzißtische Bedeutung der Kastration faßbar. Mit seiner Tat setzt Corum den «Lord der Ordnung», den wohlwollenden Arkyn, wieder in sein Reich ein. Er ist auch jener geheimnisvolle Riese, der Corum vor seinen Folterern gerettet hat.[1]

Die Wiederherstellung des narzißtischen Primärzustandes der dauernden Harmonie ist ein Lohn, der dem Helden heute nur noch in der Trivialliteratur ohne Einschränkung zuteil wird. Im «Herrn der Ringe» trägt Frodo so schwer an seinen Wunden, daß er Mittelerde verlassen muß. Noch bitterer ist das Schicksal von Melvilles Kapitän Ahab. Er steht für einen zweiten Typus des narzißtischen Dramas von Verlust und Wiederherstellung: die Rache an dem, was das narzißtische Gleichgewicht gestört hat. Die Suche nach dem Verlorenen trägt zwei Gesichter, ein wohlwollendes, wo nach allem Leid die Wiederherstellung winkt, und ein rachsüchtiges, in dem die Welt in Trümmer gehen soll, um den kränkenden Verlust ungeschehen zu machen. Parcival, der den verlorenen Gral sucht, oder Dietrich von Bern, der sein verlorenes Reich wiedergewinnt, stehen für den ersten Ty-

1 M. Moorcock, Der scharlachrote Prinz, Bergisch Gladbach 1978 (Original: The Knight of the Swords, 1971)

Kriemhilds Rache

pus des Heldenschicksals. Die Nibelungensage, in der Kriemhilds Rache für den Mord an Siegfried ihre ganze Familie auslöscht, ist eines der anschaulichsten Belege für den zerstörerischen Typ.

«Da schwamm das Böse leibhaftig vor ihm, das tiefe Naturen in sich fressen fühlen, so daß ihnen nur noch das halbe Herz und die halbe Lunge zum Leben übrigbleiben – das Böse von Anbeginn, das nirgends Greifbare ... Allem, was nur Menschen peinigen und um den Verstand bringen kann, was die Hefe in der Welt aufrührt, jeder boshaften Wahrheit, allem, was die Sehnen erschlaffen und das Hirn verdorren läßt, aller dämonischen Verschlagenheit im Leben und im Denken, aller Schlechtigkeit auf Erden glaubte Ahab in Moby Dick leibhaftig gegenüberzustehen. In seinem getrübten Geist häufte der Unglückliche den ganzen Groll und Haß des Menschengeschlechts von Adam an auf den weißen Buckel des Wals und zerschellte an ihm sein heißes Herz.»[1]

Ahab wollte sich an dem Wal rächen, der ihm drei Fangboote zerschlagen hatte, und griff ihn, blind vor Wut, mit einem sechs Zoll langen Messer an. Moby Dick riß ihm daraufhin das Bein ab. Ahab wurde wahnsinnig, und kam erst wieder zur Vernunft, als der Rachegedanke klar und kalt zum einzigen Ziel seines Lebens geworden war. Melville hat hier eine wesentliche Reaktion auf die narzißtische Kränkung scharfsinnig erfaßt: «Der Wahn überrumpelte seine gesunde Vernunft und richtete das gesammelte Feuer der eroberten Feste auf das eine, unsinnige Ziel.»[2]

Ahabs Rache treibt Schiff und Mannschaft über die Meere in den sicheren Untergang. Der weiße Wal ist Sieger, die Rache scheitert. Moby Dick ist ein Symbol des Größenselbst, der allmächtigen Einheit von Mutter und Kind. Das mächtigste, größte Lebewesen der Erde muß fast zwangsläufig diese Bedeutung gewinnen. Ein Klient hat mir einmal erzählt, wie er zusammen mit seinem Bruder lange Phantasien ausspann, sie beide seien Könige der Wale und räumten unter den Menschen auf, die mit ihren Fangbooten und Harpunenkanonen das Meer unsicher machten. Ähnlich wie Sauron in Tolkiens Werk, wird der omnipotente weiße Wal zu einem bedrohlichen, grausamen Wesen, das seine Macht nur zum Bösen nutzt. – Diese Bösartigkeit gewinnt die omnipotente Mutter dann, wenn sie durch ihre einengende, einfühlungslose Haltung den analsadistischen Protest des Kindes weckt. Sie wird nun zum Ziel einer rastlosen Suche, die auf der Oberfläche ihrer Vernichtung gilt, auf einer tieferen Ebene jedoch die Wiederherstellung der guten Mutter (einer besseren Welt im «Herrn der Ringe») anstrebt.

1 H. Melville, Moby Dick, Hamburg 1956, S. 135f
2 H. Melville, Moby Dick, Hamburg 1956, S. 136

Die Gestalt des gespaltenen bürgerlichen Selbst, das zu Hause auf die Attribute wilder Grandiosität nicht verzichten kann, hat auch die Filmemacher beschäftigt.

4. Durch die Wüste (Der bürgerliche Held I)

Ich habe in meiner Kindheit stundenlang still und regungslos gesessen und in die Dunkelheit meiner kranken Augen gestarrt.[1] KARL MAY

Wer Anschauungsmaterial für die inneren Gesetze des bürgerlichen Narzißmus sucht, kann an den Werken KARL MAYS nicht vorbeigehen. Viele von uns verdrängen ihre frühe Faszination später, wie sie ihre Pubertät verdrängen, finden die Romane unerträglich schwülstig, primitiv und pathetisch. Andere, wie ARNO SCHMIDT, suchen das Geheimnis der Wirkung dieses größten «Volksschriftstellers» der Deutschen durch eine komplizierte Umdeutung zu enträtseln, in der es von verborgener Homoerotik, Analmythologie und Sexuallandschaften wimmelt. Narziß kann doch nicht soviel mächtiger sein als Ödipus!

Ich möchte versuchen, die Grundstruktur der Selbstdarstellungen von KARL MAY herauszuarbeiten. Gute Dienste dabei leistet ein Schema, das ich für die Analyse der Persönlichkeitsprobleme in Helfer-Berufen entworfen habe.[2] Es enthält folgende fünf Themen:

1. Das abgelehnte Kind
2. Die Identifizierung mit dem Über-Ich
3. Die narzißtische Unersättlichkeit
4. Die Vermeidung von Gegenseitigkeit
5. Die gehemmte, indirekte Aggression.

Das erste Thema, welches die Kindheit betrifft, soll uns erst später beschäftigen, jedoch ist soviel gewiß, daß KARL MAY in großem Elend und ständig von narzißtischen Kränkungen be-

1 KARL MAY, Mein Leben und Streben, zit. n. H. WOLLSCHLÄGER, Karl May, Zürich 1976, S. 15

2 W. SCHMIDBAUER, Die hilflosen Helfer, Hamburg 1977

droht herangewachsen ist. Die Über-Ich-Identifizierung war daher anders als bei vielen Helfern, die unter weniger verwahrlosten Umständen aufwachsen. Sie läßt sich auf die Formel bringen: «Wenn ihr mich groß sein laßt, will ich auch gut sein.» In den Romanen ist KARL MAY immer groß, mächtig, siegreich – und daher ist er auch in seinen moralischen Überzeugungen unerschütterlich gefestigt. Sein Leben sah anders aus, doch davon später. Während viele Helfer durch ihre strenge Pflichterfüllung ein Stück Grandiosität verwirklichen können, ist für KARL MAY die Möglichkeit zur Grandiosität eine Voraussetzung der Moral. Daher konnte er auch in seinem ursprünglichen Beruf als Lehrer nicht erfolgreich arbeiten, sosehr sich in seinem Phantasieleben und in seinen Büchern das Bedürfnis ausdrückt, zu belehren, Recht zu behalten, den Führer, Häuptling, Arzt und gelegentlich die Gouvernante zu spielen.

Die Elemente der Grandiosität

Allmacht, Allwissenheit, Allgüte, Allgerechtigkeit – mit solchen Worten wird bis ins zwanzigste Jahrhundert den Kindern von den Religionslehrern das Wesen Gottes anschaulich gemacht. KARL MAY hat Anteil an allen diesen Eigenschaften. Sein Kriegsname «Old Shatterhand» belegt, daß seine Faust wie der Hammer des Donnergottes ist. Kein Mensch kann ihr standhalten, selbst Riesen werden durch den «Jagdhieb» gefällt. Freilich muß diese Stärke in ständigen Wettkämpfen immer wieder bewiesen, die Überzeugung erneuert werden. Ähnlich der Triumph des Dummlings im Märchen, der den magischen Säbel gewinnt: «Alle Köpfe runter, nur meiner nicht.» Und so geschieht es.

Doch wird der Ich-Erzähler nicht müde, darauf hinzuweisen, daß es nicht seine rohe Kraft, sondern seine durch Übung und Intelligenz erworbene Geschicklichkeit ist, die ihm seine Überlegenheit in jedem Zweikampf verschafft: Sei es mit der bloßen

Faust, mit dem Messer, mit dem Tomahawk (oder im Balkan mit dem Tschakan), mit dem Säbel, mit dem Gewehr. Die Omnipotenz wird differenziert. Sie drückt sich in der rohen Kraft aus, in Geschicklichkeit und in den vielfältigsten Kriegslisten. «Jetzt stand ich auf, ergriff ihn mit der rechten Hand beim Gürtel, schwang ihn mir einige Male um den Kopf, so daß er laut aufschrie, stellte ihn dann wieder auf die Beine und fragte: ‹Ist das genug, oder soll ich Euch zeigen, wie es tut, wenn Ihr meine Faust auf den Schädel bekommt?›»[1] So lüftet Old Shatterhand sein Inkognito, das er zuerst gerne wahrt, um endlich um so strahlender hervorzutreten. Das narzißtische Darstellungsprinzip der Erhöhung aus der Erniedrigung heraus hat hier eine auffällig kontrollierte Abwandlung erfahren. Nicht äußeren Umständen, die ihn überwältigen, ist die verhüllte, unterschätzte Gestalt des ersten Auftritts des Helden zuzuschreiben, sondern seinem wohlüberlegten Entschluß, seiner Freude darüber, insgeheim seine Überlegenheit zu genießen und auf die Stunde ihrer Schaustellung zu warten. KARL MAY ist sehr stark an den ständigen Beweis seiner Überlegenheit gebunden. Das drückt sich in zahlreichen Kleinigkeiten aus.[2] Er irrt sich nie, verliert nie seinen Mut, sein Selbstvertrauen. In der Sprache der Narzißmustheorie ausgedrückt: Er gibt nie seine Identifizierung mit dem Größenselbst und seine idealisierte Bindung an ein grandioses Objekt – an Gott – auf, sondern behält beide in jeder Situation, ist daher zu echter Einfühlung nicht fähig. Old Shatterhand bzw. Kara Ben Nemsi unterscheiden sich von anderen Helden gerade dadurch, daß sie keine verwundbaren Stellen haben. Dort, wo die Wechselfälle des Lebens auch den unerschütterlichen Mut be-

1 KARL MAY, Old Surehand I, S. 66

2 Nicht zuletzt in seiner Bewaffnung, in den immer wieder zitierten Gewehren, von denen das eine weiter und mächtiger schießt als alle anderen Büchsen, während das andere öfter schießt, «ohne heiß zu werden». Die Aufspaltung dieser Potenz auf zwei Gewehre ist ein Weg, mit der Verlustangst umzugehen und wohl auch ein Symbol für den Wunsch, sowohl ein tiefer, weitreichender, wie auch ein sehr produktiver Schriftsteller zu sein.

drohen, befestigt ihn das unerschütterliche Gottvertrauen. Liebesbeziehungen oder Elternschaft, die dem Menschen seine Verwundbarkeit und Abhängigkeit bewußt machen, gibt es in dieser Welt nicht.

Allwissenheit

«Ich spreche und schreibe: französisch, englisch, italienisch, spanisch, griechisch, lateinisch, hebräisch, rumänisch, arabisch 6 Dialekte, persisch, kurdisch 2 Dialekte, chinesisch 6 Dialekte, malayisch, Namaqua, einige Sunda-Indiome, Suaheli, hindustanisch, türkisch und die Indianersprachen der Sioux, Apatschen, Komantschen, Snakes, Utahs, Kiowas, nebst dem Ketschumany 3 südamerikanische Dialekte. Lappländisch will ich nicht mitzählen ...[1] KARL MAY

Im «Old Surehand I» wird in einem Gespräch mit Old Wabble der bildungsbürgerliche Machtanspruch («Wissen ist Macht» stand auf den Einbänden von Meyers Konversationslexikon, das MAY so ausgiebig benutzte) faßbar:

«‹Wir sind freie Westmänner und nicht Soldaten, bei denen immer einRanghöherer über dem anderen steht; von einem Kommandanten im militärischen Sinn des Wortes kann also bei uns nicht die Rede sein, sondern einer hat genau die gleichen Rechte und Pflichten wie der andere.›

‹Aber, Sir, Ihr könnt doch nicht verlangen, daß wir alle stets und immer ein und desselben Sinnes sind.›

‹Allerdings nicht.›

‹Nun, was soll dann geschehen, wenn wir uns streiten?›

‹Streiten? Das kann bei verständigen Männern gar nicht vorkommen. Wenn Meinungsverschiedenheiten eintreten, so besprechen wir uns, Mr. Cutter.›

‹Well, wir besprechen uns. Und dann?›

‹Dann handeln wir nach derjenigen Ansicht, die die richtige ist.›

‹Und wenn nun die anderen gerade diese Ansicht nicht für die richtige halten?›

‹Dann sind sie dumm, und mit dummen Menschen pflege ich nicht zu verkehren.›

1 Zit. n. H. WOLLSCHLÄGER, Karl May, Zürich 1976, S. 91

‹Wie – wa – waaaas?› fragte er.

Es war ein geradezu köstliches Gesicht, das er jetzt sehen ließ, halb das Gesicht eines listigen Fuchses und halb das eines Schafs, wenn es blöken will. Er blieb eine Zeitlang ohne Bewegung, dann wabbelte er seine Glieder schnell untereinander und fuhr fort:

‹Dumm, also dumm, und mit dummen Menschen verkehrt Ihr nicht! Ihr meint also, daß nur wir es sind, die dumm sein können?›

‹Ich meine nur, daß ich mich stets hüten werde, einer guten und richtigen Ansicht entgegenzutreten.›

‹Ach so! Und wenn Ihr nun die richtige habt und wir sehen das nicht ein und tun alle nicht, was Ihr wollt?›

‹So lasse ich euch stehen oder sitzen und gehe meiner Wege.›»[1]

Die Begegnung mit Old Wabble ist in vielfacher Hinsicht interessant: Der «König der Cowboys» mit seinen langen, schlohweißen Haaren und seinen 93 Jahren ist einerseits eine Vaterfigur, andrerseits neben Old Shatterhand wie ein dummer Junge, der ständig unberechenbare Streiche begeht und in einer Art pubertärem Protest gegen dessen Lehren vom wahren Westmann und von der echten Frömmigkeit verharrt. Old Shatterhand ist von beispielhafter Geduld und beispielloser Rechthaberei erfüllt, während Old Wabble ihn teils verehrt, teils auf hochstaplerische Weise zu beeindrucken sucht (etwa indem er vorgibt, sehr gut schwimmen und tauchen zu können, dann jedoch schlappmacht, oder indem er auf hilflose Weise das schweigsame Einverständnis von Old Shatterhand und Winnetou nachahmt).

Einem unweisen Alten Weisheitslehren zu erteilen, ist eine der zahlreichen Situationen, in denen Karl Mays Ich seine Allwissenheit belegt. Die stereotyp wiederholten Lauschszenen, in denen fast pünktlich mit Eintreffen des Helden die Belauschten alle wichtigen Informationen preisgeben (und dank der Sprachkenntnisse auch verstanden werden), sind ebenfalls eine schier unerschöpfliche Quelle, in einer Wettbewerbssituation die Überlegenheit des eigenen Wissens, der eigenen List zu erweisen und den Gegner in die Falle tappen zu lassen, die er für Old

1 K. May, Old Surehand I, Bamberg 1949, S. 74

Shatterhand oder Kara Ben Nemsi aufgestellt hat. Ein wesentliches Darstellungsmittel ist endlich der Kontrast: Gegenüber Besserwissern, die sich als unwissend erweisen (etwa Sam Hawkins in «Winnetou I», der Old Shatterhand pausenlos als Greenhorn hinstellen will), gegenüber der Unwissenheit, Grausamkeit, mangelhaften Hygiene jener Völker, zu denen der Held unermüdlich reist, um sich und ihnen seine Überlegenheit zu bestätigen. Denn KARL MAY belehrt auch die fremden Völker über ihren Platz in der Welt: letztlich sind nur die von deutschen Schulmeistern (Kleki-petra bei den Apatschen) oder deutschen Häuptlingsfrauen (bei den Navajos im «Ölprinz») gebildeten Indianer wirklich Musterbilder indianischer Tugend. Der Helfer weiß besser, was gut ist für den Schützling; er verteidigt diesen gegen Dritte, um sich seiner ganz zu bemächtigen. So Old Shatterhand mit den Indianern oder mit dem Neger Bob, den er erst mit dem Gestus des liberalen Missionars gegen Old Wabbles Vorurteile vom «Nigger» verteidigt, um ihn dann als beschränkt, gefräßig und dumm-treu hinzustellen, einen Menschen, der keinen grammatikalisch richtigen Satz sprechen kann und nur wieder einmal geeignet ist, die gütige Allwissenheit des Helden zu untermauern.

Gewissermaßen der philobatische Aspekt der Allwissenheit ist der «Instinkt», durch den sich KARL MAY in der Wildnis orientiert. «Es gab rings keinen Punkt, an dem das Auge den Halt zu einer Berechnung finden konnte, und dennoch wußte ich, daß ich mich nun auf der vorhin erwähnten Linie befand. Das war der Örtlichkeitssinn oder vielmehr der Ortsinstinkt, der dem Wandertier eigen ist, und ohne den auch der Westläufer in hundert und wieder hundert Gefahren gerät. Wer ihn nicht besitzt, der wird in den Prärien entweder zugrunde gehen oder ein Jäger niedrigster Klasse bleiben.»[1]

1 KARL MAY, Old Surehand I, Bamberg 1949, S. 172

Weltenherrscher und Tyrann? Denkt man die körperliche und geistige Überlegenheit des Helden logisch fort, so stellt man erstaunt fest, daß er außer dem Ruhm keine Früchte seiner Mühen erntet. Weshalb gewinnt Old Shatterhand bzw. Kara Ben Nemsi keine reale Macht? Weshalb bleibt er ein solider Kleinbürger und Schriftsteller, wo ihm Häuptlingswürden und Reichtümer angeboten werden? Hier kündigt sich bereits eine für die Superhelden der Comics charakteristische Doppelexistenz an. Der bürgerliche Held ist nur in den Räumen seiner Phantasie, die er mit dem Gestus des Kolonisators betritt, wirklich ein Held. Zu Hause ist er ein kleiner Mann wie andre auch, er muß sogar sein wunderbares Pferd dem Hadschi Halef überlassen. «Bringe ich Rih mit nach Hause, so kostet er mich soviel Geld, wie ich gar nicht habe; davon hast du keinen Begriff. Ich müßte ihn verkaufen, sonst würde er mich aufzehren.»[1]

Der Rappe Rih in Arabien ist ebenso wie Hatatitla in Amerika ein Symbol für den Wechsel aus der bürgerlichen Existenz in die Heldengestalt – und daher kann er auch nicht nach Deutschland gebracht werden, er würde den Helden «aufzehren». Aber auch Reichtümer muß der Held verschmähen, weit über die Einschränkungen seiner Omnipotenz durch die Gebote der christlichen Moral hinaus. Von all den Nuggets, die Winnetou zu finden wüßte, beansprucht Old Shatterhand kein einziges für sich. Seine Freunde sind häufig sehr reich – Lord Lindsay in den Orientbüchern, Lord Raffley im «Stillen Ozean» – doch sooft sie dem Helden Geld anbieten, er nimmt nie etwas an. Obwohl er todsicher jede Wette gewinnen würde, schlägt er sie den spleenigen Engländern aus. Nur Pferde und Waffen läßt sich der Held schenken, nichts Bares. Es gibt nur eine Ausnahme: den Talisman Marah Durimehs, der Großen Mutter. Er enthält einige Hundertpfund-Noten. Das heißt nicht nur, daß sich der Held

1 Karl May, Der Schut, Bamberg 1962, S. 233

einer kapitalistischen Realität verweigert, vor der er ja in die Wüsten und Prärien geflohen ist. Es drückt auch die Doppelexistenz aus, oder mit anderen Worten: die vertikale narzißtische Spaltung. Der Held ist das andere Ich, nicht unbewußt, nicht verdrängt, jedoch in einem ganz eigenen Bereich angesiedelt, zu dem keine realen Beziehungen vom Alltagsich her bestehen. Und reale Beziehungen sind in der bürgerlichen Gesellschaft allemal vom Geld geprägt. Daher die erstaunliche Unfähigkeit des omnipotenten Helden in wirtschaftlicher Sicht – ganz im Gegensatz zu den sehr realen Fähigkeiten KARL MAYS, sich das Einkommen eines Millionärs, freilich erst in spätem Alter, zu erschreiben.

Deutlicher in den Reiseerzählungen sind die Zügel der Güte, Nächstenliebe und Gerechtigkeit, welche die Grandiosität des Helden in Schranken halten. Er, der sich stets und überall seinen Gegnern überlegen erweist, ist jederzeit bereit, sich in den Dienst Gottes zu stellen. Man hat versucht, die Frömmigkeit KARL MAYS als Zweckpolitik zu entlarven, um es seinen religiösen Abnehmern recht zu machen.[1] Die von MAY über eine längere Zeit seines Lebens hin aufrechterhaltene Illusion, er sei katholisch, ist dafür ebensowenig ein Beleg wie die Tatsache, daß MAY nur sehr wenige echte theologische Kenntnisse besaß. Das narzißtisch geschädigte Individuum sucht in zwei Richtungen wiederzuerlangen, was es nie ausreichend besessen hat (die bestätigende Spiegelung seiner realen Gefühle durch ihm zugewandte Erwachsene während der Kindheit). Es schafft aus seiner eigenen Person, dem zurückgezogenen und geschrumpften Selbst des verschreckten, ungeborgenen Kindes ein grandioses Gegenbild, das alles enthält, was ihm fehlte. Und es sucht außerhalb ein allmächtiges Objekt, das es für die durch die realen Objekte erlittenen Versagungen entschädigt. Mit ihm verschmelzen, heißt den paradiesischen Zustand wiederherstellen. Die Suche nach diesem idealen, allmächtigen Objekt findet dabei oft in den

1 WOLLSCHLÄGER, a. a. O.

«Zwischenräumen» statt, von denen BALINT in seinen Aussagen über den philobatischen Charakter spricht. Hier scheint die narzißtische Bedürftigkeit eher zu befriedigen als durch die unsicheren, mit den frühen Enttäuschungen zu eng verknüpften Gefühlsbeziehungen zu anderen Menschen.

Die narzißtische Unersättlichkeit

Über-Ich-Identifizierung und Größenanspruch hängen eng miteinander zusammen: das idealisierte, grandiose Selbst, das durch die Verschmelzung mit der wertenden Instanz geschaffen werden soll, muß durch ständige Mühe um Bestätigung aufrechterhalten werden. Es bezieht seine Stabilität nicht aus den Gefühlen und Wünschen, aus der Lebenstätigkeit mit ihren zyklischen Abläufen von Ruhe und Aktivität, Hunger und Sättigung, und nicht aus den Gefühlsbeziehungen zu anderen Menschen, die dem Erwachsenen Geborgenheit und Sicherheit geben. Das «falsche Selbst» muß durch Leistung und Bewertung stabilisiert werden; doch der narzißtische Gewinn läßt hungrig. Dem Betroffenen geht es wie König Midas: in seinen Händen verwandelt sich alles in Gold, und so droht er inmitten seines scheinbaren Reichtums zu verhungern. Aus fast jeder Situation vermag das Helden-Ich von KARL MAY narzißtische Bestätigung zu gewinnen, und doch bleibt es unersättlich. Ein Beispiel dafür, das mich besonders beeindruckt hat, sind die Musik-Szenen, die gelegentlich in die Reiseerzählungen eingestreut sind.

In Damaskus ist Kara Ben Nemsi bei einem reichen Kaufmann zu Gast, dessen Haushalt mit der Überlegenheit des Europäers geschildert wird – eben «typisch orientalisch». Gipfel dieser Beschreibung ist der Umgang des Hausherrn mit einem Klavier: er hat es von einem Engländer gekauft, der es mit Fäusten traktierte (solche Seitenhiebe auf die Inglishmen finden sich viele). Der Stimmschlüssel dient ihm als Hammer, «damit die Hände nicht schmerzen». Der Tausendsassa Kara Ben Nemsi kann nun nicht nur in kurzer Zeit dem malträtierten Instrument neue Saiten aufziehen und es stimmen.

«Es war fesselnd, den Eindruck des ersten, vollgriffigen Akkords, dem ich einen kräftigen Lauf folgen ließ, zu beobachten.

‹Maschallah!› rief Halef ganz erschrocken.

‹Bakyn, Bakyn – schaut, schaut!› schrie der Wirt, während er emporsprang und vor Verwunderung die Arme ausstreckte.

Die Frauen zuckten vor Überraschung zusammen, schrien vor Erstaunen laut auf und streckten unbedachterweise die Hände aus, so daß sich die Schleier öffneten und ich für einen Augenblick sämtliche Gesichter zu sehen bekam.

Nach einem kurzen Präludieren ließ ich meinen ‹feschesten› Walzer los. Mein Publikum saß zunächst ganz starr; bald aber begann der Rhythmus seine unwiderstehliche Wirkung zu äußern. Es kam Bewegung in die steifen Gestalten: die Hände zuckten, die Beine empörten sich gegen ihre orientalisch eingebogene Lage, und die Körper begannen, sich nach dem Takt hin und her zu wiegen. Der Wirt aber erhob sich und trat hinter mich, um mit aufgerissenen Augen meine Finger zu beobachten.

Als ich geendet hatte, faßte er meine Hände und betrachtete sie.

‹O Herr, was hast du für Finger! Das ging ja wie in einem Karyndscha juwaßi (Ameisenhaufen)! So etwas habe ich in meinem ganzen Leben noch nicht gesehen!›

‹Sidhi›, meinte Halef, ‹solche Musik gibt es nur noch in El Dschennet, wo die Geister der Seligen wohnen.›»[1]

Liebevoll löst die Beschreibung den narzißtischen Triumph in seine Einzelheiten auf: in den Gegensatz zwischen der primitiven Unvollkommenheit und der strahlenden Vollkommenheit, zwischen dem verstaubten, mißhandelten Musikinstrument und seiner glänzenden Auferstehung. Die Zuhörer werden tief beeindruckt, mitgerissen, sie glauben, im Paradies zu sein. Später sagt Kara Ben Nemsi bescheiden, in seiner Heimat gäbe es Menschen, die zehnmal so gut spielten wie er. Hier, in Damaskus, ist er der erste, einzige Virtuose. Der bürgerliche Narzißmus lebt vom Vergleich, von der Überlegenheit über primitive, nicht vom

1 K. May, Von Bagdad nach Stambul, Bamberg 1962

Fortschritt der Kunst und Wissenschaft bestimmte Zustände. Und doch braucht er diese Zustände und den Kontrast zu ihnen, um sich selbst zu bestätigen, um die ihm eigene Unersättlichkeit zur Geltung zu bringen.

Die Musik-Idyllen verraten mehr als die dramatischen Heldengeschichten das exhibitionistische Bedürfnis, die Versuchung, sich auf Kosten der «Kolonialvölker» ein stabiles Selbstgefühl zu verschaffen, das bis heute dem bürgerlichen Bewußtsein anhaftet. Die Stimmung des Untergangs, der unaufhaltsamen Zerstörung, die im Untergrund das Schicksal der Indianer wie der Morgenländer oder der Chinesen bei KARL MAY begleitet, wird durch die geräuschvollen Heldentaten ähnlich betäubt, wie der Rauschgiftsüchtige seine innere Verlorenheit durch die *highs* und *kicks* der Droge zurückdrängt. Die Sucht KARL MAYS war von dem erfolgversprechenden, schwer zu erkennenden Typ der Sucht in der bürgerlichen Gesellschaft: Die Übersteigerung des Leistungsverhaltens, die Bindung des Selbstgefühls an eine narzißtisch besetzte Perfektion und Produktivität.

«Sein Spiel war ein ebenso monotones wie vorher. Zwar griff er mit den Fingern der Linken zuweilen in die Saiten ein, doch bekamen wir weder eine Melodie noch irgend zwei harmonierende Töne zu hören, und es war mir vollständig unbegreiflich, wie jemand ein so vollkommen angelegtes Instrument besitzen könne, ohne es auch ohne Lehrer zu einer besseren Geschicklichkeit zu bringen. Das Muster zu diesen Instrumenten mußte von den Europäern eingeführt worden sein, ohne daß auch die richtige Technik mit importiert worden war.

Als er geendet hatte und von den Zuhörern mit einem beinahe demütigen Beifall belohnt worden war, reichte er mir die Guitarre hin.

‹Nun versuche, ob du das zustande bringst!›

Ich gab den sieben Saiten eine deutsche Stimmung nach H E A d g h e, versuchte kurz einige Griffe und spielte dann einen schnellen Walzer, bei welchem die linke Hand soviel zu tun hatte, daß meine Zuhörerschaft in sichtliches Erstaunen geriet.

‹All Devils!› rief Turnerstick, als ich geendet hatte, und versetzte mir einen kräftigen Schlag auf die Achsel. ‹Ihr seid ja ein wahrer Virtuose auf der Pupa oder Dingsda oder wie der Kasten heißen mag! Und davon habt Ihr mir nichts gesagt!›

Ich lachte.

‹Ihr seht wenigstens, daß ich mehr kann als Bären und wilde Ziegen schießen, wobei man nur zu zielen und loszudrücken braucht.›

Dann stimmte ich das Instrument nach spanischer Weise auf H D G d g h d, gab zunächst das bekannte ‹Glockengeläut› zu hören und spielte dann einen Fandango. Die Chinesen ließen, als ich geendet hatte, keine Bewegung sehen und keinen Laut hören, und der Bonze war unwillkürlich bis unter die Türe zurückgetreten, von wo aus er mich anstarrte wie einer, der vollständig aus dem Sattel geworfen ist.»[1]

Die Vermeidung von Gegenseitigkeit

Wo ein Gefühl ständiger Überlegenheit aufrechterhalten werden muß, ist der offene Ausdruck auch der nicht gesellschaftlich anerkannten Gefühle wie Angst, Eifersucht, Neid, Kummer, unmöglich. Überlegenheit schafft Abstand und verhindert Nähe. Gefühle der Abhängigkeit von der Zuwendung und Liebe anderer Menschen, und mit ihnen gewissermaßen der gesunde narzißtische Hunger können nicht zugelassen werden. Daher unterbleibt auch die Sättigung: der narzißtische Held ist auf stetig fließende Bewunderung angewiesen. Er wird nicht satt, er kann keine Vorräte ansammeln für magere Zeiten, sondern ist darauf festgelegt, stets die Makellosigkeit seiner Fassade aufrechtzuerhalten und Geborgenheit in seinem idealen, nur von ihm ausgestalteten Objekt zu finden. Für Karl Mays Ich-Helden ist das Gott.

Es gibt keine gegenseitigen Beziehungen, in denen seelische Nähe emotional erlebt werden kann, in denen der offene Ausdruck von Konflikten zwischen Gleichgestellten möglich ist, in denen es Streit und Versöhnung, ein Lernen zweier Menschen voneinander gibt. Die beiden nach dem Ich-Helden wichtigsten Gestalten, der Apatschenhäuptling Winnetou und Hadschi Halef Omar, machen hier keine Ausnahme. Winnetou ist kein Part-

1 K. May, Am Stillen Ozean, Freiburg 1896, S. 161 f

ner für Old Shatterhand, kein lebendiges Gegenüber, mit dem es auch Auseinandersetzungen geben kann. Er ist ein Spiegelbild, ein anderes Selbst, in dem sich das eigene Selbst wiederfinden kann, ein narzißtischer Zwilling.

Arno Schmidt hat versucht, die homosexuellen Seiten der Beziehung zwischen Old Shatterhand und Winnetou herauszuarbeiten. Winnetou ist eine «fehlerlose männliche Schönheit», in der alle Vollkommenheiten eine «köstliche Verkörperung» gefunden hatten, sagt May in «Weihnacht» (S. 276). Er hat kleine Füße, einen makellosen Teint, herrliches, blauschimmerndes Haar, das er nie schneiden läßt und nie mit einem Hut bedeckt. «Seine Stimme besaß, wenn er freundlich sprach, einen unvergleichlich ansprechenden, anlockenden gutturalen Timbre, den ich bei keinem anderen Menschen gefunden habe, und welche nur mit dem liebevollen, leisen, vor Zärtlichkeit vergehenden Glucksen einer Henne, die ihre Küchlein unter sich versammelt hat, verglichen werden kann; im Zorne hatte sie die Kraft eines Hammers ... einen Bart trug er nicht; in dieser Beziehung war er ganz Indianer. Darum war der sanfte, liebreich milde und doch so energische Schwung seiner Lippen stets zu sehen, dieser halbvollen, ich möchte sagen, küßlichen Lippen.»[1] Winnetous Silberbüchse, sein ausziehbares Fernrohr, seine Friedenspfeife, sein Medizinbeutel, sein Wissen um Goldene Adern und «Finding Holes» in den Bergen – sie alle werden unter Schmidts Auge zu Sexualsymbolen. Mir scheint diese Betrachtung weniger sinnvoll als die Analyse der Beziehung zwischen Old Shatterhand und Winnetou. Diese ist keine Liebesbeziehung in dem Sinn, daß hier ein abgegrenzter Mensch einen anderen liebt, sondern geradezu der Modellfall einer narzißtischen Beziehung, in der ein anderer Mensch als Selbst-Objekt dient. Das bedeutet, daß er nicht als getrennt und unabhängig erlebt wird, sondern als Teil des eigenen Selbst. Die Anzeichen dafür sind in den Beschreibungen Winnetous und Old Shatterhands sehr zahlreich.

1 Zit. n. A. Schmidt, Sitara, Frankfurt a. M. 1969, S. 26

Wo der eine ist, ist der andere nicht weit; es gibt Taten, die man nur einem von ihnen zutrauen kann («So einen Sprung pflegt des Nachts nur Winnetou oder Old Shatterhand zu wagen», Old Surehand II, S. 62); sie haben Blutsbrüderschaft getrunken und sind hinfort «ein Fleisch»; sie verstehen sich ohne Worte; sie treffen sich nach Monaten und Jahren zur festgelegten Stunde in der Wildnis. Betrachtet man die Dialoge der beiden genauer, dann fällt auf, daß sie sich ständig gegenseitig loben und Bewunderung ausdrücken. Viele der Vergleiche ihrer blumenreichen Sprache sind Mutter-Kind-Bilder: «Mein Bruder Shatterhand kommt wie der Tau in den Kelch der dürstenden Blume, wie der Adler, der mit mächtigen Fängen das Nest seiner Jungen beschützt ... Mein Bruder Winnetou ist meinem Herzen ersehnt wie der Sonnenstrahl dem Kranken, und meiner Seele teuer wie das Kind der Mutter, die es geboren hat.»[1] Tatsächlich ist die Aufgabe eines solchen Spiegel-Zwillings, wie ihn Winnetou für Karl May darstellt, ganz ähnlich wie die einer Mutter, die sich vollständig in ihr Kind einfühlt. Der narzißtische Zwilling bietet Gelegenheit, die seelischen Verletzungen durch die mangelhafte Einfühlung der realen Bezugspersonen des Kindes nachträglich ungeschehen zu machen. Er ist vollkommen, und er ist ein Teil des eigenen Selbst. Beides läßt sich durch Zitate belegen:

> «Das war Winnetou, der Häuptling der Apatschen, der herrlichste der Indianer. Sein Name lebte in jedem Zelt, in jeder Blockhütte, an jedem Lagerfeuer. Gerecht, treu und klug, tapfer bis zur Verwegenheit, aufrichtig und ohne Falsch, ein Freund und Beschützer aller Hilfsbedürftigen, mochten sie weiß oder rot von Farbe sein, aber ebenso ein Feind und strenger, unerbittlicher Gegner aller Ungerechten: so war er bekannt bei allen ... Welch ein Glück, der Freund dieses Mannes zu sein.»[2]

Nicht der Freund, sondern ein Teil von ihm!

1 K. May, Old Surehand I, a. a. O., S. 264

2 K. May, Old Surehand I, a. a. O., S. 264. Karl Mays Mutter war eine schwer depressive, von 14 Geburten (mit fünf überlebenden Kindern) belastete Frau.

«Mein Bruder will mir einen Ruhm geben, der mir nicht gebührt, denn dieser Plan ist von ihm; er hat schon gestern abend davon gesprochen. Ich wollte sprechen; du kamst mir aber zuvor. Denn meine Gedanken sind die deinigen, und deine sind die meinigen; wir haben gegenseitig unser Blut getrunken und besitzen nicht zwei Herzen, sondern ein einziges. Was wir beide dachten, das soll geschehen: wir werden die Komantschen in einer Stunde in dem Tal des Sandes gefangennehmen.»[1]

Der Erfolg von KARL MAYS Reiseromanen rührt daher, daß er kollektive Träume verwirklicht hat. Die Wahrheit liegt nicht in einem Traum, sondern in vielen Träumen, sagt ein orientalisches Sprichwort.[2] Der Stamm der Apatschen und Winnetou adoptieren Old Shatterhand wie eine neue, ideale Mutter ein Kind. Winnetou belehrt ihn über die Künste des Westmannes, und wird bald von Old Shatterhand belehrt. Die Fremde macht keine Angst mehr, wenn man in ihr Freunde findet, welche den Fremden als liebenswert und überlegen anerkennen. KARL MAY hat den Deutschen ihre Lieblingsillusion immer wieder als Wirklichkeit hingestellt. Es ist die Illusion, daß man gleichzeitig überragend tüchtig und überall beliebt sein kann, daß es möglich ist, beides zu haben, die Macht und die Sympathie, die Überlegenheit und die Bewunderung. Das Bedürfnis nach Überlegenheit herrscht vor allem dann vor, wenn der Betroffene tief unsicher ist, ob er geliebt wird. Das narzißtische Paradies ist wiederhergestellt, wenn die Unsicherheit der Gefühlsbeziehungen ausgeglichen wird durch die Sicherheit der eigenen, unerschütterlichen Dominanz.[3] Zugleich ist dieser Versuch zum Scheitern verurteilt, er kann nur in der Phantasie gelingen. Tyrannen, auch aufgeklärte, vernünftige Tyrannen, wie Old Shatterhand, werden nicht geliebt.

1 K. MAY, Old Surehand I, S. 287f

2 Das P. PASOLINI zum Leitmotiv seines Films über die Erotik in 1001 Nacht machte.

3 CALIGULA, der zum Muster des «Cäsarenwahns» erhobene römische Kaiser, prägte für diese narzißtische Grandiosität die Formel: «Sie mögen mich hassen, solange sie mich fürchten.»

Die homosexuelle Seite der Beziehung zwischen Old Shatterhand und Winnetou hängt eng mit der narzißtischen Beziehung zusammen. KARL MAY sagt, daß er die Idee zu Winnetou während seines Zuchthausaufenthaltes faßte. Ob hier handgreifliche homosexuelle Erlebnisse eine Rolle spielen, wie ARNO SCHMIDT vermutet, oder die sublimierten Seiten der Homosexualität überwogen, wofür die Aussagen MAYS eher sprechen, ist ungewiß. Die Vorstellung, Blutsbruder eines Indianerhäuptlings im freien Wilden Westen zu sein, ist sicher der schönste Tagtraum für einen Sträfling. Später hat KARL MAY seine Lebensgeschichte so umformuliert, daß er seine Reisen nach Amerika und Arabien in die Zeit legte, in der er im Zuchthaus saß. Diese Version hat einen wahren Kern. Tatsächlich war MAY dort: die narzißtische Phantasie grenzenloser, philobatischer Freiheit brachte Zuflucht während des Eingesperrtseins. Und wenn er nicht persönlich am Rio Pecos ritt, beschlich und kämpfte, dann tat es sein anderes Selbst, Winnetou. Das Zuchthaus war eine böse Mutter (die KARL MAY freilich, wie seine eigene Mutter, idealisierte, sobald er es verlassen hatte [1]). Der Stamm der Mescalero-Apatschen war eine gute Mutter, die Freiheit und Geborgenheit zugleich gewährt.

> «Der Knabe verdrängt die Liebe zur Mutter, indem er sich selbst an deren Stelle setzt, sich mit der Mutter identifiziert und seine eigene Person zum Vorbild nimmt, in dessen Ähnlichkeit er seine neuen Liebesobjekte auswählt. Er ist homosexuell geworden; eigentlich ist er in den Autoerotismus zurückgeglitten, da die Knaben, die der Heranwachsende jetzt liebt, doch nur Ersatzpersonen und Erneuerungen seiner eigenen kindlichen Person sind, die er so liebt, wie die Mutter ihn als Kind geliebt hat. Wir sagen, er findet seine Liebesobjekte auf dem Wege des Narzißmus, da die griechische Sage einen Jüngling Narzissus nennt, dem nichts so wohl gefiel wie das eigene Spiegelbild und der in die schöne Blume dieses Namens verwandelt wurde.»[2]

1 K. MAY, Ich, a. a. O., S. 191: «Ich muß konstatieren, daß diese vier Jahre ... mich sehr, sehr weit vorwärts gebracht haben.»

2 S. FREUD, Eine Kindheitserinnerung des Leonardo da Vinci, Ges. W. VIII, S. 170. Es ist die erste Textstelle, an der FREUD den Begriff Narzißmus verwendet. Die Arbeit über LEONARDO erschien zuerst im Jahr 1910.

Die Zwillingsphantasie drückt also keine gegenseitige Beziehung aus, sondern den Versuch, die ursprüngliche Mutter-Kind-Symbiose zu erneuern. FREUD fügt selbst hinzu, daß diese Darstellung sich durchaus nur auf einen Typus der Homosexualität beziehen kann und es andere Wege geben mag, die zum gleichen Ziel führen. Das gilt vor allem auch für die folgende, im Zusammenhang mit der Geschichte Winnetous wesentliche Aussage:

> «... daß der auf solchem Wege homosexuell Gewordene im Unbewußten an das Erinnerungsbild seiner Mutter fixiert bleibt. Durch die Verdrängung der Liebe zur Mutter konserviert er dieselbe in seinem Unbewußten und bleibt von nun an der Mutter treu. Wenn er als Liebhaber Knaben nachzulaufen scheint, so läuft er in Wirklichkeit vor den anderen Frauen davon, die ihn untreu machen könnten. Wir haben auch durch direkte Einzelbeobachtung nachweisen können, daß der scheinbar nur für männliche Reize Empfängliche in Wahrheit der Anziehung, die vom Weibe ausgeht, unterliegt wie ein Normaler; aber er beeilt sich jedesmal, die vom Weibe empfangene Erregung auf ein männliches Objekt zu überschreiben und wiederholt auf diese Weise immer wieder den Mechanismus, durch den er seine Homosexualität erworben hat.»[1]

In «Winnetou I» wird Old Shatterhand (diesen Namen erhält er übrigens von den Apatschen: die neue Mutter gibt auch einen neuen Namen) von Winnetou lebensgefährlich verwundet. Er kann nicht mehr sprechen; Winnetous Schwester Nscho-Tschi («Schöner Tag») pflegt ihn gesund. Sie verliebt sich in ihn, doch weil der Held keine ungebildete Frau heiraten kann, muß sie mit Gold ausgerüstet und in die Städte der Weißen geschickt werden. Auf dem Weg dorthin fällt sie dem Angriff eines Räubers zum Opfer. Damit ist die Gefahr gebannt, daß die narzißtische Idylle durch die Macht der heterosexuellen Liebe gestört wird. FREUDS Voraussage, daß die von der Frau empfangene Erregung auf ein männliches Objekt überschrieben wird, bewahrheitet sich.

Daß die anderen Personen in KARL MAYS Welt fast immer

1 S. FREUD, a. a. O., S. 170f

Staffage für den Glanz des Helden sind, wurde bereits gesagt. Es gibt Gestalten, die immer wiederkehren: Einfache Leute, die schmutzig, aber gutherzig sind und die Aufmerksamkeiten oder Geldgeschenke des Helden mit Dankbarkeit und Bewunderung aufnehmen. Das Überlegenheitsgefühl von Held und Leser festigen schrullige Typen. Sie sind etwa besonders dick oder besonders dürr, besonders klein oder besonders groß, sie reden nur in Reimen, lachen merkwürdig, wetten leidenschaftlich, sind komisch angezogen. Es gibt Ärzte, Gelehrte, Künstler und Priester, die sich von den überlegenen Kenntnissen des Helden lächerlich machen lassen müssen, und reiche, spleenige Lords, die sich ein dutzendmal und öfter das Leben retten lassen. Kleine, anmaßende Beamte werden zurechtgewiesen und notfalls mit der Peitsche gezüchtigt. Hohe Würdenträger oder Häuptlinge behandeln den Helden als ihresgleichen. Es ist eigentlich kein Wunder, daß der Germane im Ausland selten beliebt ist, wenn man den ungeheueren Erfolg Karl Mays betrachtet, der die touristische Sozialisation der Deutschen mehr bestimmt hat als jeder andere Autor (bereits im Jahr 1949 waren über 12 Millionen seiner Bücher verkauft).

Der Mangel an Gegenseitigkeit in den Beziehungen des Helden bei Karl May läßt sich so zusammenfassen: Es gibt einige wenige idealisierte Objekte – Winnetou, Marah Durimeh – und sehr viele idealisierende Objekte, d. h. Personen, welche auf die verschiedenste Weise dazu dienen, die Überlegenheit des Helden auszumalen. Entweder besitzen sie nur Teilvollkommenheiten, während er rundum vollkommen ist; sie sind rührend hilflos und ahnungslos; sie sind moralisch abgrundschlecht. Vielleicht ist es kein Zufall, daß die Namen Winnetou und Manitou, Marah Durimeh und Allah so ähnlich klingen. Gott ist das wichtigste, vollkommene Objekt, und mit ihm lebt der Held in einer unerschütterlichen Harmonie. Das Gotteserlebnis und spezifisch philobatische Phantasien stehen dabei in engem Zusammenhang. Gott scheint nur ein anderer Name zu sein für den Anspruch des eigenen Selbst nach grandioser Ausweitung, die nur mit dem Mantel der Demut bedeckt bewußt werden darf. KARL MAY schildert einen Wüstenritt[1]:

«Man kennt nichts Störendes, nichts Hemmendes, denn das einzige Hindernis, das es gibt, ist der Boden, der hinter einem verschwindet und mehr einen Halt als eine Hemmung bietet. Das Auge haftet nicht auf ihm, sondern auf dem Horizont, der sich wie eine sichtbare, aber nicht zu greifende Ewigkeit immer von neuem gebiert; es richtet sich nach oben, wo zwischen den strahlenden Lichtern des Himmels immer andere und andere, immer mehr und mehr Lichter erscheinen, bis der Blick sie nicht mehr zu fassen vermag. Und wenn der Sehnerv an dieser Anfangs- und Endlosigkeit ermüdet und die staunend erhobene Wimper sich niedersenkt, so währt das Gefühl der Unendlichkeit im eigenen Innern fort, und es entstehen Gedanken, die nicht auszudenken sind; es steigen Ahnungen auf, die man vergeblich in Worte fassen möchte, und es wallen Gefühle und Empfindungen empor, die man aber nicht einzeln zu fühlen vermag, weil sie eine einzige Woge bilden, auf der man weiterschwebt; immer tiefer hinein in ein andächtiges Staunen und ein Vertrauen auf die unfaßbare und doch allgegenwärtige Liebe, die der Mensch trotz des Wörterreichtums aller seiner Sprachen nur durch die eine Silbe zu stammeln vermag: Gott – Gott – Gott –!

Könnte mir jemand eine Feder geben, aus der die richtigen Worte flössen, den Eindruck zu beschreiben, den ein solcher nächtlicher Wüstenritt auf ein gläubiges Menschenherz hervorbringt! Es senkt sich von den leuchtenden Sternen des Firmaments eine große, himmlische Bestätigung nieder auf das Gemüt: du hast den rechten Teil erwählt, und der soll nicht von dir genommen werden! Der aber, der seinen Gott verloren hat, der reitet durch Sand und Sand und wieder Sand; er sieht nichts als Sand; er hört ihn stunden- und stundenlang von den Hufen des Pferdes rieseln, und wie die traurige Öde sich vor ihm immer und immer erneut und ihm nichts bringt und bietet als Sand und wieder Sand, so gibt es in den verlorenen Tiefen seines Innern auch nur eine unsagbar elende Wüste, einen trostlosen, toten Sand, der keinem Hälmchen, keinem Würzelchen Leben bieten kann. Für solch einen Unglücklichen kann man nichts tun, als nur beten.»[2]

Dieser Monolog drückt die Verschmelzung mit dem grandiosen, idealen Bild Gottes in dem Raum «zwischen den Objekten», zwischen den realen Menschen aus, wie er besonders in der Wü-

1 Wie aktuell diese Erlebnisqualitäten sind, zeigen Filme wie «Easy Rider», «Die Möve Jonathan», «Die blaue Lagune».

2 K. MAY, Old Surehand I, S. 325f

ste, auf dem Meer, im Gebirge oder im Fliegen erlebt werden kann. Er wird von zwei Dialogen abgelöst, die wiederum die Helfer-Fassade des Helden festigen: der erste mit Old Wabble, der sich hartnäckig weigert, zu «beten und zu jammern», der zweite mit Old Surehand, der ehrlich um seinen verlorenen Glauben ringt und von Old Shatterhand mit einem Bericht über seine eigene, wunderbare Tröstung durch die Religion gestärkt wird. Diese Abfolge benützt nicht nur den Kontrast als Darstellungsmittel, sondern hat auch eine psychologische Bedeutung: Die Gottlosigkeit einer Vaterfigur (die sich in vielen anderen Situationen von Old Shatterhand beschämen und kritisieren lassen muß) greift die Vater-Beziehung Karl Mays wieder auf. Die narzißtische Verwundung, welche der jähzornige, launische, versoffene und dabei ehrgeizige Vater seinem Sohn zufügte, wird in dieser Szene deutlich. Einerseits sucht der Sohn Zuflucht bei einem idealen, übermächtigen Gottvater; andrerseits wird gerade diese Zuflucht benützt, um einen realen Vater immer wieder in Frage zu stellen und ihn schließlich, vorgeblich im Dienst seiner Läuterung, einen grausamen Tod sterben zu lassen.

Die indirekte Aggression

Obwohl in den Büchern Karl Mays ständig von Gewalt die Rede ist – Kriegszüge, Überfälle, Martern und Auspeitschungen, Mord und Totschlag –, drückt der Held fast nie ein aggressives Gefühl aus. Er ist nie jähzornig, er setzt seine überlegenen Waffen und seine Körperkraft stets kontrolliert und überlegt ein, um den Gegner unschädlich zu machen. Selbst mehrfache Mörder tötet er nicht sofort, sondern setzt sie gefangen, um sie der irdischen Gerechtigkeit zu überlassen (worauf sie prompt entfliehen, und einen weiteren Band lang gejagt werden müssen). Mit Vorliebe gehen die Erzschurken durch ihre eigene Hand zugrunde. Sie sprengen sich selbst in die Luft, stürzen – von einem anderen Schurken gestoßen oder durch ihre eigene Wut verblendet – in Abgründe, fallen in eine Spitzhacke. Sadismus und Grausamkeit spielen eine große Rolle in den Reiseromanen, doch sind es immer die anderen, die grausam und sadistisch sind, nie der Held selbst. Er sucht sogar, wo er kann, andere von Mord und Gewalt abzuhalten. Nur Prügel läßt er gelegentlich austeilen, vor allem durch die nimmermüde Peitsche von Hadschi Halef.

Dieser Umgang mit Wut und Grausamkeit belegt die Mischung von Aggressions-Übersteigerung auf der einen, Aggressions-Hemmung auf der anderen Seite. Diese Situation ist für die indirekte, stark von der Verlegung nach außen (der Projektion) bestimmte Umgangsform des Helfers mit Aggressionen kennzeichnend. Wut ist nur erlaubt, wenn es gilt, Dritte zu schützen. Der Betroffene vermeidet in seinem realen Verhalten zwanghaft jede direkte Äußerung von Ärger oder gar sadistischen Wünschen, während sein Phantasieleben von solchen Bildern erfüllt ist. Die anderen martern – MAY rettet vom Marterpfahl. Bluträcher begleiten den Helden durch die Wüste, durchs wilde Kurdistan, von Bagdad nach Stambul, in den Schluchten des Balkan bis zum Schut: sie stürzen ihre Feinde von einem Turm herunter, indem sie ihnen die Hände zerschneiden, drücken ihnen die Augen aus, verabreichen die Bastonade. Kara Ben Nemsi hingegen mäßigt sie, er verwundet seine erbitterten Gegner nur und verbindet sie anschließend. Um den Erzschuft, den Schut, zu fangen, setzt er sein eigenes Leben aufs Spiel. – Nur der unvergleichliche Rappe Rih rettet ihn vor dem tödlichen Sturz in die Schlucht.

Keiner ist so langmütig und geduldig wie der Ich-Held KARL MAYS. Er trägt die Fehler seiner Begleiter mit Geduld, verzeiht ihnen immer wieder, tadelt nur leise und äußert nie eine Aggression, die anders gemeint ist als pädagogisch und hilfreich. Neid, Eifersucht, oder gar Bosheit gibt es nicht. Die Feinde werden geschont und wenn möglich bekehrt, wenn sie sich nicht gar zu garstig benehmen. Um diese bewaffnete Friedenstaube herum freilich wird ständig gestochen und geschossen, skalpiert und gepeitscht.

Das abgelehnte Kind

«Er mußte bleiben, was er war, ein armer, ungebildeter Professionist. Aber er übertrug seine Wünsche und Hoffnungen und alles andere nun auf mich. Und er nahm sich vor, alles Mögliche zu tun und nicht zu versäumen, aus mir den Mann zu machen, der zu werden ihm versagt gewesen war.»[1] KARL MAY ÜBER SEINEN VATER

Als einziger Knabe der fünf überlebenden Geschwister geriet KARL MAY schon früh unter den Druck dessen, was heute «narzißtische Projektion auf das Kind» genannt wird.[2] Er sollte «etwas Besseres werden». In seiner Autobiographie sind viele Hinweise auf jenen Prozeß enthalten, durch den eine narzißtische Störung entstehen muß. Es finden sich auch unmittelbare Anzeichen dieser Störung, etwa die Neigung, die Eltern in Schutz zu nehmen, sie zu idealisieren, die Ängste und Schmerzen des Kindes zu verleugnen oder nach dem Motto: «Es hat mir nicht geschadet, es ist trotzdem etwas aus mir geworden» zu rechtfertigen. In der Analyse solcher Menschen hat der Therapeut oft Schwierigkeiten, seine Empörung über das Verhalten der Eltern zu zügeln, während die Klienten sich über solche Reaktionen wundern und erst allmählich wahrnehmen, wieviel Wut, Schmerz und Unzufriedenheit sie zu unterdrücken pflegen. Ich erinnere mich, wie eine hochbegabte Künstlerin mir erzählte, ihre Mutter habe immer, wenn sie in der ersten Schulklasse die Schiefertafel ganz richtig vollgeschrieben hatte, alles wieder ausgelöscht und sie das Ganze zur Übung noch einmal schreiben lassen. Ich fragte sie, ob sie das nicht empörend fände? «Nein – sie wollte doch nur mein Bestes», war die Antwort.

KARL MAY unterscheidet zwischen einer paradiesischen Kindheit, die er Märchen hörend bei seiner Großmutter verbrachte, und einer qualvollen Jugend, die unter der Peitsche (im übertragenen und buchstäblichen Sinn) seines Vaters zerbrach. Das ist

1 K. MAY, Ich, 30. Aufl., Bamberg 1976, S. 61
2 H.-E. RICHTER, Eltern, Kind und Neurose, Stuttgart 1963

sicherlich Phantasie, nicht Lebensgeschichte, aber ebenso gewiß seelische Realität. «Ich war die ganze Zeit des Tages nicht bei den Eltern, sondern bei der Großmutter. Sie war mein alles. Sie war mein Vater, meine Mutter, meine Erzieherin, mein Licht, mein Sonnenschein, der meinen Augen fehlte.» Die blinde Kinderzeit wird gewissermaßen als Verlängerung des intrauterinen Zustandes hingestellt, als ein Paradies, beschützt von der Großmutter, die «alles» ist. Der kleine Junge erzählte bald Märchen in Großmutters Ton, «mit ihrer Sicherheit, die keinen Zweifel duldete», er hatte eine bevorzugte Stellung, denn «einem blinden Kind wird wenig Arbeit gegeben»[1], was in den bitterarmen Weberfamilien durchaus die Regel war. Vielleicht nicht zu Unrecht sieht MAY in dieser verlängerten, narzißtischen Frühperiode den Schlüssel zum Verständnis seiner Person. Er beschreibt sie mit der Sicherheit des Auserwählten: «Nur wer blind gewesen ist und wieder sehend wurde, und nur wer eine so tief gegründete und so mächtige Innenwelt besaß, daß sie selbst dann, als er sehend wurde, für lebenslang seine ganze Außenwelt beherrschte, nur der kann sich in alles hineindenken, was ich plante, was ich tat und was ich schrieb, und nur der besitzt die Fähigkeit, mich zu kritisieren, sonst keiner.»[2]

Der Vater konnte den blinden Jungen nicht für seinen Ehrgeiz einspannen, wobei den MAY-Biographen bis heute die Ursache der Erblindung unklar ist. MAY berichtet, er sei kurz nach der Geburt erkrankt, erblindet und durch ungeeignete Behandlung vier Jahre krank geblieben, ehe er von zwei Dresdner Ärzten (die seine Mutter anläßlich ihrer Hebammenausbildung kennenlernte) behandelt wurde und «sehen lernte».[3] An anderer Stelle sagt MAY, er sei dreimal blind gewesen und mußte dreimal operiert werden, und er habe noch im Alter von fünf Jahren weder stehen noch gehen können, sondern sei auf dem Boden herumge-

1 K. MAY, Ich, S. 57
2 K. MAY, Ich, S. 56
3 K. MAY, Ich, S. 40

rutscht.[1] Bezeichnend ist, daß KARL MAY seine frühe Kindheit als Traumparadies idealisiert, während Old Shatterhand eben dieselbe blinde Kindheit als rhetorisches Mittel benützt, um Old Surehand klarzumachen, daß er Schwerstes durchgemacht hat, ohne an Gott zu zweifeln. KARL MAY beschreibt als Quelle alles Leidens die Vertreibung aus dem Paradies, die einsetzte, als er sehend aus Dresden zurückkehrte und von seinem Vater »aufgebaut» wurde:

«Leider muß ich ... sagen, daß meine ‹Kindheit› jetzt, mit dem fünften Jahr, zu Ende war. Sie starb in dem Augenblick, an dem ich die Augen zum Sehen öffnete. Was diese armen Augen von da an bis heut zu sehen bekamen, war nichts als Arbeit und Arbeit, Sorge und Sorge, Leid und Leid, bis zur heutigen Qual am Marterpfahl, an dem man mich schier ohne Ende peinigt.»[2]

Vermutlich ist das von der Großmutter beschützte Kindheitsparadies ein Wunschtraum des vernachlässigten, offensichtlich an einem schweren Hospitalismusschaden leidenden Jungen. Kinder, die anscheinend keine Reize aus der Umwelt aufnehmen, die mit fünf Jahren weder stehen noch gehen können, sind uns heute nur aus schlecht geführten Heimen bekannt, wo es keine liebevolle, individuelle Zuwendung gibt. Ich vermute daher auch, daß die Blindheit KARL MAYS seelische Ursachen hatte, keine körperlichen. Wahrscheinlich wurde eine vorübergehende Beeinträchtigung der Sehfähigkeit, wie sie bei Infektionskrankheiten vorkommen kann, von dem vernachlässigten «Kellerkeim von Jungen»[3] in die Verweigerung umgemünzt, die bedrückende Realität um ihn herum wahrzunehmen.

Die Großmutter konnte nur in der Phantasie der späteren Zeit ausgleichen, was Mutter und Vater unter dem Druck der gesellschaftlichen Umstände versäumten. Beide stammten aus Weber-

1 Old Surehand I, S. 337

2 K. MAY, Ich, S. 61. Diese masochistische Vorstellung ist ein Grundmodell des Helfer-Umgangs mit Aggressionen, etwa nach dem Winkelried-Motto: «Alle Lanzen in meine Brust».

3 A. SCHMIDT, zit. n. H. WOLLSCHLÄGER, Karl May, Zürich 1976, S. 14

familien, der Vater der Mutter hatte Selbstmord begangen (Ursache: Trunkenheit und Verzweiflung, steht im Kirchenbuch), was MAY als «tödlichen Unfall» beschönigt. Von der Mutter sagt MAY: «Sie war eine Märtyrerin, eine Heilige, immer still, unendlich fleißig, trotz unserer eigenen Armut stets opferbereit für andere, vielleicht noch ärmere Leute. Nie, niemals habe ich ein ungutes Wort aus ihrem Mund gehört. Sie war ein Segen für jeden, mit dem sie verkehrte, vor allen Dingen ein Segen für uns, ihre Kinder. Sie konnte noch so schwer leiden, kein Mensch erfuhr davon. Doch des Abends, wenn sie, die Stricknadeln emsig rührend, beim kleinen qualmenden Öllämpchen saß und sich unbeachtet wähnte, da kam es vor, daß ihr eine Träne ins Auge trat und, um schneller, als sie gekommen war, zu verschwinden, ihr über die Wange lief. Mit einer Bewegung der Fingerspitze wurde die Leidensspur sofort verwischt.»[1]

«Vor das Bild der Mutter schiebt sich eine gewisse Sprachlosigkeit; Schuldgefühle, ihr gegenüber stärker als gegen andere, weil weniger greifbar, blieben noch im Alter MAYS lebendig; darüber ist seine Erinnerung, die sonst durchaus mit allem fertig wurde, auffällig formelhaft und schweigsam geworden», sagt HANS WOLLSCHLÄGER hierzu.[2] Woher diese Schuldgefühle? Wir sind auf Vermutungen angewiesen. Es scheint, daß die Mutter MAYS sich aus der bedrückenden Familienwirklichkeit in eine stille Depression zurückzog. Das erklärt auch die Hospitalismus-Symptome des kleinen KARL: Er wurde von der Mutter körperlich versorgt, doch vermochte sie, in ihrer eigenen Schwermut befangen, keine seelische Beziehung zu ihm herzustellen. Die Beschreibung der Mutter ist kennzeichnend genug, wenn der Beiklang von Idealisierung fortgenommen wird. Märtyrerin, Heilige, opferbereit, kein ungutes Wort – eine Leidensfrau, die gewiß wenig Kontakt zu einem fröhlichen oder lebhaften Kind aufnehmen konnte, der gegenüber das Kind aber auch

1 K. MAY, Ich, S. 34f
2 H. WOLLSCHLÄGER, Karl May, Zürich 1976, S. 17

keine Chance hatte, sich zu beklagen, seine Enttäuschung zu äußern, wußte doch jeder, daß Mutter litt, aber nicht klagte. Nur vor dem Hintergrund dieser gelähmten, passiven Mutter wird faßbar, weshalb der leichtsinnige, zum Alkoholismus neigende Vater für MAY so wichtig wurde.

Daß sein Vater ein Trinker war, dessen Launen den Familienfrieden zerstörten und ein Gefühl der Geborgenheit unmöglich machten, deutet MAY unter Verschweigen des Wesentlichen an (die Geschäfte- und Projektemacherei des Vaters habe das Erbe der Mutter aufgezehrt, vermutet er – nicht seine Neigung zum Alkohol). Alle drei Bezugspersonen des kleinen KARL waren auf der Flucht aus der bedrückenden Armut des Weber-Daseins. Selbst als durch die Erbschaft der Mutter (ein kleines Haus und Bargeld) die Armut weniger drückend war, führte die Flucht des Vaters in verschiedene Handelsprojekte und in den Suff wieder in die Armut zurück. Die Mutter floh in die Schwermut, die seelisch eine ähnlich betäubende Wirkung hat wie der Alkohol; die Großmutter in ihre Märchenwelt[1], und der Vater in seine größenwahnsinnigen Projekte, von denen eines auch den Sohn betraf.

> «Mein Vater war ein Mensch mit zwei Seelen. Die eine Seele unendlich weich, die andere tyrannisch, voll Übermaß im Zorn, unfähig, sich zu beherrschen. Er besaß hervorragende Talente, die aber alle unentwickelt geblieben waren, der großen Armut wegen. Er hatte nie eine Schule besucht, doch aus eigenem Fleiß fließend lesen und sehr gut schreiben gelernt. Er besaß zu allem, was nötig war, ein angeborenes Geschick. Was seine Augen sahen, das machten seine Hände nach. Obgleich nur Weber, war er doch imstande, sich Rock und Hosen selbst zu schneidern und seine Stiefel selbst zu besohlen ... Wozu ein anderer Weber vierzehn Stunden brauchte, dazu brauchte er nur zehn; die übrigen vier verwendete er dann zu Dingen, die ihm lieber waren. Während

1 Als der Teich mit den Fröschen im Hof des geerbten (und später wieder verkauften) Hauses aus hygienischen Gründen aufgefüllt werden mußte und die Kinder sehr bekümmert waren, tröstete sie die Großmutter, indem sie voraussagte, daß jedes Kind nach zehn Jahren ein dreimal größeres Haus mit einem fünfmal größeren Garten, einem zehnmal größeren Teich und zwanzigmal größeren Fröschen erben werde, vgl. MAY, Ich, S. 39

dieser zehn angestrengten Stunden war nicht mit ihm auszukommen; alles hatte zu schweigen, niemand durfte sich regen. Da waren wir in steter Angst, ihn zu erzürnen. Dann wehe uns! Am Webstuhl hing ein dreifach geflochtener Strick, der blaue Striemen hinterließ, und hinter dem Ofen steckte der wohlbekannte ‹birkene Hans›, vor dem wir Kinder uns besonders scheuten, weil Vater es liebte (!), ihn vor der Züchtigung im großen Ofentopf einzuweichen, um ihn elastischer und also eindringlicher zu machen. Übrigens, wenn die zehn Stunden vorüber waren, so hatten wir nichts mehr zu befürchten; wir atmeten alle auf, und Vaters andere Seele lächelte uns an. Er konnte dann geradezu herzgewinnend sein, doch hatten wir selbst in den heitersten und friedlichsten Augenblicken das Gefühl, daß wir auf vulkanischem Boden standen und von Moment zu Moment einen Ausbruch erwarten konnten. Dann bekam man den Strick oder den ‹Hans› solange, bis Vater nicht mehr konnte.»[1]

Dieser Vater, der durch seinen Leichtsinn das mütterliche Erbe vergeudete, faßte die Ausbildung des einzigen Sohnes ebenso leichtsinnig und ehrgeizig an. Er schickte ihn früh in die Schule und setzte durch, daß er immer in die höhere Klasse kam, wenn er den Stoff der unteren ausgelernt hatte. So saß der kleine Karl bald zwischen Kindern, die im Durchschnitt drei oder vier Jahre älter waren als er. Damit verlor er den Kontakt zu Gleichaltrigen. «Die Kameraden, welche hinter mir lagen, hatte ich verloren, ohne die, bei denen ich mich befand, zu gewinnen ... Jeder erwachsene Mensch und noch viel mehr jedes Kind will festen Boden unter den Füßen haben, den es ja nicht verlieren darf. Mir aber war dieser Boden entzogen. Das, was man als ‹Jugend› bezeichnet, habe ich nie gehabt. Ein echter, wirklicher Schulkamerad und Schulfreund ist mir nie beschieden gewesen. Die allereinfachste Folge davon ist, daß ich selbst noch heute ... in meiner Heimat fremd bin ...»[2]

May hat hier zwei für seine Entwicklung sehr wesentliche Ereignisse scharfsichtig erfaßt: die narzißtische Schädigung durch die einseitige, einfühlungslose Anspruchshaltung des Vaters und den Verlust des ausgleichenden Einflusses, welchen die Bezie-

1 K. May, Ich, S. 34f
2 K. May, Ich, S. 76

hungen zu Gleichaltrigen ausüben können. Er, der mehrfach sagt, «keine Jugend» erlebt zu haben, träumte sich später in Abenteuerwelten, welche bis heute Jugendliche tief beeindrukken. Er, der Ohnmacht und Unsicherheit so intensiv erleben mußte, träumte sich in die Rolle des stets Mächtigen und Sicheren – Gott über sich, ein schnelles Pferd und die Prärie unter sich, von Sieg zu Sieg reitend.

Der Bericht über die Behandlung durch den Vater ist humoristisch gemildert und ohne sichtbare Spuren der Gefühle, die damals in dem malträtierten Jungen aufkommen mußten. Die Revolutionsjahre um 1848 (May war 1842 geboren) führten zu starken Rückgängen in den Aufträgen für die Weber. Die Familie hungerte, der Vater war unterwegs, um zu politisieren, denn es wurden «Kompanien» aufgestellt, um der Anarchie zu begegnen und den König zu retten. «Wir baten uns von unserem Nachbarn, dem Gastwirt ... des Mittags die Kartoffelschalen aus, um die wenigen Brocken, die vielleicht noch daran hingen, zu einer Hungersuppe zu verwenden ... Wir pflückten von den Schutthaufen Melde, von den Rainen Otterzungen und von den Zäunen wilden Lattich, um das zu kochen und den Magen zu füllen.»[1] Der Vater war mit seinem Rang als «Hauptmann» in einer Kompanie, die außer ihm nur noch aus einem Leutnant bestand, nicht zufrieden. Er holte den Jungen aus dem Haus, wo er den Frauen half, mit Handschuhnähen einige Pfennige zu verdienen, und ging mit ihm in den Wald. Der Vater wollte sich im «höheren Kommando» einüben. Daher ernannte er sich selbst zum General, und der Sohn war abwechselnd Bataillon, Brigade, Regiment und Division, Kavallerie und Infantrie. Er mußte reiten und laufen, angreifen und retirieren. Der Größenwahn wird zur *folie à deux*, zur gemeinsamen Illusion von Vater und Sohn.

> «Ich war zwar nicht auf den Kopf gefallen und hatte Lust und Liebe zur Sache. Aber ich war noch so jung und klein, und so kann man sich bei dem jähen Temperament meines Generals wohl denken, daß es mir nicht möglich

1 K. May, Ich, S. 66

> war, mich in so kurzer Zeit von der einfachen, kleinen Korporalschaft bis zur vollzähligen, gewaltigen Armee zu entwickeln, ohne die Strenge der militärischen Disziplin an mir erfahren zu haben. Aber ich weinte bei keiner Strafe; ich war zu stolz dazu. Eine sächsische Armee, welche weint, die gibt es nicht! ... Und es gab Augenblicke, in denen ich wirklich der Überzeugung war, all diese Püffe, Stöße, Hiebe und Katzenköpfe nur zum Wohl und zur Rettung des Königs von Sachsen und seines Ministeriums empfangen zu haben! Wenn er das wüßte!»[1]

Der Vater erzieht zum Größenwahn. Er drillt ihn nicht nur militärisch ein. Der Schüler muß alles abschreiben und auswendig lernen, was dem Ehrgeizigen in die Finger kommt – «alte Gebetbücher, Rechenbücher, Naturgeschichten, gelehrte Abhandlungen, von denen ich kein Wort verstand. Eine Geographie Deutschlands aus dem Jahre 1802, über 500 Seiten stark, mußte ich ganz abschreiben, um mir die Ziffern leichter einzuprägen. Die stimmten natürlich nicht mehr!»[2]

Schenkenbesuche mit dem Vater, ein Nebenverdienst als Kegelaufsetzer im Wirtshaus, Bekanntschaft mit der dortigen Leihbibliothek gehören zu diesem Bildungsweg. In den Schundromanen sieht MAY später eine Quelle seiner Verderbnis – und doch tragen seine Helden unbedingt, in die Ferne gerückt, Spuren dieser frühen Begegnung. Es sind Titel wie Rinaldo Rinaldini von CHRISTIAN AUGUST VULPIUS. «Sallo Sallini, der edle Räuberhauptmann. Himlo Himlini, der wohltätige Räuberhauptmann. Bellini, der bewundernswürdige Bandit. Die schöne Räuberbraut oder das Opfer des ungerechten Richters ... Bruno von Löweneck der Pfaffenvertilger. Hans von Hunsrück oder der Raubritter als Beschützer der Armen. Botho von Tollenfels, der Retter der Unschuldigen.»[3] Alle diese Räuberhauptmänner und Raubritter waren edle Menschen, durch die Willkür der Obrigkeit entrechtet, wahre Patrioten, tapfer und gerecht, die Rächer der Armen und Unterdrückten. Dieses Klischee reicht weit über

1 K. MAY, Ich, S. 68
2 K. MAY, Ich, S. 77
3 K. MAY, Ich, 96

Karl May hinaus, bis in den Hintergrund des politischen Terrorismus unserer Tage. Karl May hat sich sehr mit diesen Helden identifiziert und in ihnen einen Ersatz gesucht für den enttäuschenden Vater, diesen Versager, der sein Leben lang nichts Rechtes zustande brachte, der das Familienvermögen vergeudete und außer Druck und Nörgelei dem Sohn nicht viel zu bieten hatte. Da wäre Himlo Himlini, der wohltätige Räuber, schon ein anderer Mann gewesen: «Er träte zur Tür herein, legte zehntausend blanke Taler auf den Tisch und sagte: ‹Das ist für euren Knaben, er mag studieren und ein Dichter werden!›[1]

Dieser Tagtraum zeigt, wie für den pubertierenden May der reale Vater zunehmend an Vorbildfunktion verliert. Der Größenwahn, zu dem der Sohn erzogen wurde, trägt seine Früchte. Als Karl May hört, daß sein Vater fürchtet, das Geld für das Lehrerseminar nicht aufbringen zu können, reißt er aus, um in Spanien bei einem der edlen Räuber Hilfe zu holen. Er kommt nur bis Zwickau, wo er bei Verwandten nächtigt und der Vater ihn einholt. Dieser ist klein und hilflos geworden, er bittet den Sohn mit feuchten Augen, so etwas nie wieder zu tun.

Hochstapler und Poet dazu

In der Einleitung wurde auf die Entstehung des «Helfers aus Abwehr» hingewiesen. Ein Kind, das sich nicht verstanden und uneinfühlsam behandelt erlebt, identifiziert sich mit einer idealen Gestalt, welche genau das anderen gibt, was dieses Kind selbst als vollkommene Zuwendung phantasiert hat. Karl May war ein solches Kind, und seine Verwandlung in den Lehrer der «Menschheitsseele», die durch den omnipotenten Ich-Helden dargestellt werden soll, ist wahrscheinlich ähnlich zu verstehen. Im Gegensatz zum Helfer-Typus, der in einem sozialen Beruf

1 K. May, Ich, S. 99

die narzißtischen Verletzungen seiner Kindheit bewältigt, gehört zur künstlerischen Bewältigung ein weit größeres Maß an Regression, an bleibender Verbundenheit mit der nicht logisch und kritisch kontrollierten Phantasie-, Trieb- und Gefühlswelt. Für den Helfer steht die verinnerlichte altruistische Moral an erster Stelle, um narzißtische Entschädigung zu gewinnen, für den Heldendichter die Grandiosität, die Identifizierung mit einer mächtigen, unabhängigen, vollkommenen Gestalt, die sich im Triumph über immer neu hereinbrechende Gefahren bestätigt. Dabei gibt es freilich noch sehr erhebliche Unterschiede unter Helfern. Das «Helfer-Syndrom» ermöglicht allenfalls eine erste, grobe Orientierung. Ein Beispiel für solche Unterschiede unter den Heldendichtern bietet auch ein Vergleich zwischen TOLKIEN und MAY: Beide wurden als Kinder erheblich durch eine narzißtische Projektion, einen elterlichen Idealanspruch an sie beeinflußt. Doch war TOLKIENS Mutter eine bürgerliche, konsequente Gouvernante, MAYS Vater ein launischer, streitsüchtiger Trunkenbold. Nicht zuletzt deshalb ist wohl der literarische Rang von TOLKIENS Arbeiten weit höher als der von KARL MAY, ist der narzißtische Anspruch seiner Helden bei weitem nicht so plump wie der von Old Shatterhand. TOLKIEN hat eine solide, bürgerliche Existenz in einem Lehrberuf aufgebaut, während MAY – der Ausbildung nach ebenfalls Lehrer – wegen seiner Vorstrafen diesen Beruf nicht mehr ausüben konnte.

Über MAYS «kriminelle» Episode ist viel geschrieben worden. Angesichts seiner Kindheit kann man in seinen Verbrechen wohl eher einen Ausdruck seiner Kreativität sehen als ein Zeichen moralischer Verwerflichkeit. Er wird mit Gegenständen ertappt, die ihm nicht gehören, die er «vergaß», zurückzugeben. – Er bestellt Kleider oder Pelze, und verschwindet mit ihnen, einmal als Dr. med. Heilig, Augenarzt und früher Militair aus Rochlitz. Aus dem augenkranken Kind ist endlich der Augenarzt geworden, aus dem geplagten Darsteller der sächsischen Armee ein «echter» Offizier. Man sperrt ihn ein, doch die Rückkehr in die bürgerliche Gesellschaft ist noch nicht möglich. Später berichtet MAY von quälenden inneren Stimmen, die ihn aufforderten, «an der menschlichen Gesellschaft Rache zu nehmen, und zwar dadurch Rache, daß ich mich an ihren Gesetzen vergriff».[1] Die Kränkung sollte auf eine selbstquälerische Weise ausgelöscht werden: Ihr habt mich zum Verbrecher erklärt, so geschieht es euch ganz recht, wenn ich wirklich einer bin! Der Rächer ist jetzt «Polizeileutnant von Wolframsdorf», der bei einem Krämer in schneidigem Ton Falschgeld und eine goldene Uhr, die angeblich gestohlen ist, beschlagnahmt.[2] Er ist Mitglied der Geheimpolizei, das sich seinen Verfolgern, die den Braten riechen, mit Hilfe eines (nicht geladenen) Doppel-Terzerols entzieht. Die Identifizierung mit Rinaldo oder Himlo ist zum Teil Wirklichkeit geworden: In der Maske des Arztes, des Polizeileutnants steckt der edle Räuber, der Rächer der Enterbten. Im Zuchthaus wird er zum Autor.

Die seelische Situation des Hochstaplers sieht häufig so aus, daß er in der Phantasie erschafft, was ihm die Wirklichkeit vorenthalten hat (während der «gewöhnliche» Neurotiker einen Teil seiner inneren Wirklichkeit opfert). Bei KARL MAY war diese Entwicklung durch den Vater vorgebahnt. Seine Formel: Wenn ihr mich für einen Verbrecher haltet, dann werde ich auch einer, und je schlimmer meine Taten, desto größer eure Schuld, bezieht sich sicherlich zuerst auf den Vater und ist von ihm auf Staatsanwälte und ungerechte Richter verlagert worden. Er ist kein «Verbrecher aus Schuldgefühl» im üblichen Sinn, sondern einer aus Rache für die enttäuschte Grandiosität. Die Realität wird nicht verdrängt, sondern abgespalten, quasi zurückgestellt. Diese Doppelexistenz des Hochstaplers ist das Geheimnis seines Erfolgs. Der Traum der Grandiosität in den Kolonien, in der unberührten Wildnis, ist die Illusion des gezähmten Bürgers. MAY liefert sie, und Millionen erbauen sich daran. Noch als erfolgreicher Redakteur kann er es nicht lassen, sich bei Gelegen-

1 K. MAY, Ich, S. 177
2 H. WOLLSCHLÄGER, Karl May, a. a. O., S. 36

Links: Old Shatterhand läßt sich in Deutschland in dem von Nscho-Tschi genähten Kostüm fotografieren. Rechts: Kara Ben Nemsi – das orientalische Selbst, von Karl May mit Kostüm und Waffen dargestellt.

heit als Oberstaatsanwalt auszugeben, um einen mysteriösen Unfall zu untersuchen, und muß dafür noch 1879 sechs Wochen einsitzen – das letzte Mal.

In der arabischen Wüste oder in der amerikanischen Prärie gibt es diese unbequemen Grenzen nicht. Hier ist der Hochstapler König und Kulturbringer, von den Wilden bewundert, moralisch turmhoch über allen anderen. Zu Hause ist er ein bescheidener Schriftsteller, der sich schrittweise mit den Kostümen seiner Helden ausstaffiert und sogar «Winnetou III» umschreibt, weil die Silberbüchse, mit der sein edler Freund bestattet wurde, plötzlich neben seinem Schreibtisch steht. Diese Doppelexistenz des Helden ist ein entscheidendes Zeichen des bürgerlichen Narzißmus. Sie wird in den Comics zu einem verbreiteten Stilmittel und steht für die narzißtischen Spaltungen des Bewußtseins, die in einer ganz anderen Richtung verlaufen als die klassische Verdrängung. May hat sich lange Zeit sosehr mit seinen Helden identifiziert, daß er sogar Haare aus dem Schopf Winnetous an

Verehrerinnen schickte (es waren Pferdehaare), die genauesten Auskünfte über seine Waffen gab und im orientalischen wie im Wildwest-Kostüm vor dem Fotografen posierte.

In seiner 1910 geschriebenen Autobiographie distanziert sich KARL MAY von dem Hochstapler-Autor und deutet sich selbst als Allegoriker. «Dieser Old Shatterhand und dieser Kara Ben Nemsi, also dieses ‹Ich› ist als jene große Menschheitsfrage gedacht, welche von Gott selbst geschaffen wurde, als er durch das Paradies ging, um zu fragen: ‹Adam (d. i. Mensch), wo bist du? – Edelmensch, wo bist du? Ich sehe nur gefallene, niedrige Menschen!›»[1] Die fieberhafte Produktion wird gerechtfertigt als das Sammeln von Material. 1912, in seinem Todesjahr, schreibt MAY: «Alles, was ich bisher geschrieben habe, ist nichts als Vorübung, als Skizze. Ich habe mich bisher vorbereitet, habe meine Stoffe und meine Leser studiert und kann nun erst mit meinen eigentlichen Werken beginnen, in denen ich das bringe, was ich bis heute nicht bringen konnte, weil mir das Wissen und das Können dazu fehlte.»[2] Glück und Grandiosität werden in eine ferne Zukunft verlegt; alles bisher Erreichte ist nur vorläufig, nur Steinbruch, aus dem der Stoff für die letzte, gültige, vollkommene Arbeit gewonnen werden soll. So ist der Einfluß des Vaters, des stets unzufriedenen Projektemachers, der sich immer von seinem nächsten Unternehmen das wahre Glück erwartete, bis ins Alter des äußerlich so erfolgreichen Sohnes nachweisbar. Doch dieser Vater steht in seinem eigenen und in dem narzißtischen Schaden, den er weitergab, für eine Gesellschaft, die sich als ganze der Illusion hingibt, sie werde durch Leistungskonkurrenz der Individuen einen paradiesischen Zustand erreichen. Glück ist im Kapitalismus etwas, was man entweder nicht mehr, oder noch nicht erlebt.

1 K. MAY, Ich, S. 162f
2 K. May, Brief an PROF. L. GURLITT, 8. Januar 1912, zit. n. Ich, S. 413

5. Räuber und Robinsonaden (Der bürgerliche Held II)

Ein freies Leben führen wir,
ein Leben voller Wonne:
Der Wald ist unser Nachtquartier
Der Mond ist unsre Sonne.

Volkslied

Die Nähe des Helden zum Helfer drückt sich besonders deutlich im Typus des edlen Land- oder Seeräubers aus. Er ist von hoher Geburt, wird durch Intrigen böser Verwandter seines Ranges und seines Erbes beraubt, flieht in die Wälder oder auf das Meer. Dort erheben ihn seine Tapferkeit und Gerechtigkeitsliebe weit über die anderen Räuber. Sie wählen ihn zu ihrem Hauptmann, er wird zur Geißel der reichen Rechtsbrecher und Blutsauger, zum Beschützer der Armen, zum Liebling auch hochgeborener Frauen. Unbesiegt, immer wieder den Häschern ein Schnippchen schlagend, endet er durch Verrat.

Der erste und älteste Held dieser Gattung ist Robin Hood, der bereits zwischen 1450 und 1500 in englischen Balladen verherrlicht wird. Geächtet lebt er mit einer Schar Gleichgesinnter in den Wäldern um Nottingham von Jagd und Raub. Er schützt die Schwachen und Frauen, plündert die Reichen und die Pfaffen, ist jedoch ein loyaler Untertan des Königs und ein guter Christ. Alle Verfolgungen des Sheriffs von Nottingham – seines Todfeindes – führen nicht zur Gefangennahme des meisterlichen Waldläufers, Jägers, Reiters und Schützen. Als Robin Hood jedoch im Alter erkrankt und sich an die Priorin des Klosters von Kirkley wendet, läßt ihn diese verbluten, unter dem Vorwand,

Der Comic-Held Green Arrow ist ein später Nachkömmling von Robin Hood.

ihn zur Ader zu lassen. So endet der unbesiegte Held durch die Tücke einer Heuchlerin.[1]

Der edle Räuber kämpft tapfer gegen eine Übermacht. Er gerät oft in aussichtslose Lagen, doch wie Streicher im «Herrn der Ringe» (eine Mischung aus Robin Hood und König Richard inkognito) besteht er alle Gefahren. Die Beliebtheit dieses Stoffes in der bürgerlichen Trivialliteratur hat sicher mehrere verschiedene Motive. In Zeiten gesellschaftlicher Umwälzungen, wie sie mit der Entwicklung des Kapitalismus notwendigerweise einhergehen, drückt der edle Räuber eine Kompromißphantasie

1 E. Frenzel, Stoffe der Weltliteratur, Stuttgart 1963, S. 545. Das Urteil über diese Gestalt schwankt zwischen einer historischen und einer mythischen Auffassung. Scott hat in «Ivanhoe» aus Robin Hood einen Parteigänger des Sachsen Ivanhoe und des Königs Richard Löwenherz gemacht. Zur Zeit der normannischen Eroberung flohen viele Sachsen in die Wälder. Andrerseits war Robin Hood im späteren Volksbrauch der Mai- und Schützenkönig.

aus. Er ist einerseits dem Bürger vergleichbar, der allmählich die Privilegien der Feudalherrn und der Pfaffen antastet und anfängt, diese auszubeuten und für seine Zwecke einzusetzen. In seinem Roman «Der Leopard» hat Giuseppe Tomasi di Lampedusa diese Situation beschrieben: die emporgekommenen Verwalter, Bürgermeister und Kaufleute schneiden sich von dem Kuchen der Feudalherrn jenes große Stück ab, das bisher der Kirche gehörte. Die Mentalität der Emporkömmlinge ist von einem mit nationalistischen und moralischen Charaktermasken getarnten Egoismus bestimmt.

Der Räuber raubt nicht für sich selbst, sondern für die Armen – die Grundsituation der Helfer-Aggression nach dem Prinzip des verteidigten Dritten. Durch seine individuelle Aktion verspricht er, die Grundwerte der Freiheit und der Gleichheit wiederherzustellen, die in der Feudalgesellschaft sowenig zu finden sind wie in der bürgerlichen. Daher ist er eine Phantasiegestalt, Opium für die Entrechteten, die auf ihn hoffen können, gerade indem sie seinem Beispiel nicht folgen. Häufig als Eigenheit des Bewußtseins im Spätkapitalismus ausgegeben, hat die Produktion von Ersatzwelten voller Ersatzbefriedigungen Wurzeln, die weit in die Jahrhunderte zurückreichen.

Neben die gesellschaftlichen Motive, welche diesen Heldentypus bestimmen, treten die psychologischen. Wir können davon ausgehen, daß die Erziehung zu einem «falschen Selbst» in allen Gesellschaften eine wesentliche Rolle zu spielen beginnt, in denen es verfestigte Machtunterschiede gibt. Dort müssen Sperrmechanismen aufgebaut werden, welche verhindern, daß die von Individuen gewonnenen Vorrechte in der Folge der Generationen wieder verlorengehen. In der Kindheit des einzelnen wird eine grundlegende Disharmonie hergestellt. Sie betrifft einerseits die naturwüchsige Gefühls- und Triebhaftigkeit, welche dazu neigt, grundsätzlich alle anderen Menschen in die Befriedigung der eigenen Wunschproduktion einzubeziehen. Ihr gegenüber steht die von den Eltern und anderen «standesbewußten» Erwachsenen vermittelte Welt, die von festen Wertvorstellungen

Die Geburt des Helden aus der Zerstörung der Mutter Technik durch die Mutter Natur: Das Flugzeug des späteren Dschungelhelden Thun'da wird von einem Ungeheuer zermalmt. (vgl. auch S. 160 u. 180f.)

und Spaltungen bestimmt ist (reich – arm, gebildet – ungebildet, aus guter – aus schlechter Familie). So gewinnt jeder seinen Platz in der Gesellschaft, indem er Teile von sich nicht entwickelt. Die weniger Privilegierten müssen empfindlichere Einschränkungen hinnehmen.

Der edle Räuber steht für die nicht entwickelten Teile des Selbst und für die Beziehung der Gesellschaft zu diesen Teilen. Er gibt sich nicht mit dem zufrieden, was die Übermacht von ihm fordert. Er versucht Gleichheit herzustellen, wo Ungleichheit herrscht. Er verdrängt nicht die Wut, die wir Angepaßten im Unbewußten mit uns tragen und allenfalls als psychosomatische Krankheit spüren (als Krebs, wie es FRITZ ZORN [1] so anschaulich beschrieben hat). Er drückt sie aus, früher oder später, er verarbeitet eine narzißtische Kränkung nicht mehr «angemessen», indem er klein beigibt, sondern geht in die Wälder, rächt sich an denen, die ihn eingeschränkt, die seine ursprüngliche Ganzheit

1 F. ZORN, Mars, München 1978

und Grandiosität beschnitten haben. Er wird zum Räuber, der nimmt, was er braucht, dessen Recht, mit der Waffe in der Faust durchgesetzt, die frühere Entrechtung aufhebt. Der edle Räuber ist der bessere Vater, die bessere Mutter: denn er ist gerecht, er unterdrückt nicht die Armen und empfiehlt Respekt vor den Mächtigen, sondern plündert die Besitzenden aus, um den Armen zu geben. So gesehen, ist er einer der mythischen Ahnen des Helfers, der sich ebenfalls aus dem ohnmächtigen, unverstandenen Kind in jemanden verwandelt, der seine Schützlinge besser behandelt, als die Eltern ihn zu behandeln wußten. Er verkörpert, was verborgen in vielen Helfern steckt: die Wut gegen die Mächtigen, die Besitzenden. Dieser Vergleich läßt sich noch weiter ausspinnen. Oft haben die edlen Räuberhauptmänner Schwierigkeiten mit ihren Bandenmitgliedern, denen der Sinn mehr nach Raub und sofortiger Triebbefriedigung steht, nicht nach Umverteilung, nach Abgeben an die Armen und großmütigem Verzicht. Ähnliche Schwierigkeiten hat der Helfer häufig mit seinem eigenen Triebleben. Er ist – wie es *sein* falsches Selbst gebietet – rastlos und diszipliniert tätig, um anderen die Last *ihres* falschen Selbst zu erleichtern.

Robin Hoods Ende fügt sich mit symbolischer Präzision in die Lebensgeschichte des Räubers. Das von den Eltern (von der Gesellschaft) betrogene und vernachlässigte Kind identifiziert sich mit einem unfehlbaren Helden, der Rache nimmt für alle Beraubung, allen aufgezwungenen Verzicht. Er, der die Reichen zur Ader läßt (die «Blutsauger») und den Armen gibt, wird gewissermaßen zum Vampir der Besitzenden. Die Vampir-Phantasie ist auf die Situation eines hungrigen Kindes zurückzuführen, das die Mutter aussaugen will, weil diese zuwenig hergibt, und dann von der Mutter dieselbe Behandlung fürchtet, weil es die blutsaugerische Aggression auf sie projiziert. Dieser Vorgang mag sich gegenüber den Toten wiederholen, bei denen die Erben ja möglicherweise ebenfalls schon lange hofften, daß sie endlich Platz machen würden, und nun eine ähnliche Rache fürchten. Jedenfalls ist es ein konsequenter Einfall des anonymen Balladendichters, Robin Hood durch die Hand einer Priorin sterben zu lassen, die ihm als ärztliche Helferin entgegentritt und ihn durch einen scheinbar heilsamen Aderlaß tötet.

Der Bürger und die Kannibalen

> «Ich glaube, ich hatte nun das größte Lager an Dingen aller Art, das jemals für einen einzelnen Menschen angelegt worden ist. Aber ich hatte noch nicht genug. Solange nämlich das Schiff in seiner derzeitigen Lage aufrecht stand, glaubte ich herausholen zu müssen, was nur herauszuholen war.» D. Defoe: Robinson Crusoe[1]

Zu den Phantasien, die das bürgerliche Bewußtsein unweigerlich fesseln, gehört Robinson mit seinen Erben Tarzan, Mowgli oder den Höhlenkindern im heimlichen Grund. Die Fähigkeit des auf sich selbst gestellten Individuums, die unberührte Natur wohnlich zu machen und unabhängig von allen anderen Menschen zu leben, fasziniert und ängstigt Robinson gleichermaßen. Immer wieder unterbricht er (und wir dürfen ihn, wie viele narzißtische Helden, ungescheut mit einem abgespaltenen Teil seines Schöpfers identifizieren) seine Erzählung, um sich selbst anzuklagen und zu zerknirschen. Dabei verwendet er ein Mittel der Selbstdarstellung, das gewissermaßen umgekehrt vorgeht wie Old Shatterhand. Er klagt sich an, verweilt bei seiner Verwerflichkeit, Unbeholfenheit, Torheit und versteckt in diesen Selbstbezichtigungen den eigenen Größenanspruch.

Wir begegnen einem jungen Mann, der es sich in den Kopf gesetzt hat, zur See zu fahren. Die Mahnreden seines Vaters werden ausführlich erläutert, für weise erklärt und dann doch mißachtet.

1 D. Defoe, Robinson Crusoe. Übers. v. H. Novak, Frankfurt a. M. 1973 (Insel-Verlag), S. 78

«Er sagte, nur Leute in verzweifelten Umständen oder aber solche, die es weiter als ihre Mitmenschen bringen wollten, wagten sich auf der Suche nach Abenteuern in die weite Welt hinein, um durch Unternehmen abseits von den gewohnten Wegen zu großem Reichtum oder zu ungemeinem Ruhm zu gelangen. Derlei Dinge seien aber für mich entweder allzu hoch oder gar zu weit unter mir; ich gehöre einmal dem Mittelstand an, genauer gesagt der oberen Schicht des niederen Lebenskreises, die er in langer Erfahrung als den besten Stand der Welt befunden habe, als den Stand, welcher der menschlichen Glückseligkeit am günstigsten sei, da man in ihm weder dem Elend, der Härte, der Mühsal und der Plage des Handwerker- und Taglöhnerdaseins noch auch dem Hochmut, der Üppigkeit, dem Ehrgeiz und der Mißgunst der höheren Stände unterworfen sei ... weder ermattet von schwierigen Verhältnissen, welche die Seele des Friedens und den Leib der Ruhe berauben, noch verzehrt vom rasenden Neid oder dem heimlich brennenden Ehrgeiz nach großen Dingen; nein, leicht und mühelos glitten sie vielmehr durch die Welt, verständig die Süße des Lebens ohne seine Bitternis genießend und im vollen Bewußtsein ihres Glücks, dessen sie jeden Tag mehr innewerden.»[1]

Der Vater verheißt ein Paradies der Mäßigung, des stillen Verzehrs eines schon vorhandenen Kapitals, Pensionistenglück. Robinson legt Lippenbekenntnisse zu dieser Weisheit ab, seine Taten reden eine andere Sprache. Die Abenteuer, in die er gerät, schildert er stets mit einem klagenden Ausruf zu Beginn, und beschreibt dann, wie gut sie enden: die Sklaverei mit einer abenteuerlichen Flucht entlang der afrikanischen Küste, die Fahrt nach Brasilien mit großem Erfolg als Pflanzer, der Aufenthalt auf der Insel mit dem Aufbau eines eigenen Königreiches. In der Lebensgeschichte vor der Läuterung auf der Insel finden sich fast auf jeder Seite Ausrufe wie: «Ach, es war kein Wunder, daß ich, der ich immer alles falsch machte, auch hier nicht das Richtige getroffen hatte» (in Brasilien als Pflanzer)[2], «es war mir bestimmt, der Schmied meines eigenen Unglücks zu werden, meine Schuld zu Gott zu vergrößern und die Reue über mich selber zu verdoppeln, wozu es mir in meinem künftigen Elend an Muße nicht fehlen sollte.»[3]

1 a. a. O., S. 12f
2 a. a. O., S. 52
3 a. a. O., S. 55

Moritz von Schwind hat die Verwandlung des elenden Schiffbrüchigen in den absoluten Herrscher über das Inselreich einfühlsam nachgezeichnet.

Der Genuß an dem freien, asozialen Leben auf der einsamen tropischen Insel darf sich nur klammheimlich entfalten. Besonders verräterisch wird der Unterschied in der Beschreibung von Robinsons Gefühlen gleich nach der Rettung und später. Sobald er den Fuß auf sein künftiges Paradies gesetzt hat, findet er es «unmöglich, getreu nach dem Leben Entzücken und Jubel der Seele zu beschreiben, wenn sie, so kann ich wohl sagen, aus dem Grabe zurückgeholt worden ist».[1] Tage später erinnert er sich an eben diesen Augenblick bei der Abfassung seines Tagebuchs: «30. Sept. Nachdem ich an Land gekommen und dem Ertrinken entronnen und als erstes die große Menge Salzwasser, die in meinen Magen geraten war, wieder ausgebrochen und mich ein wenig erholt hatte, lief ich, anstatt Gott für meine Errettung zu danken, auf dem Strand auf und ab und rang die Hände und

1 a. a. O., S. 66

Die aus dem 19. Jahrhundert stammenden Illustrationen gießen einen Schein von Idylle über das kolonialistische Epos.

schlug mir auf den Kopf und ins Gesicht und jammerte über mein Elend und schrie: ‹Ich bin verloren! Verloren!›»[1]

Die Insel wird erst «Insel der Verzweiflung» getauft, doch später liebevoll als Paradies, Königreich usw. bezeichnet. Ständig in Angst vor wilden Tieren lebend, klettert der Held zuerst zum Schlafen auf Bäume. Bald baut er sich ein mit doppelten Palisaden geschütztes Heim, räumt die üppigen Vorräte an Waffen, Munition, Nahrung und Werkzeug in seine künstliche Höhle, führt Buch und residiert über Hunde, Katzen, Papageien und Ziegen:

«Es hätte manchen Sauertopf zum Lachen gebracht, hätte er mich und meine kleine Familie zu Tisch niedersitzen sehen. Da war meine Majestät, der Fürst und König über das ganze Eiland; ich war absoluter Herr über die Leben

1 a. a. O., S. 95f

meiner sämtlichen Untertanen, ich konnte hängen, vierteilen, Freiheit geben und wieder nehmen, und unter allen meinen Untertanen war kein einziger Rebell.»[1]

Was Robinson mehr lehrt als jede abstrakte psychologische Beschreibung, ist die narzißtische Besetzung der bürgerlichen Vernunft. Bereits MARX hat diese Seite der Robinsonaden bemerkt und den Traum des bürgerlichen Bewußtseins analysiert, das glaubt, der Mensch könne aus sich selbst (nur Gott über sich, und den jungfräulichen Boden der Tropen unter sich) leben.[2] Wie nur je ein Kaufmann fertigt Robinson Register und «führt Buch». Sogar die Vorzüge und Nachteile seiner insularen Lebensweise stellt er einander gegenüber, «wie Soll und Haben», um zu erreichen, «daß meine Vernunft langsam Herr über meinen Kleinmut wurde».[3]

«Ich bin auf eine einsame Insel verschlagen, ohne Hoffnung, je wieder fortzukommen.
Ich habe keine Kleider, um mich zu bedecken.

Ich habe keine Menschenseele, mit der ich sprechen und bei der ich Trost finden könnte

Aber ich bin doch am Leben, nicht ertrunken wie alle meine Kameraden.
Aber ich bin in einem heißen Landstrich, wo ich kaum Kleider tragen könnte, auch wenn ich welche hätte ... Aber Gott sandte das Schiff auf wunderbare Weise so nahe an die Küste, daß ich mir viele nötige Dinge daraus holen konnte ...»

So geht Robinson daran, sein Leben zu meistern, und diese Meisterung ist der eigentliche Kern des Buches, nicht die eingestreuten Zerknirschungen. Immer wieder betont er seine unendliche Mühe, die Langsamkeit, mit der er es lernt, Holz zu behauen, Ziegen zu züchten, Getreide zu bauen, Töpfe zu formen und zu brennen, Kanus aus Baumstämmen zu höhlen. Doch alle diese

1 a. a. O., S. 199
2 K. MARX, Grundriß der Kritik der bürgerlichen Ökonomie
3 D. DEFOE, a. a. O., S. 91

Aufgaben bewältigt er – «ich hatte mein Lebtag kein Werkzeug in der Hand gehabt und fand gleichwohl, daß ich mit der Zeit, durch Mühe, Fleiß und Findigkeit, alles anfertigen konnte, was ich brauchte, vor allem, wenn ich das richtige Werkzeug hatte».[1]

Robinson lernt den Sinn angestrengter Arbeit gleichzeitig mit seiner Bekehrung kennen. Beides sind die Gegengewichte, welche die frei schweifende Phantasie benötigt, um das neugeschaffene, in Einsamkeit und Freiheit erarbeitete Paradies überhaupt als Möglichkeit zuzulassen. Nachdem er schwer am Fieber gelitten und sich mit Tabak in Rum und mit Bibellesen kuriert hat, macht Robinson eine Wanderung durch die Insel.

> «Ich stieg ein Stück die eine Seite dieses köstlichen Tals hinab und blickte mit heimlichem Vergnügen darüberhin (wenn auch vermischt mit meinen üblichen trübsinnigen Gedanken). Zu denken, daß das alles mir gehörte, daß ich unstreitig Herr und König über das Land war und ein Anrecht auf seinen Besitz hatte! Und wenn ich es hätte mitnehmen können, so wäre es ebensowohl mein verbrieftes Erbgut geworden wie das irgendeines Gutsherrn in ganz England. Ich sah Kakaobäume im Überfluß, Orangen, Limonen- und Zitronenbäume; aber alle wuchsen wild und nur wenige trugen Frucht, zumindest damals nicht. Immerhin waren die grünen Limonen, die ich sammelte, nicht nur sehr angenehm zu essen, sondern auch sehr gesund, ich mischte ihren Saft später mit Wasser zu einem sehr gesunden, kühlen und erfrischenden Getränk.»[2]

Nur mit den «üblichen trübsinnigen Gedanken» vermengt kann sich das Robinson-Ich die Freude über sein Paradies zugestehen, das die Phantasie üppig mit allen Pflanzen ausrüstet, die es in Paradiesgärten geben muß (Orangen- und Zitronenbäume sind sicherlich nicht auf einer unberührten Insel vor der Küste Südamerikas zu finden). Robinson baut sich eine zweite Festung in dieses liebliche Tal und stellt sich nun vor, er besäße Landhaus und Villa.

1 a.a.O. S. 94
2 a.a.O. S. 139

Robinson Crusoe als absolutistischer Herrscher über die unberührte Natur.

Was DEFOE Robinsonade von den späteren Abwandlungen dieses Themas[1] unterscheidet, ist seine Beziehung zur Natur und zu den «Naturmenschen». Während die in den Naturzustand zurückversetzten Helden des ausgehenden 19. Jahrhunderts, wie Tarzan und Mowgli, von Affen bzw. Wölfen aufgezogen werden, ist Robinsons Verhältnis zur Natur feindselig. Er fühlt sich von Anfang an unsicher, schläft zunächst aus Angst vor wilden Tieren auf Bäumen, befestigt seine Wohnung wie ein Fort, geht nie unbewaffnet aus, obwohl er schon sehr früh feststellt, daß die größten Lebewesen auf der Insel wilde Ziegen sind. Eine kleine Fußreise ohne feste Unterkunft ist ihm so unbehaglich, daß er beschließt, förderhin sein eigenes, bequem eingerichtetes Haus nicht mehr ohne Not zu verlassen. Er kann sich

1 Ich meine nicht die Nachahmung des gleichen Typs, wie J. G. SCHNABELS «Die Insel Felsenburg», 1731–1743, und J. R. WYSS, Der schweizerische Robinson, 1812, die DEFOES Vorlage von 1719 wiederholen und ausschmücken.

trotz des tropischen Klimas nicht vorstellen, nackt zu gehen, sondern fertigt sich Kleider und eine Mütze aus Ziegenfell und schützt sich durch einen Schirm vor Sonne und Regen. Sobald er die ersten Fußstapfen auf seiner Insel sieht, befällt ihn die wildeste Angst. Er ist nahe daran, seine Gärten zu verwüsten und seine zahmen Tiere freizulassen, um nur ja niemandem seine Anwesenheit zu verraten.

Die «Wilden», welche die Insel besuchen, sind vollends Kinder des Teufels. Ihr Kannibalismus rechtfertigt nachträglich, daß Robinson schon immer soviel Angst hatte und sich wie in Feindesland hinter Wall und Palisaden verschanzte. Obwohl er nur einen Fußabdruck gesehen hat und überhaupt nicht weiß, wer ihn hinterließ, denkt Robinson nur an Feinde. Die Jahre, ehe er tatsächlich die Wilden trifft, verbringt er mit weiterer Verstärkung seiner Wälle, an denen er die Musketen in der Art von Festungsartillerie anbringt. Seine Angst ist schwer erklärlich und widerspricht vollständig den Lippenbekenntnissen, Gott möge ihm doch einen Gefährten in seiner Einsamkeit geben. Sie wird jedoch verständlicher, wenn die narzißtische Bedeutung der un-

«Ich wandte mein Gesicht von dem gräßlichen Schauspiel ab, mir wurde übel, und fast wäre ich in Ohnmacht gefallen, wenn die Natur sich nicht selber durch ein ungewöhnlich heftiges Erbrechen geholfen hätte.»

gestörten Herrschaft über das Selbst berücksichtigt wird, zu dessen Symbol die fruchtbare, den Schiffbrüchigen bergende Insel geworden ist. Robinson Crusoe ist ein Lehrbeispiel für die narzißtische Situation des städtischen Bürgers gegenüber der Natur. Er braucht eine Unmenge liebevoll beschriebener Geräte, Vorräte und Schutzbauten, um sich wohl zu fühlen. Im Genuß dieser Sicherheit wird er durch jedes andere Individuum grundsätzlich bedroht (bezeichnenderweise ist auch das erste Schiff, das auf der Insel landet, von Meuterern besetzt, die Robinson – seiner Vermutung nach – unbarmherzig massakrieren würden, wenn er sich ihnen zu erkennen gäbe).

Es ist gewiß mehr als ein zufälliger Kunstgriff, wenn die Wilden, welche auf Robinsons Insel landen, die schlimmsten Kannibalen sind. Der auf Ausbeutung der Natur abzielende Bürger verlegt einen Teil seiner selbst, zum Zerrbild entstellt, in die Natur hinaus. Wie der edle Räuber durch die vampirische Heuchlerin, so ist Robinson durch die Menschenfresser bedroht. Die Spuren einer Kannibalenmahlzeit, auf die Robinson endlich stößt, lösen die verschiedensten Empfindungen aus. Er wäre in Ohnmacht gefallen, wenn er sich nicht durch Erbrechen erleichtert hätte, findet Trost in der Selbstgerechtigkeit («in einer Flut von Tränen aus meinen Augen sagte ich Gott Dank dafür, daß er mich in einem Teil der Erde hatte zur Welt kommen lassen, wo ich von solchen gräßlichen Kreaturen unterschieden war»[1]), zieht sich ganz zurück («ich empfand einen derartigen Ekel vor den Wilden ... vor ihrer gräßlichen Gewohnheit, einander zu verschlingen und aufzufressen, daß ich ganz nachdenklich und schwermütig wurde und mich die nächsten zwei Jahre lang still auf meinen Besitz beschränkte»[2]). Die Begegnung mit der projizierten Gier führt zur depressiven Beschränkung, aber auch zu rachsüchtigen Plänen, in denen die Mordlust Robinsons die Taten der Kannibalen bei weitem übertrifft. Er möchte sie alle mit

1 a. a. O., S. 221
2 a. a. O., S. 221

Kannibalen dürfen mit überlegenen Waffen aus dem Hinterhalt erschossen werden.

einer Pulvermine unter ihrem Kochfeuer in die Luft sprengen, oder sie aus dem Hinterhalt mit doppelt geladenen Musketen überfallen und sie dann mit seinen drei Pistolen und dem scharf geschliffenen Hirschfänger niedermachen. Obwohl Robinson diesen zweiten Plan mit vielen gottesfürchtigen Überlegungen (er denkt unter anderem an die Kriege der Christen) zuerst aufgibt, setzt er ihn später doch in die Tat um, nachdem er Freitag von seinen Verfolgern gerettet hat und mit ihm zusammen einen Spanier und Freitags Vater befreit.

Nach der Schlacht führt Robinson, wie es sich für den bürgerlichen Kaufmann gehört, über die 21 Kannibalen Buch:

«3 getötet durch unsere erste Salve vom Baum aus;
2 beim nächsten Schuß getötet;
2 getötet durch Freitag im Boot;
2 getötet durch dito, aus der Zahl derer, die zuerst nur verwundet waren;
1 getötet durch dito, im Wald;

3 getötet vom Spanier;
4 da und dort verwundet hingestürzt und an ihren Wunden gestorben oder von Freitag auf der Flucht niedergemacht;
4 im Boot entkommen, einer davon verwundet, wenn nicht tot;
21 in allem.»[1]

Die Gefühllosigkeit, mit der Robinson diese Aufstellung niederschreibt, gehört durchaus zum kolonialistischen Umgang mit der Natur. Robinsons Sentimentalität ist stets selbstbezogen und merkwürdig körpernah. Er weint häufig, rettet sich von der drohenden Ohnmacht angesichts der Kannibalenmahlzeit durch Erbrechen und bewältigt die heftigste Freude, die ihn während seines Lebens befällt, nur durch die Hilfe des Aderlasses. Bezeichnend genug, fühlt er diese Freude, als er erfährt, daß die treuen Verwalter seiner brasilianischen Güter ihn während seiner Abwesenheit zu einem reichen Mann gemacht haben.

«Ich erbleichte, und mir wurde elend, und wäre der alte Mann nicht um ein Kordialwasser gelaufen, ich glaube, die unmäßige, jähe Freude hätte meine Natur überwältigt, und ich wäre auf der Stelle gestorben.

Und auch danach war ich noch einige Stunden krank, bis man nach einem Arzt sandte, der mir, nachdem er etwas über die wahre Ursache meiner Krankheit erfahren hatte, einen Aderlaß verordnete, worauf mir leichter wurde und ich mich bald erholte; ich bin aber völlig überzeugt, daß ich gestorben wäre, hätte man den Lebensgeistern nicht auf diese Weise Luft gemacht.»[2]

Weder die Begegnung mit Freitag noch die Errettung durch das englische Schiff lösten solche Freude aus. Aus dem zerknirschten Taugenichts ist ein Gouverneur geworden, ein kleiner König. Sobald Robinson neben Freitag auch noch dessen Vater und den Spanier befreit hat, fühlt er sich wie ein absolutistischer Fürst:

«Erstens einmal war das ganze Land einzig und allein mein Eigentum, so daß ich ein unbezweifelbares Anrecht auf seine Herrschaft hatte. Zweitens war mein Volk mir völlig ergeben, ich war der absolute Herrscher und Gesetzge-

1 a. a. O., S. 2
2 a. a. O., S. 377

ber; sie alle hatten mir ihr Leben zu verdanken, und sie waren bereit, ihr Leben für mich hinzugeben, sollte die Notwendigkeit dazu sich ergeben. Merkwürdig war auch, daß wir nur drei Untertanen hatten, aber auch drei verschiedene Religionen. Mein Diener Freitag war Protestant, sein Vater ein Heide und Kannibale, und der Spanier ein Papist; aber ich gewährte ‹Gedankenfreiheit› in meinem Reich.»[1]

Aus dem ohnmächtigen, vom Meer fast verschlungenen Schiffbrüchigen ist durch die unermüdliche eigene Tätigkeit, durch Mut und Unternehmungslust und konsequentes Besitzstreben der Herr der Insel geworden, der über Leben und Tod gebietet, und dem alle anderen verpflichtet sind. Robinson Crusoe ist ein Beispiel für den sekundären, bürgerlichen Narzißmus, für die Vorstellung, in dem freien Raum «zwischen den Menschen» (außerhalb der Familie und der einengenden Grenzen der Häuslichkeit) eine Neugeburt zu erleben, ein neues Selbst aufzubauen und zu befestigen, das gänzlich unabhängig ist von den früheren Bezugspersonen. Folgerichtig hat die heterosexuelle Liebe, die am meisten geeignet ist, den Menschen zu binden, bei Robinson keinen Platz. Seine Freunde sind immer Männer – Kapitäne oder Negerboys, Kannibalen oder Pflanzer. Der soziale Zusammenhang ist nicht mehr Selbstzweck, sondern Mittel zum Zweck. Robinson, der sich auf seiner Insel selbst gefunden hat, ist unabhängig von allen Menschen geworden. Es wäre gewiß nicht schwer gewesen, statt des Mannes Freitag eine Frau Mittwoch von den Kannibalen zu befreien. Aber solche Szenen hätten die Unabhängigkeit des Helden in schwere Versuchung geführt. Er braucht Diener und Untertanen, keine Partnerin. Verglichen mit den begeisterten Berichten von der Insel und mit der überschwenglichen Freude bei der Ankunft des brasilianischen Vermögens in Lissabon ist der kurze Bericht über die spätere Ehe des Robinson Crusoe mehr als lakonisch. Die Heirat scheint kaum erwähnenswert, mit Ausnahme der Tatsache, daß aus ihr Kinder hervorgehen:

1 a. a. O., S. 320

«Mittlerweile ließ ich mich hier einigermaßen häuslich nieder; zum ersten heiratete ich, und zwar weder zu meinem Schaden noch zu meinem Mißvergnügen, und hatte drei Kinder, zwei Söhne und eine Tochter; doch als mein Weib starb und mein Neffe von einer Reise nach Spanien mit gutem Erfolg nach Hause kam, da gewannen meine Neigung, in die Fremde zu gehen, und sein stetes Zureden die Oberhand, so daß ich mich als privater Kaufmann auf sein Schiff nach Ostindien begab.»[1]

Kapitän Niemand und Cyrus Smith

Die Beschäftigung mit den Helden der bürgerlichen (Trivial)-Literatur kann zeigen, wie sich die Robinsonaden aufspalten in einen progressiven und einen regressiven Zweig. Der progressive tendiert dazu, die Eroberung der unberührten Natur durch eine bürgerliche Elite noch weiter zu vervollkommnen. Die hinter Zerknirschung und Anrufungen Gottes versteckte Lust Robinsons am ganz aus dem eigenen Selbst und seinen Erweiterungen geschöpften Paradies steigert sich zur unverhüllten Grandiosität. Der regressive Zweig hingegen nähert das von allen gesellschaftlichen Bindungen befreite Selbst soweit der Natur an, daß es mit ihren Wesen verschmilzt, ihre Sprache spricht. Wie die hilfreichen Tiere der Märchen tritt es dem erstaunten, in der Wildnis erschreckten Kulturmenschen entgegen.

Beispiele für die progressive Weiterentwicklung der Robinsonade bietet Jules Verne (um wiederum einen besonders erfolgreichen Autor herauszugreifen), während die regressiven Edgar Rice Burroughs bereits erwähnter «Tarzan» und Rudyard Kiplings «Mowgli» sind.

Der Held der progressiven Robinsonade ist in vielen Zügen dem häufigsten Heldentypus der Science-fiction vergleichbar. Es ist der Erfinder, der Ingenieur, der geniale Wissenschaftler u

1 a. a. O., S. 402. Anmerkungen in Klammern von mir.

Techniker, der in der Lage ist, seine Grandiosität mit Hilfe maschineller Prothesen unwiderleglich zu beweisen. Bei Kapitän Nemo wird die Verbindung zwischen der höchst ausgefeilten Technik und der Wiederherstellung vollständiger Geborgenheit in einem selbstgeschaffenen, das intrauterine wiederholenden Paradies besonders deutlich.

> «Meine Mannschaft und ich essen schon lange keine irdische Nahrung mehr. Die Tiefsee befriedigt alle meine Bedürfnisse. Ich werfe hier meine Netze aus und ziehe sie zum Brechen voll wieder ein. Ich gehe in den Tiefen des Ozeans auf Jagd und erlege das Wild meiner unterseeischen Wälder. Meine Herden weiden ohne Furcht auf den unermeßlichen Wiesen der Weltmeere ... Aus dem Meer kommt auch die Kleidung ... die Stoffe sind aus den Fasern einiger Muscheln gewebt, mit dem Purpur der Antike gefärbt. Das Parfüm auf der Toilette ist aus Seepflanzen destilliert ... Das Meer ist alles. Es bedeckt sieben Zehntel der Erdoberfläche. Der Seewind ist gesund und rein. Es ist eine unermeßliche Einöde, in der der Mensch doch niemals allein ist, denn er fühlt, wie das Leben um ihn herum pulst (!). Das Meer spiegelt ein übernatürliches und wunderbares Dasein wider, es besteht nur aus Bewegung und Liebe, es ist die lebendige Unendlichkeit (!) ... Am Anfang des Lebens war das Meer, und wer weiß, ob es nicht auch am Ende wieder über dem Leben zusammenschlägt. Hier allein gibt es die große Ruhe. Hier allein haben Tyrannen keine Macht. Auf den Wasserflächen des Ozeans können sie sich noch schlagen und verfolgen, aber schon 10 m darunter hört ihre Macht auf ... Hier allein ist Unabhängigkeit! Hier kenne ich keine Herren. Hier bin ich frei.»[1]

In diesen Aussagen von Nemo verbinden sich mehrere Ebenen, deren Zusammenhang gerade für die narzißtischen Phantasien des technischen Zeitalters sehr wesentlich ist. Die Eroberung eines neuen Lebensraums erfolgt nicht mehr mit den Mitteln der Konquista, mit Waffen, Intrige, Gewalt und persönlichem Mut, sondern durch geniale technische Erfindungen. Beides, Konquista und Technik, sind Zeichen der bürgerlichen Emanzipation aus dem viel engeren, stärker von Abhängigkeiten bestimmten Lebenszusammenhang der feudalistischen Gesellschaft. Kapitän

1 J. Verne, 20000 Meilen unter den Meeren, Frankfurt a. M. 1968, S. 48

Nemo setzt nur den Wagemut der bürgerlichen Kapitäne fort, die sich ebenfalls auf Meere wagten, welche die Feudalherrn nie in Besitz genommen hätten, an die Scholle gebunden wie sie waren. Der so entstandene bürgerliche Narzißmus ist auch ein spezifisch männlicher Narzißmus. Zum landbesitzenden Feudalherrn gehört eine Frau, gehören reale, enge Beziehungen zu Verwandten und Kindern. Der bürgerliche Held tritt hingegen einer neuen Welt entgegen, die nicht von Mann-Frau-Beziehungen und nicht von Verwandtschaft bestimmt ist. Kapitän Nemo hat, wie fast zu erwarten, keine Frau an Bord. Seine Braut, seine Mutter ist das Meer, und er preist sie mit Worten, die seiner Geliebten gelten könnten.

Die Produktion von Unabhängigkeit durch Abhängigkeit, welche schon Robinsons Insulaner-Dasein kennzeichnet, ist bei Nemo noch weit deutlicher. Robinsons Idylle verdankt er dem Wrack seines Schiffes, aus dem er Werkzeuge, Waffen, Lebensmittel und Saatgut mitnehmen kann. Nemo hat sogar eine Bibliothek von 12000 Bänden und eine Sammlung erlesener Kunstwerke nebst Orgel in sein Einsiedlerdasein mitgenommen. Sein Schiff ist nur als Idee seine Schöpfung. Die Einzelteile stammen aus Fabriken, die Jules Verne aufzählt, die Mittel dafür aus einem ebenso unermeßlichen wie geheimnisvollen Reichtum. Der kapitalistische Held kann gut rechnen. Das Schiff ist mit seiner Sammlung von Meisterwerken der Kunst 5000000 Francs wert, aber Nemo könnte ohne viel ärmer zu werden, die 10000000000 Francs der damaligen Staatsschuld Frankreichs bar bezahlen.[1] Das Verhältnis zum Geld ist bei Nemo anders als bei Old Shatterhand. Er besitzt unermeßlich viel, aber er hat für immer diese irdische Welt verlassen, er wird nie zurückkehren.

Während in den «20000 Meilen» das Geheimnis der Nautilus und ihres Besitzers nicht aufgeklärt wird, nimmt Nemo später gegenüber den Protagonisten der Robinsonade à la Jules Verne

1 J. Verne, 20000 Meilen, S. 61

kein Blatt mehr vor den Mund. Er ist ein reicher indischer Fürst, der in England studierte, geniale wissenschaftliche und künstlerische Fähigkeiten zeigte, und zwischen Bewunderung der europäischen Technik und Abscheu von Europas Kolonialismus hin- und hergerissen war. In Indien suchte er eine Revolution zustande zu bringen (den Sepoy-Aufstand), der aber durch die mangelnde Unterstützung aus dem Ausland zusammenbrach. Die Familie des Prinzen Dakkar wurde ermordet; er selbst konnte mit den Resten seines Vermögens und einer Handvoll Gleichgesinnter fliehen. So baute er die Nautilus und finanzierte mit den Goldschätzen, die er aus den Tiefen des Meeres gewann, Aufstände gegen die Unterdrücker. Diese politische Seite des genialen Erfinders trat freilich in der Darstellung zurück. JULES VERNE hat sich über sie weit weniger Gedanken gemacht als über die Werke in Nemos Bibliothek, die Perlen seiner Sammlung oder seine Kämpfe mit Kraken und Haien. Es ist nicht einmal klar, ob die Unterdrückung der Farbigen durch die Weißen gemeint ist, oder die Unterdrückung der Individuen durch den Staat schlechthin. (Immerhin versäumt Nemo nicht, darauf hinzuweisen, daß seine aus Algen produzierten Zigarren auch ohne Aufsicht des staatlichen Tabakmonopols zustande kommen.) Er zahlt niemandem Steuern und ist moralisch nur sich selbst verpflichtet. «Ich war immer gerecht und im Recht, und wenn ich nach den Begriffen Ihrer Zivilisation ein Verbrecher bin, dann nur, weil mein Begriff von Gerechtigkeit vollkommen und der Ihre unvollkommen ist.»[1]

Nemo bestätigt hier den Zusammenhang zwischen der philobatischen Phantasie, der Rückkehr in den Mutterschoß und dem Vollkommenheitsanspruch. Die bürgerliche Sozialisation mit ihrem extremen Anspruch an das Individuum, in Konkurrenz zu allen anderen die eigenen Interessen durchzusetzen und nur den eigenen Idealen zu folgen, verstärkt die regressiven Phantasien von Auflösung und Rückkehr (die FREUD als «Todes-

1 J. VERNE, Die geheimnisvolle Insel, Frankfurt a. M. 1969, S. 222

Zufluchtsort der «Nautilus» ist ein unterirdischer See, ein Hinweis mehr auf die Geburts- und Verschmelzungssymbolik der technischen Heldenromane.

trieb» wiederum biologisiert hat). Nemo steht für die Verschmelzung beider Tendenzen. Er ist weltabgewandt, aber zugleich zukunftsorientiert. Er ist der edelste Mensch, und zugleich zutiefst asozial. Die Mitglieder der Nautilus-Mannschaft sterben, einer nach dem anderen. Nemo nimmt keine neuen Menschen an Bord. Er sucht Zuflucht auf einer Insel, eben jener, die JULES VERNE für seine Robinsonade verwendet.

Der französische Autor zeigt eine für die Heldendarstellungen des 19. Jahrhunderts charakteristische Tendenz, den einzelnen aufzuspalten in eine kleine Gruppe von Spezialisten.[1] Aus einem Gefangenenlager in den Südstaaten entfliehen während

1 Ein anderes Beispiel für diese Tendenz sind «Die drei Musketiere» von ALEXANDER DUMAS. Was Old Shatterhand als einzelner verwirklicht – der Edelste, der Stärkste, der Klügste zu sein – ist hier auf drei Personen verteilt: auf den

«Während er peilte, zitterte nicht ein einziger Muskel in seinem Arm; ein Marmorstandbild hätte nicht ruhiger sein können.»

des amerikanischen Bürgerkriegs drei glühende LINCOLN-Anhänger mit einem Jungen und einem Schwarzen. Es sind der Ingenieur Cyrus Smith, der Journalist Gedeon Spillet und der Seemann Pencroff. Offensichtlich spaltet sich hier das Selbst des

Edelmann Athos, den Riesen Porthos und den raffinierten Aramis. Damit werden auch Schwächen der Helden möglich: Athos trinkt, Porthos ist ein Prahler, Aramis ein Schürzenjäger. Ihnen gegenüber tritt D'Artagnan, ein Vorbild für bürgerliches Karrierebewußtsein und militärische Tugend. Doch ist die narzißtische Ebene von DUMAS' Darstellung nicht so dominant wie bei MAY oder VERNE. Seine Helden sind auch keineswegs asexuell. Nur im Tode der DUMASschen Helden tritt das narzißtische Element sehr deutlich zutage: D'Artagnan wird in dem Augenblick von einer Kanonenkugel getroffen, als er den Marschallstab erhält. Porthos begraben die Steine eines stürzenden Gewölbes. Nur Aramis entrinnt, durch die geheimnisvolle Macht seines Ringes (er ist General des Jesuitenordens) geschützt.

Die Robinsonade von Jules Verne beginnt mit der Produktion von Nitroglyzerin, um den Eingang zu einer Wohnhöhle freizusprengen. Dazu muß ein künstlicher Abfluß in einem See geschaffen werden.

Erzählers in zwei Gestalten auf: in den genialen Erfinder und in den unerschrockenen Journalisten. Der Autor von Zukunftsromanen (und JULES VERNE gilt mit Recht als der Schöpfer dieses Genre) muß beides sein. Der Seemann, der Junge und der Schwarze dienen als Hintergrund. Vor allen anderen idealisiert und als Führer anerkannt wird der Ingenieur, der den Namen des persischen Eroberers Cyrus mit dem gutbürgerlichen Smith verbindet. Jeder ist seines Glückes Schmied, aber manche Schmiede sind eben tüchtiger als andere. «Wie jene Generäle, die ihren Dienst als Rekruten begonnen hatten, so hatte es Cyrus Smith von der Arbeit mit Hammer und Spitzhacke bis zum Ingenieur gebracht.»[1]

1 J. VERNE, Insel, S. 11

Die fünf Yankee-Insulaner treffen den sterbenden Kapitän Nemo in der unterirdischen Grotte, dem letzten Ankerplatz seiner «Nautilus.»

Der Mythos des Selfmademan wird hier als Hintergrund der Robinsonaden deutlich. Jeder, der nur will, kann ein zweiter Cyrus Smith werden.

Cyrus Smith ist der neue Robinson, der nicht mehr zu Gott betet, sondern sich die Erde untertan macht, indem er ihr die Namen der Heroen des amerikanischen «Freiheits»-Kampfes gibt, der mit nichts als dem Hemd am Leib eine Insel betritt und anfängt, Eisen zu schmelzen, Schießbaumwolle zu produzieren und Felsen in die Luft zu sprengen.

«Seine Intelligenz stand seinem praktischen Geschick nicht nach. Er war über alle möglichen Dinge bestens informiert und aufgeklärt und immer bereit, die Initiative zu ergreifen; in jeder Lage behielt er den Kopf oben, denn er besaß jene drei Eigenschaften in ganz hervorragendem Maß, aus denen die Energie eines Menschen besteht: geistige und körperliche Ausdauer, Dyna-

> mik der Triebe und Willenskraft. Der Wahlspruch Wilhelms von Oranien hätte auch auf ihn gepaßt: ‹Ich brauche weder die Hoffnung, um eine Sache anzupacken, noch den Erfolg, um sie zu vollenden.›»[1]

So ist der Robinson des JULES VERNE ungleich tatkräftiger, rationaler, gefühlloser als der des DANIEL DEFOE. Die Technik ersetzt ihm den lieben Gott, doch ganz ohne ein geheimnisvolles, höheres Wesen kommt auch die Lincoln-Insel nicht aus. Immer wieder greift ein Unbekannter, Unsichtbarer ein; er rettet Cyrus Smith vor dem Ertrinken, den Hund vor dem Aufgefressenwerden durch ein mächtiges Seeungetüm, die Insulaner vor einem Angriff von Piraten. Er spendet Waffen und Instrumente, die selbst Cyrus Smith nicht zustande brächte, und er liefert Chinin, als Harbert lebensgefährlich an Fieber erkrankt. Cyrus Smith ist mit seinen Getreuen durchaus selbstgenügsam. Es gibt nie Streit; über die fehlenden Frauen verliert keiner ein Wort. Der große Unbekannte – «fast waren sie enttäuscht, daß da nur ein Mensch aus Fleisch und Blut vor ihnen lag»[2] – entpuppt sich als Kapitän Nemo, der Cyrus seine Lebensgeschichte und sein Vermächtnis anvertraut. Wie alle Helden ist er auch noch im Tod majestätisch und ganz Herr seiner selbst; er weiß, wann er sterben wird, und er will mitsamt der Nautilus auf den Grund der vulkanischen Grotte versenkt werden, die seine letzte Zuflucht war. Mit ihm stirbt auch die Insel; ein Vulkanausbruch verwüstet sie, und die fünf Insulaner werden in letzter Minute gerettet. Nemo hat ihnen einen Koffer mit Diamanten mitgegeben, und Cyrus Smith gründet damit eine New-Lincoln-Siedlung für alle Leute, «die glücklich und besonders reich werden wollten».[3]

Die Insel ist ein Symbol für das bürgerliche Selbst, das in einer zweiten, durch Arbeit und Veränderung der Natur bestimmten Sozialisation aufgebaut und narzißtisch besetzt wird. Robinson wie Cyrus verlassen die Insel innerlich gefestigt, ihrer nunmehrigen Durchsetzung und ihres Weges in der Welt gewiß.

1 a. a. O., S. 11
2 a. a. O., S. 220
3 a. a. O., S. 237

Gegenüberstellung des Robinson und des Cyrus Smith:

Robinson Crusoe	Cyrus Smith & Co.
1659–1686	1865–1868 auf der Insel
Schiffbrüchig	Notgelandet mit Ballon
Einzeln	Gruppe von fünf Männern
Angst vor wilden Tieren	Neugier, Forschungslust
Ein Warenlager wird angelegt und befestigt	Der höchste Berg der Insel wird bestiegen
Gottesfurcht und Reue	Naturwissenschaftliche Belehrungen
Reiche Ausrüstung	Kleider und zwei Taschenuhren
Primitive, handwerkliche Produktionsweise unter größter Abhängigkeit von den aus dem Wrack geborgenen Dingen	Technisch-industrielle Produktionsweise mit Arbeitsteilung und gezieltem Einsatz metallurgischer und chemischer Kenntnisse
Erbauliche Grundstimmung	Euphorische Grundstimmung
Trauer und Angst	Kalte Überlegung und Unerschrockenheit
Gott als Beschützer	Ein geheimnisvoller Unbekannter als Beschützer

Gemeinsame Themen: Geliebte Inselheimat. Kampf gegen Eindringlinge. Es gibt keine Frauen. Die Insulaner werden reich.

Daß man auf diesem Weg auch scheitern kann, daß der Aufbau des Selbst mißlingt und eine Regression zu einem tierischen Zustand eintritt, ist bereits bei JULES VERNE angedeutet. Die Lincoln-Siedler fangen nämlich eine Flaschenpost auf, wonach auf der nahen Insel Tabor ein Schiffbrüchiger ist. Dieser zeigt sich als riesiges, affenähnliches Wesen, das nur noch rohes Fleisch ißt, von struppigen Haaren bedeckt, mit krallenartigen Fingernägeln, verhornten Füßen, ein Wesen, das unverständliche Laute hervorbringt und erst nach langer Mühe aus seinem Dämmerzustand erweckt werden kann. Für VERNE ist es klar, daß dieser Mann nur ein Unglücklicher, ein reuiger Verbrecher sein kann, der sich durch seine Rückkehr zum Buschmannleben selbst bestraft. Aber dieser Optimismus der Technokraten wird bereits eine Generation nach JULES VERNE radikal in Frage gestellt.

Das Gesetz der Dschungel

«‹Komme bald, mein kleiner, nackter Sohn!› sagte Mutter Wolf. ‹Denn höre, du Menschenkind, ich liebte dich mehr als meine eigenen Jungen!›» RUDYARD KIPLING [1]

Robinson landet auf einer Insel, birgt eine Menge Waffen und Geräte, baut mit ihnen einen befestigten Unterschlupf, lebt von der Jagd und liest in der Bibel. Die Insel, Symbol der unberührten, menschenlosen Natur, erweist sich als gute Mutter, doch wird sie durch die Mittel der Zivilisation unterworfen und kontrolliert. Die Siedler vom Robinson-Typ passen sich den Forderungen ihres kulturbestimmten Selbst auf progressive Weise an. Sie entziehen sich zwar den einengende Grenzen, welche das Zusammenleben mit anderen Menschen der Entfaltung des eigenen Narzißmus in der Regel setzt. Doch in ihrem Umgang mit der Natur treten die Züge ihres Bedürfnisses nach Macht und

1 R. KIPLING, Das Dschungelbuch, Hamburg 1950, S. 29

Kontrolle deutlich hervor. Bildhaft ausgedrückt: Robinson sucht zwar eine neue Mutter, die ihm mehr Freiheit läßt als die eigene Mutter, die ihn zu seinem falschen Selbst nötigte und in die Flucht auf das Meer trieb. Doch mit dieser neuen Mutter – der Insel – geht er um, wie er es selbst erlitten hat: kolonisatorisch, voller Angst vor dem Naturzustand, stets bestrebt, überschaubare, eingezäunte Bereiche zu finden und zu erhalten, Ziegen zu zähmen, Papageien zu unterrichten und Kannibalen im protestantischen Glauben zu unterweisen.

Ich möchte in diesem Zusammenhang die Verbindung von Mutter und falschem Selbst des Kindes nicht so unreflektiert lassen, wie es in der psychoanalytischen Literatur oft geschieht. In der patriarchalischen Gesellschaft wird die Aufzucht der Kinder weitgehend an die Frauen abgetreten. Das ist in Primitivkulturen anders, wo – auch wegen der bei Jägern und Sammlern oft sehr kurzen Zeit aktiver Arbeit von nur zwei bis vier Stunden am Tag – beide Eltern viel Zeit mit den Kindern verbringen und diese meist in einer Gruppe von anderen Kindern heranwachsen, die von einer Gruppe Erwachsener beaufsichtigt wird. In der patriarchalischen bürgerlichen Gesellschaft wird den Müttern weitgehend die narzißtische Befriedigung verweigert, die sich aus der Teilnahme am Produktionsprozeß ergibt. Sie entschädigen sich an den Kindern, mit denen sie in einer Weise umgehen, welche mehr den narzißtischen Bedürfnissen der Mütter als denen der Kinder entspricht: das falsche Selbst des Kindes festigt das schwache Selbstgefühl der Mutter. Damit geben die Mütter jedoch nur einen Mangel weiter, welcher der ganzen bürgerlichen Gesellschaft anhaftet. Frauen und Männer sind in ihren Beziehungen zueinander ebensowenig frei, ebensowenig in der Lage, einfühlend und offen miteinander umzugehen und sich nicht gegenseitig narzißtisch zu mißbrauchen. Robinsons Mutter ist eine Frau, die dem Vater gegenüber völlig verschwindet: nachgiebiger als er und eher bereit, dem Sohn etwas zuliebe zu tun, aber völlig unter der Autorität des Vaters, unfähig zu eigenen Entschlüssen. Der Mangel an einer wirklich einfühlenden, auf die Bedürfnisse des Kindes bezogenen Mutter gehört zu den grundlegenden Strukturmerkmalen des bürgerlichen Narzißmus. Er wird nicht nur durch die spezifische Verarmung und Beraubung der bürgerlichen Frau bestimmt, sondern auch durch den allgemein erhöhten Leistungsdruck und den gesteigerten Zwang zur Trieb- und Affektkontrolle in der bürgerlichen Gesellschaft.[1] Dieser Mangel erzeugt eine lebenslange Sehnsucht, die sich in den dunklen Worten GOETHES von Fausts Abstieg zu «den Müttern» ebenso ausdrückt wie in BACHOFENS Konstruktionen über ein Matriarchat.

FREUD hat den sexuellen Aspekt dieser Suche nach der liebenden Mutter in seiner Analyse des Ödipus-Komplexes betont, damit jedoch das Problem bei weitem nicht ausgeschöpft. Meere, ferne Länder, unberührte tropische Inseln, die Phantasielandschaft Mittelerdes und die Wüsten oder Prärien Old Shatterhands drücken die Sehnsucht nach der idealen Mutter ebenso aus – verkleidet als Zuflucht zu den freundlichen Weiten «zwischen den Objekten». Daß diese oft verführerischer sind als die realen Sexualobjekte, ist inzwischen selbst schon den Erfindern von Film- und Fernsehspots zur Zigarettenreklame geläufig.

Wenn ich das Fernsehprogramm verfolge, finde ich die unerschütterliche Anziehungskraft des narzißtischen Helden bestätigt. In langen Serien treten Robinson und Tarzan auf, begleitet von den Drei Musketieren, einer Menge edler Seeräuber, unfehlbarer Cowboys und allwissender Detektive. Der Graf von Monte Christo wird in seinem finsteren Insel-Verließ wiedergeboren zu einem edlen Rächer von makelloser Intelligenz, Sprachbegabung, Schieß- und Fechtkunst, ausgestattet mit unerschöpflichem Reichtum. Und selbst die Höhlenkinder sind mit von der Partie. Diese Höhlenkinder verdienen mehr als nur einen kurzen Hinweis. Sie wiederholen das Robinson-Thema in einem abgeschlossenen Gebirgskessel (in dem ARNO SCHMIDT die schönste Genitallandschaft sähe), dem «heimlichen Grund». Sie fliehen

1 N. ELIAS, Der Prozeß der Zivilisation, Frankfurt 1977

Mowgli und Tarzan haben auch ihre weiblichen Gegenspieler – ich erinnere mich noch gut an die Erregung, mit der ich als Teenager das Schicksal des Dschungelmädchens Liane verfolgte. Hier Rima, ihr amerikanisches Gegenstück.

dorthin, von den Großeltern begleitet, die beide umkommen. So müssen Peter und Eva die gesamte Kulturentwicklung nachvollziehen, von dem steinzeitlichen Höhlensiedlerdasein über das Bronzezeitstadium in einem Pfahlbau bis zur Eisenzeit in einem Steinhaus auf der Sonnleiten, wo sie die Bären ausgerottet haben. Glücklicherweise sind die beiden nur Adoptivgeschwister. Sie dürfen Kinder zusammen haben, so daß sich erst in der zweiten Generation das Inzest-Problem stellt. Es wird dadurch umgangen, daß die Schwester des ältesten Sohnes Hansi durch einen Unfall stirbt und Eva sich fortan ihrem Mann verweigert (was, wie alles Sexuelle, zart zwischen den Zeilen angedeutet wird). Hansi ist die Gestalt, in der die narzißtische Seite des Höhlensiedlerlebens am deutlichsten zum Ausdruck kommt. Eva erzählt ihm beispielsweise Märchen von einem Helden, der «Allkunn» heißt und tatsächlich ein Alleskönner ist. So gelingt es Hansi auch rechtzeitig, eine Frau außerhalb des heimlichen Grundes zu finden und heimzuholen.[1]

Wie fügt sich nun KIPLINGS «Dschungelbuch» und die im Jahr 1893 entstandene Gestalt Mowglis in den Zusammenhang der Robinsonaden? Wie kommt der «bedeutendste dichterische Vertreter des englischen Imperialismus»[2] zu der Gestalt eines schwarzlockigen, braunen Holzfällersohnes, dessen Eltern ihn auf der Flucht vor einem Tiger zurücklassen? Der Kleine gerät ahnungslos zu einer Wolfsfamilie, die ihn adoptiert. Die Welt Robinsons ist geradezu auf den Kopf gestellt. Die Natur ist nicht mehr bedrohlich, sondern die wahre Heimat Mowglis. Gefährlich sind die Menschen und allenfalls noch Schir Khan, der lahme, menschenfressende Tiger. Mowgli wird mit dem Dschungel vertraut und lernt, in ihm zu leben, aber nicht, indem er Waffen und Werkzeuge benützt, Ziegen hinter Zäunen hält und seine Vorräte in Höhlen birgt, sondern indem er jagt, fischt, Honig sucht, so wie es ihn Vater Wolf, Balu und Baghira lehren.

Die Suche nach einer zweiten Geburt, die das falsche Selbst auflöst und eine neue, umfassende Geborgenheit bietet, führt nicht mehr in die zunehmende Naturbeherrschung durch menschliche Intelligenz, sondern in die Idealisierung der natürlichen Intelligenz, der Ritterlichkeit und Würde der wilden Tiere. Wölfe sind doch die besseren Menschen! Mutter Wolf tritt dem Tiger entgegen, vor dem Mowglis Eltern geflohen sind, das Baby im Stich lassend.

> «Bei dem Ochsen, den ich soeben schlug, soll ich hier stehen und mir die Nase wundstoßen am Eingang eurer Hundebehausung, um das zu verlangen, was mir gehört? Schir Khan ist es, der mit dir spricht.»

1 A. TH. SONNLEITNER, Die Höhlenkinder im heimlichen Grund, Bände I–III, Stuttgart 1950
2 Das Dschungelbuch, Vorwort, S. 2

Des Tigers Gebrüll erfüllte die Höhle mit rollendem Donner. Mutter Wolf schüttelte ihre Jungen von sich ab; sie sprang vor, und ihre Augen starrten wie zwei grüne Mondsicheln in der Dunkelheit auf die beiden lohenden Lichter im gewaltigen Kopf Schir Khans.

«Und ich, Raschka, der Dämon, bin's, der jetzt spricht und dir antwortet. Das Menschenjunge gehört mir, du lahmer Langri – und mein wird es bleiben. Es soll nicht getötet werden! Es soll leben, um mit dem Pack zu rennen und zu jagen und zuletzt – sieh dich vor, du großer Jäger kleiner nackter Jungen, du alter Paddenfresser, du Fischfänger – sieh dich vor, denn zuletzt, ganz zuletzt soll es dich hetzen, unser kleines Menschenjunges, ja, und soll dir das Fell über die Katzenohren ziehen. Und nun pack dich fort. Oder ich schwör's bei dem letzten Sambar, den ich schlug (ich vergreif mich nicht am hungrigen Herdenvieh), ich schwörs, du verbranntes Biest, lahmer sollst du zu deiner Mutter zurückkehren, als du zur Welt gekommen bist. Fort mit dir!»

Ganz verblüfft blickte Vater Wolf sie an. Fast vergessen hatte er die Zeit, da er Mutter Wolf sich errang im offenen, ehrlichen Kampf gegen fünf andere Wölfe – damals als sie mit dem Pack lief und nicht umsonst der Dämon genannt wurde.

Schir Khan würde es wohl mit Vater Wolf aufgenommen haben, aber gegen Mutter Wolf anzugehen, das wagte er denn doch nicht ...»[1]

Diese Szene kann unter ödipalen wie unter narzißtischen Gesichtspunkten analysiert werden. Die Mutter gewährt dem Kind Zuflucht in ihrer Höhle und verteidigt es gegen den mörderischen, bösen Vater, während der gute Vater eine eher passive Rolle spielt. Doch wiederholt Mutter Wolf an andrer Stelle die narzißtischen Motive ihres Handelns:

«Wie winzig! Wie nackt und – wie tapfer!» sagte Mutter Wolf sanft. Der Kleine drängt die Wolfsjungen beiseite, um dicht an das warme Fell der Mutter zu gelangen. «Ahai, er sucht seine Nahrung ganz wie die anderen. Das also ist ein Menschenjunges. Sag, hat sich je eine Wölfin rühmen können, ein Menschenjunges unter ihren Kindern zu haben?»

Patriarch Wolf hat bereits vergessen, wie Mutter Wolf war, ehe sie in den Genuß der Ehe mit ihm kam. Der kleine nackte Mowgli («Frosch») soll nun Raschkas Vergangenheit wiederbeleben,

1 Das Dschungelbuch, S. 12

als sie noch voller Hoffnung nach etwas ganz Besonderem strebte, dessen sich keine andere Wölfin rühmen kann. Warum auch soll es den Wölfen in ihrem Familienroman bessergehen als den Menschen? Noch ist Mowgli nicht sicher: Er genießt nur dann den Schutz des Wolfsrudels, wenn er zwei Fürsprecher findet, außer seinen Eltern. Balu, der braune Bär, und Baghira, der Panther, sprechen für ihn. Dieses Aufnahmeritual ist merkwürdig. Es erinnert an Geheimbünde unter Jugendlichen, an Clubs und Standesorganisationen, in denen jeder Neuankömmling zwei Bürgern stellen muß, die nicht mit ihm verwandt sind. Im Wolfsrudel herrschen dieselben Zustände, die FREUD (im Anklang an DARWIN) auch in die menschliche Vergangenheit verlegte: ein alter, starker Wolf regiert solange, bis er schwächer wird, nicht mehr jagen und töten kann. Dann fallen die eigenen Wölfe über ihn her, reißen ihn, ein neuer Wolf wird Führer des Rudels, bis auch an ihn die Reihe kommt, getötet zu werden. Die unerbittliche, nicht durch Geburt und Verwandtschaft (wie in der Feudalzeit) gemilderte Marktkonkurrenz des bürgerlichen Kapitalismus beherrscht die Dschungel.

FREUD prägte den Begriff von der Wiederkehr des Verdrängten und verdeutlichte ihn mit einer Szene aus der Heiligenlegende. Der Asket ruft, von fleischlicher Versuchung in teuflischen Visionen geplagt, die Hilfe des Gekreuzigten an – da verwandelt sich die Gestalt des Heilands in die einer nackten, verführerischen Frau, die ihm mit ausgebreiteten Armen zulächelt. Ähnlich ergeht es dem zur Flucht in die Dschungel Indiens entschlossenen Bürger: er findet im Urwald Gesetz und Ordnung wieder, denen er zu entrinnen dachte.

Die Selbstsicherheit, mit der Robinson den Kannibalen entgegentrat, die Flinte in der einen, die Bibel in der anderen Hand, das Gefühl unerschütterlicher kultureller Überlegenheit im Herzen, hat sich bei KIPLING längst verändert. Für Robinson ist es selbstverständlich, daß Freitag seine – die christliche – Sprache lernt; für KIPLING (der tatsächlich – nicht nur in der Phantasie, wie KARL MAY – Hindustani sprach) muß der Weiße Sprache und Sitten der Beherrschten kennenlernen – um sie zu verstehen? Sie mehr zu bewundern? Ein Teil von ihnen, von ihrer ursprünglichen, farbigen Lebensart zu werden? Oder sie besser zu beherrschen? Vermutlich alles zugleich. Der Mowgli in vielem ähnliche Held des gleichnamigen Buches «Kim» ist jedenfalls Eingeborener und Weißer zugleich – Orientale und Ire, Schüler eines Lama und Agent des kolonialistischen Geheimdienstes. Er, der «kleine Freund aller Welt», lebt im Völkergemisch Indiens wie Mowgli im Dschungel – «er ist unser Bruder in allem, nur nicht im Blute», wie der Leitwolf Akela von Mowgli sagt.[1]

Mowglis Schicksal steht für ein grundlegendes Problem des bürgerlichen Narzißmus: Wie den Zugang zu den eigenen Gefühlen, zur Vielfalt der eigenen Natur wiederfinden – und doch die Kontrolle, den Überblick behalten, die längst unentbehrlich geworden sind? Das «Zurück zur Natur» scheint unerläßlich, um ein verlorenes Glück neu zu gewinnen. Nur ein verkürztes Verständnis wird es als bloßen ideologischen Kunstgriff auffassen, um durch ein vorgebliches Naturrecht die Macht der Feudalherrn und der absolutistischen Könige zu brechen. ROUSSEAU hat, wie viele nach ihm, von der Rückkehr zu den tropischen Paradiesen geträumt, wo nackte braune Frauen den Schiffen entgegenschwimmen und die Matrosen mit Blumen bekränzen. Der vom Konkurrenzkampf mit seinesgleichen ständig in seinem Selbstgefühl verletzte, in seinem Selbst beschädigte Bürger sucht in den fernen Kolonien subjektiv auch die eigene Wiedergeburt – objektiv muß er die Paradiese zerstören, in denen aufzugehen er sich sehnt.

In Mowglis Schicksal tritt diese Situation, freilich märchenhaft geschönt und mit gutem Ausgang versehen, durchaus ans Licht. Er hat in Mutter Wolf eine neue, bessere Mutter gefunden, die ihn mehr liebt als ihre eigenen Söhne; er lebt in seinem Dschungel-Paradies herrlich und in Freuden, bis Schir Khan die jungen Wölfe beschwatzt, ihm das Menschenjunge auszuliefern.

1 Das Dschungelbuch, S. 25

Auch die Dschungelparadiese werden ständig gestört. Mächte der Zivilisation dringen ein; der Held rettet die Guten, bestraft – selbst tödlich bedroht die Bösen und stellt endlich für kurze Zeit den Paradieszustand wieder her. Thun' da wechselt dabei von der narzißtischen Rolle des Fliegers in die des Dschungelhelden.

Dabei spielt ein spezifisch narzißtisches Thema eine wichtige Rolle: kein Tier im Dschungel kann Mowgli in die Augen sehen und seinen Blick ertragen. So wird Mowgli ausgestoßen. Er muß zu den Hütten der Menschen gehen, denen er sich fremd fühlt, deren Sprache er jedoch rasch erlernt. Die Beziehung des Wolfsmenschen zu den Dörflern ist sicher ähnlich wie die des Europäers zu den Indern. Sie spiegelt die Enttäuschung des vom Unbehagen in der Kultur geplagten Bürgers wider, der den Naturmenschen sucht und erkennen muß, daß auch die nackten Wilden nicht weniger kulturgeprägt sind als er, daß ihm jedoch ihre Kultur fremd ist, daß es keine Rückkehr in einen unbeschwerten Naturzustand gibt. So stehen Mowglis Vernunft und innere Freiheit dem Aberglauben und Kastendenken der Eingeborenen gegenüber, dem Selbstmißverständnis der bürgerlichen Vernunft und Wissenschaft als «naturgemäß» getreu. Idealisiert wird die Verfassung des Dschungels – das strenge, jedoch gerechte Dschungelgesetz – und das «freie Volk» der Wölfe(-Bürger). Der narzißtische Held, der sich sosehr nach Geborgenheit sehnt, wird am Ende von den Wölfen ebenso ausgestoßen wie von den Menschen.

Die Anarchie der Affen

> Hier sitzen wir im Gezweig und beraten
> Viel schöne Pläne und große Taten.
> Doch träumen wir nur von Dingen
> Die wir im Ernst doch nie vollbringen.
> Was edel ist und klug und fein,
> Tun wir durch Wünschen ganz allein.
> Schon ist's vergessen. Doch glaube mir
> Bruder, dein Schwanz hängt hinter dir ...
>
> KIPLING, Wanderlied des Affenvolkes [1]

Der Versuch einer Neugeburt in den tropischen Paradiesen muß scheitern, weil Robinson, Mowgli und Old Shatterhand ihr inneres Gefängnis, ihr falsches Selbst, überallhin mitnehmen. So wird auch im Dschungel unterrichtet wie an einer englischen Privatschule.

> «Ja, unendlich viel hatte Mowgli zu lernen, und oftmals ermüdete es ihn, hundertmal den gleichen Spruch zu wiederholen. Das half ihm jedoch nichts, denn, wie Balu eines Tages zu Baghira sagte, als Mowgli nach einer Züchtigung bockig davongerannt war: ‹Menschenjunges ist Menschenjunges, und alle Gesetze der Dschungel muß er lernen.›» [2]

Hart ist die Vorbereitung, um die Bürde des weißen Mannes, die Herrschaft über den Rest der Welt, würdig zu tragen. Da schadet

1 Das Dschungelbuch, S. 61
2 Das Dschungelbuch, S. 32

es nicht, braun und blau geschlagen zu werden. Mowgli lernt «die Gesetze der Dschungel», die Meisterworte, mit denen er alle Raubtiere zu seinen Freunden machen kann, aber er sinnt noch auf Flucht, auf das unbekümmerte Leben des Kindes, das ängstlich und neidisch, zornig und spielerisch sein darf. Und so unvorsichtig, wie ein Bürgerkind zum ersten und vielleicht letzten Mal von seinen Spielen mit den Gassenbuben erzählt, berichtet er von den Bandar-Log, dem Affenvolk, die ihn trösteten, als er von Balu gezüchtigt wurde, die mit ihm spielten und ihm Nüsse gaben.

> «Warum habt ihr mich nie zu dem Affenvolk gebracht? Aufrecht stehen sie auf ihren Füßen wie ich. Sie schlagen nicht mit harten Pranken. Sie spielen den ganzen Tag. Laßt mich auf! Böser alter Balu, laß mich aufstehen! Ich will zu ihnen und mit ihnen spielen![1]

Balu hält ihm daraufhin eine Strafpredigt, in der er den schlechten Charakter der grauen Affen erläutert, die sich ungehemmt von Disziplin und Gesetz ihren narzißtischen Bedürfnissen hingeben. Hier begegnet uns die verleugnete Grandiosität, die ungezügelte narzißtische Bedürftigkeit, und Balu spricht von ihr wie ein Missionar von den Wilden oder wie ein britischer Beamter vom Prunkbedürfnis eines Maharadscha: Viel Blendwerk und nichts dahinter.

> «Ihr Volk hat kein Gesetz; rechtlos sind sie. Nicht einmal eine eigene Sprache haben sie, sondern stehlen sich Wörter von anderen, deren Gespräche sie belauschen. Nein – ihre Art ist nicht unsere Art. Führerlos sind sie und denken nur an den Augenblick. Sie prahlen und schwatzen und machen Geschrei, daß sie bald Großes vollführen würden in der Dschungel; wenn aber Nüsse fallen, dann ist alles vergessen, sie kichern und toben. Wir von der Dschungel haben nichts mit ihnen gemein ... Zahlreich sind sie, diese Affen, böse, schamlos, schmutzig, und ihr einziger Wunsch ist – falls sie überhaupt einen bestimmten Wunsch haben – von den Dschungelvölkern bemerkt zu werden. Aber wir beachten sie nicht, nicht einmal, wenn sie Nüsse und Unrat auf unsere Köpfe herabwerfen.»[2]

1 Das Dschungelbuch, S. 36
2 Das Dschungelbuch, S. 36

Mowgli muß diese Lehre nicht nur hören, sondern auch fühlen: die Bandar-Log entführen ihn zu einer verlassenen Stadt, Baghira und Balu werden von der wütenden Übermacht der Affen arg zerzaust und zerbissen. Endlich kommt Kaa, die Riesenschlange, und befreit sie. Jetzt ist es Mowgli, der Balu und Baghira vor den hypnotischen Kräften Kaas rettet, denen alle Affen wehrlos ausgeliefert sind.

6. Am Hofe des Königs Artus

Mit dem Narzißmus-Konzept verbindet die psychoanalytische Theorie eine Reihe von Erscheinungen. Das ist zunächst der (aus den Phantasien Erwachsener und der Beobachtung von Kindern) erschlossene Zustand des primären Narzißmus. In ihm verfließen die Grenzen zwischen dem Selbst und den Objekten. Mutter und Kind bilden eine ungeschiedene, allmächtige Einheit. So wenigstens mag es das Kind erleben und als Sehnsucht behalten, gerade wenn seine Gefühle schon früh verletzt wurden, sicher in der einfühlenden Liebe der Mutter und der anderen, ihm sorgend zugewandten Erwachsenen zu ruhen. Frühe Versagungen wecken ein verstärktes Bedürfnis, das Verlorene nachzuholen. Oft ist diese narzißtische Fixierung gemeint, wenn wir vom Narzißmus eines Menschen oder gar von einem narzißtischen Menschen sprechen. Sie drückt sich in einem Bemühen aus, durch sehr unterschiedliche Verhaltensweisen und Phantasien die narzißtische Ursituation einer umfassenden Einheit mit der Umwelt zurückzugewinnen. Ein Weg ist das Streben, von allen für den Betroffenen wichtigen Menschen geliebt und bewundert zu werden. Hier wird bereits deutlich, weshalb die narzißtische Fixierung unweigerlich zu Konflikten führen muß. Sie überträgt ein Thema, das in der frühen Kindheit angemessen hätte zu Ende geführt werden können, auf eine Erwachsenensituation, in der dieser Ausgang nicht mehr möglich ist. Wer nach einem Alles-oder-nichts-Prinzip umfassende Liebe im Erwachsenenleben sucht – «Entweder ihr müßt mich alle lieben, oder ich fühle mich leer, tot und abgelehnt» – der endet mit dem Empfinden, daß die Menschen ihm feindlich sind. (Es wird verstärkt durch die Projektion seines Hasses über die unausweichlichen Kränkungen in die Umwelt. Der narzißtisch Fixierte erwartet häufig, daß die anderen Menschen ihm den Haß widerlegen, den er in sie hinausverlegt – «ich weiß ja schon, daß ihr mich nicht mögt, beweist mir erst, daß es nicht der Fall ist!»)

Nun ist die Welt der Erwachsenen nicht regellos und gefühlsbestimmt, sondern von gesellschaftlichen Werten, Normen und Idealen beherrscht. Der einzelne bleibt in seiner Sehnsucht nach narzißtischer Verschmelzung nicht vollständig von seiner Umwelt abhängig, sondern kann ein hohes Maß an Unabhängigkeit erreichen, indem er Bewertungen dieser sozialen Umwelt verinnerlicht und Geborgenheit dadurch zu gewinnen sucht, daß er die kulturell vorgegebenen Ideale erfüllt. Aber auch hier wiederholt sich die Konflikthaftigkeit der narzißtischen Fixierung. Wer an sich den Anspruch einer vollkommenen Ideal-Erfüllung stellt, in der sich der urtümliche Wunsch nach einer grandiosen Einheit mit der (Ideal-)Welt wiederholt, muß in der Erwachsenenwelt scheitern. Das «falsche Selbst» drückt einen früh verinnerlichten Perfektionsanspruch aus, welcher nicht den lebendigen Bedürfnissen des Kindes entspricht, sondern dem narzißtischen Mangel einer für das Kind sehr wichtigen Bezugsperson. Daher gehört es auch zu den kennzeichnenden Eigenschaften von Personen, die unter einem solchen falschen Selbst leiden, daß sie nie zufrieden sein können. Obwohl sie äußerlich oft sehr erfolgreich sind, sehen sie immer nur die Stellen, an denen sie sich als unvollkommen erleben. Sie führen sich jedoch selbst in die Irre, weil sie nicht etwa das falsche Selbst als Ursprung dieser Unzufriedenheit erkennen, sondern ihre mangelhafte Erfüllung, ihr Versagen vor dem Perfektionsideal, welches eben das falsche Selbst ausmacht. Sie versuchen beispielsweise, durch noch mehr Leistung, noch bessere Anpassung endlich eine innere Unzufriedenheit und lauernde Depression zu beseitigen, die gerade auf diesem Weg entstanden ist.

Für den narzißtisch Fixierten wird jeder Mensch, der ihm begegnet, zur Versuchung, die ursprüngliche Symbiose (die er zu früh verloren hat und an die er deshalb gebunden ist) wiederherzustellen. Da zwischen Erwachsenen diese Symbiose nicht mehr möglich ist, wird der gleiche Mensch zum Symbol für zahllose, früher erlittene Versagungen dieses Symbiosewunsches. So ist nur eine zwischen Liebe und Haß schwankende (ambivalente) Beziehung möglich, oder der Betroffene meidet die Menschen ganz und wendet sich den freien Räumen zwischen ihnen zu – dem Meer, der Wüste, der Luft und in den Zukunftsphantasien dem Weltraum.

Wir haben gesehen, wie die bürgerlichen Helden die narzißtischen Grundkonflikte gerade in ihrem Vorgeben, sie zu lösen, wiederholen. In einigen Fällen konnten wir auch genauer verfolgen, aus welchen lebensgeschichtlich bedingten Grundkonflikten spezifische Helden entstanden, und welche Bedürfnisse der Leser sie befriedigten. Die Betrachtung der Robinsonaden hat gezeigt, daß die Phantasie des *drop out*, des Herausfallens aus den überkommenen Ansprüchen an Anpassung und geordneten Lebensweg, zu den grundlegenden Themen der bürgerlichen Phantasie gehört. Doch zeigen die Robinsonaden auch, daß der Held unfreiwillig wiederfindet, wovor er floh.

Wir vermuten, daß es narzißtische Fixierungen und mit ihnen verknüpft narzißtische Konflikte schon immer gegeben hat. Die geschichtliche Analyse der gesellschaftlichen Wandlungen des Narzißmus soll uns zu einem besseren Verständnis dieses Bereiches unserer Erlebnisse, Phantasien und Beziehungen verhelfen. Dabei ist auch zu erwarten, daß die Unsicherheit der Schlußfolgerungen zunimmt, je weiter wir uns aus der Gegenwart entfernen. Die Analogie zu den Beobachtungen aus der psychoanalytischen Arbeit, die für die Analyse literarischer Texte fruchtbar gemacht werden kann, trägt nicht über die Jahrhunderte zurück. Dennoch soll im folgenden versucht werden, die narzißtische Dimension von Gestalten der höfischen Epik zu erfassen, die sicherlich unentbehrlich sind in einem Helden-Katalog: König Artus, Gawan, Erec, Iwein, Parzival, Lanzelot – Ritter ohne Furcht und Tadel.

Selbstbestätigung im Kampf

Bürgerliche Helden werden nur dann aggressiv, wenn es gilt, einen Angriff auf ihr Leben oder Hab und Gut abzuwehren. Der Kampf ist Mittel zum Zweck, nicht Selbstzweck. Bei den Rittern der höfischen Dichtung ist das anders. Die kämpfen, wie ein Maler malt oder ein Poet dichtet, oft scheinbar zweckfrei, im Sinne des L'art pour l'art. (So grundlose Aggression ist in der bürgerlichen Dichtung eine Eigenart der Bösewichte.)

> Gamuret vernahm die Kunde, als er sich der Stadt der Königin näherte. Er sah das fröhliche Getümmel, sah die Knappen die Pferde striegeln und Schwerter blank fegen, sah sie die Speere glätten und die Helmzier herrichten. Da lachte sein Herz vor Freude. ‹Hierher hat mich das Glück geführt! Hier gibt es Kampf und Feste! Mein gutes Pferd, morgen werden wir beide zeigen, was wir können! Nichts Schöneres gibt's, als unter den Augen edler Frauen mit tüchtigen Rittern zu kämpfen!›[1]
>
> «Der Fremde sah Parzival kommen – und machte sich zum Zweikampf bereit, auch Parzival verspürte heftige Lust, seine Kräfte mit dem Prächtigen zu messen. Beim ersten Anprall zersplitterten die Speere, und der Fremde geriet in Zorn: Noch nie war er auf einen Gegner gestoßen, der nicht beim ersten Stoß aus dem Sattel gestürzt wäre! Sie griffen zu den Schwertern und tummelten die Rosse, bis die armen Tiere, ermüdet von der schnellen Bewegung und dem schweren Gewicht ihrer gepanzerten Reiter, sich nicht mehr vom Platz rühren wollten. Nun sprangen die Ritter auf die Erde und setzten den Kampf fort. Die Schwerter schwangen sie hoch in die Luft, um bald mit der einen, bald mit der anderen Schneide zu schlagen, es blitze und dröhnte über die Lichtung, Feuerfunken sprühten von den Edelsteinen auf den Schilden.»[2]

Diese Szenen sind typisch. Die Dauer des Kampfes ist ein sicherer Gradmesser für den Wert des Ritters. Ebenbürtige Gegner, wie hier Parzival und sein Halbbruder Feirefiß, kämpfen ganze Tage lang. Erst wenn sie vollständig erschöpft sind, geben sie sich zu erkennen, ein Gespräch fängt an, Brüder oder Freunde freuen sich über das Wiedersehen, falls nicht aus Versehen der

1 U. Leippe, Artussagen, Stuttgart o. J., S. 37
2 a. a. O., S. 97

eine den anderen erschlagen hat. Gawan wird durch diese blinde Kampfbereitschaft beinahe von seinem besten Freund Parzival getötet. Dafür kämpft Parzival einen Tag später, wieder unerkannt, mit Gramoflanz und prügelt ihn weich für eine friedliche Lösung (Gramoflanz hat eine Fehde mit Gawan, will aber dessen Schwester heiraten). Es ist ruhmreich, viel zu kämpfen; wer einen Kampf verweigert, gilt als ehrlos. Gamuret zerstößt an einem einzigen Turniertag hundert Lanzen; der Ritter Mabonagrain, den Erec endlich besiegt, hat bereit achtzig Ritter im Kampf getötet, ihnen den Kopf abgeschlagen und damit die Pfähle um seinen Zaubergarten geschmückt. Solche Taten gelten keineswegs als schrecklich. In seiner Liebe zu Reihungen wird im Erec-Epos ausführlich berichtet, wie die achtzig Witwen, deren Gatten Mabonagrain erschlug, in schwarzen Kleidern an den Hof von König Artus ziehen.

Ein Gegengewicht zu dem ständigen Streben der ritterlichen Männer, sich in blindem Streit und unerschöpflicher Kampflust zu bestätigen, schaffen die Frauen. Sie spielen in den Rittersagen um König Artus eine wichtige Rolle, und ihre Beziehungen zu den Männern sind von den durchweg männlichen Autoren – Chrestien de Troyes, Hartmann von Aue, Wolfram von Eschenbach – merkwürdig gespalten dargestellt. Einerseits bevorzugen es die Männer, vor den Frauen (beim Turnier) und für die Frauen (beim Gottesgericht, bei den zahlreichen Befreiungen gefangener Frauen) zu kämpfen. Andererseits sind die Frauen oft sehr unzufrieden mit der ständigen Kampfeswut der Ritter, können freilich – schutzlos, wie sie sind – auch wieder nicht auf sie verzichten. So scheint es ihr Streben, einerseits einen besonders tapferen Ritter zu gewinnen, andrerseits diesen aber daran zu hindern, sich in der üblichen männlich-narzißtischen Weise zu verschleißen. Gamuret stiehlt sich heimlich von seiner ersten, dunkelhäutigen Frau davon, um wieder das freie Ritterleben zu führen: den Helmbusch ins Turnier zu tragen, ist höhere Befriedigung als das Bett einer schönen Frau zu teilen. Besonders deutlich wird diese Situation in der Erec-Geschichte. Erec ist der

Sohn des Königs Lac. Er wird am Artushof aufgezogen und besiegt in seinem ersten Zweikampf den Ritter Yders. Dadurch erringt er die Liebe der schönen Enide.

Enide fürchtet um ihren jungen Gatten – «Erec wird in die Welt ziehen und nach Abenteuern suchen, und wie leicht kann er dabei sein Leben verlieren!» – und sucht, ihn an sein Zuhause zu fesseln. Doch dadurch droht Erec die Achtung seiner Ritter zu verlieren. Wenn sie kommen, und ihm von einem Turnier erzählen, gibt er ihnen zwar Rüstung und Geld, aber er selbst will nicht mitziehen, er hat Besseres zu tun: mit Enide einen neuen Reigentanz erlernen oder ihr etwas vorsingen. So blind ist Erec, daß Enide ihn endlich aus seiner Verliebtheit aufweckt und sein «Verliegen», den Verlust seiner Ritterehre beklagt. Nun zieht Erec beleidigt mit ihr auf Abenteuer aus. Er bestraft sie hart, indem er sie wie einen Knecht behandelt und ihr verbietet, ihn anzureden. Gleich schlägt er drei Räuber in die Flucht – doch Enide hat ihn, wider sein Gebot, durch einen Zuruf vor ihrem Angriff gewarnt. Auch vor fünf Räubern, die sie auf ihrem einsamen Ritt wenig später überfallen, warnt sie ihn. Wieder siegt Erec, und nun schilt er Enide erst recht. Daß eine so schöne Frau so schlecht behandelt wird, ruft andere Männer auf den Plan, die Enide gewinnen wollen. Doch sie bleibt Erec treu und will lieber sterben als ihn verlassen.

Erec muß alles nachholen, was er versäumt hat. Er ist rastlos, schlägt sich mit Riesen und mit Verehrern Enides, gelangt zu dem Zaubergarten des bisher unbezwungenen Mabonagrain und besiegt auch diesen. Erst damit ist sein Abenteuerhunger gestillt; er beschließt sein Leben als weiser, beliebter Herrscher, freigebig, klug und kämpferisch.

Enide steht für die Doppelrolle der höfischen Frau. Einerseits möchte sie das Leben des Geliebten erhalten, andrerseits ihn vor dem Ehrverlust bewahren, der einem Weiberhelden droht. Herzeleide, die Mutter Parzivals, ist eindeutiger in ihrer Abneigung gegen das Rittertum. Sie will ihn um jeden Preis davor bewahren, zieht sich mit ihm in die Waldeinsamkeit zurück und verbietet streng, ihm jemals etwas von Rittern zu erzählen. Als er doch einigen Rittern begegnet (und sie für Gott hält und anbetet), rüstet sie ihn mit einem Narrenkleid aus und hofft, Spott und Mißerfolg würden ihn zurücktreiben. Es gehört zur inneren Logik der Heldensagen, daß aus dieser namenlosen Narrengestalt der größte Ritter der Christenheit, der Auserwählte des Grals werden muß. Nacheinander gewinnt Parzival alles: seinen Namen, eine Rüstung, Ehre in vielen Kämpfen, ein Königreich, eine schöne Frau, das Gralskönigtum. Doch muß er auch viele Jahre für seine Torheit büßen. Der Zusammenhang zwischen seiner Kindheit, in der ihn seine Mutter von allen anderen Menschen fernhielt und zu einem «reinen Toren» erzog, und der Überbewertung der höfischen Sitte bis zu einer starren Regel, die ihn trotz allen Mitleidens hindert, an Amfortas die erlösende Frage zu stellen, belegt das psychologische Wissen der Schöpfer dieses Epos.[1] Da Parzival mit seiner naiven Art, stets die Worte seiner Mutter zu wiederholen und sich spontan zu nehmen, wonach es ihn gelüstet, vielfach aneckt, bittet er seinen Gastgeber Gurnemanz, ihn zu unterweisen. Dieser lehrt ihn höfische Sitte und nennt auch das Gebot, nicht durch Fragen lästig zu fallen, sondern zu beobachten und ohne viel Worte zu helfen. Parzival nimmt diese Lehre mit dem Übereifer des Neubekehrten auf. Die neuen Regeln des höfischen Rittertums wendet er ebenso uneinfühlsam an, wie seine Mutter mit ihm umgegangen ist. Er bestätigt die aus Psychoanalysen gewonnene Beobachtung, daß Vorschriften und Ideale dort am unerbittlichsten wirksam sind, wo sie nicht durch reale Vorbilder vermittelt werden.

Die Helden des höfischen Epos zeigen, daß es nicht möglich ist, gleichzeitig ein ruhmreicher Ritter und ein glücklicher Liebhaber zu sein. Die feindselige Gegenüberstellung der sexuellen und der narzißtischen Motive findet sich immer wieder. So ist

1 Es ist hier nicht möglich und auch nicht nötig, auf die literarischen Quellen einzugehen: auf Chrestien de Troyes und Wolfram von Eschenbach, der das Gralsthema wesentlich vertiefte. Chrestien schrieb sein Perceval-Epos zwischen 1180 und 1190; Wolfram seinen Parzival um 1210

Lanzelot der stärkste und mutigste Ritter am Artushof. Unterstützt durch die magischen Waffen, die ihm seine Ziehmutter, die Fee Niniane gibt, besiegt er allein zwanzig gepanzerte Ritter und befreit die Schreckensburg, überquert die Schwertbrücke und gewinnt so Klingsors Festung. Doch dann trübt die verbotene Liebe zwischen ihm und der Frau des Königs, Ginevra, sein Schicksal. Sein siegessicheres Auftreten ist verschwunden. Er hat seine Reinheit verloren und wird den Gral nicht finden. Uneinigkeit kehrt in die Tafelrunde ein, es kommt zum Bruderkampf zwischen Gawan und Lanzelot, in dem Gawan eine tödliche Wunde empfängt. Aber auch an Artus selbst rächt sich eine frühere sexuelle Verfehlung. Er hat sein Reich dem unehelichen Sohn Mordred anvertraut, als er auszog, um den Ehebrecher Lanzelot zu strafen. Nun rebelliert Mordred, begehrt Ginevras Hand, und Artus wird im Kampf mit dem eigenen Sohn tödlich verwundet, ehe er seinen Gegner erschlägt.

Aber auch der Ritter, welcher in der kriegerischen Männergesellschaft Frau und Häuslichkeit ganz vernachlässigt, muß büßen. Das Beispiel dafür ist Iwein, der Löwenritter. Er bittet gleich nach der Hochzeit seine Frau Laudine um ein Jahr Urlaub. Sie sagt es ihm zu, doch Iwein vergißt einfach, daß seine Frau wartet (wie in den Frühzeiten von Mittelerde die Ents), reitet von Turnier zu Turnier, ißt, trinkt und hört den Spielleuten zu. Als ihn endlich Laudines Botschaft erreicht, daß sie ihn wegen seiner Treulosigkeit nicht mehr sehen will, schlägt Iweins Stimmung in tiefe Verzweiflung um. Er wird wahnsinnig, reißt sich die Kleider vom Leib, lebt in einem Wald, redet wirres Zeug und ißt das Fleisch der Beute roh. Endlich heilt ihn eine Gräfin mit der wundertätigen Salbe, die sie – wie viele Frauen der Artussagen – in ihrer Burg verwahrt. Nach langen Mühen, Kämpfen mit Drachen, Riesen und Rittern, gelingt es Iwein endlich (durch die List einer Dienerin Laudines), seine Frau zu versöhnen.

Auch Parzival kann nur kurze Zeit bei der schönen Kondwiramur bleiben, deren Stadt er vor ihren Feinden gerettet hat. Dann will er seine Mutter aufsuchen (die jedoch durch den Schmerz der Trennung von ihrem Sohn bereits viel früher gestorben ist). Auf dem Weg dorthin gerät er nach Munsalvaesche, der Gralsburg, und beginnt nach dem Scheitern seines ersten Aufenthalts die lange vergebliche Suche nach dem Gral. Er bleibt Kondwiramur treu, sein Herz ist immer bei ihr, so daß er sogar den Verführungskünsten der schönen Orgeluse widersteht, die alle anderen Ritter in den Kampf gegen den Mörder ihres Gatten hetzt.

Der narzißtische Idealzustand des Ritters

Zwei paradiesische Zustände gibt es im Leben des höfischen Helden: einen Platz an der Tafelrunde des Königs Artus und die Mitgliedschaft in der Gralsrunde. Da die Tafelrunde in einer zwar legendären, aber doch diesseitigen und geschichtlichen Wirklichkeit angesiedelt ist, scheint ihre religiöse Übersteigerung und Erhöhung zur Gralsritterschaft eine folgerichtige Weiterentwicklung.

Artus gründet die Tafelrunde anläßlich der Hochzeit seiner Schwester mit König Lot von Norwegen. Es ist die höchste Ehre für alle ritterlichen Männer seiner Zeit, ihr anzugehören, und keines ihrer Mitglieder darf sich über ein anderes erheben. Herzöge und Prinzen sitzen neben einfachen, fahrenden Rittern. Sie müssen schwören, zu jeder Zeit den Bedrängten zu helfen, auch mit Gefahr für das eigene Leben. Die ethischen Vorschriften, welche die Ritter der Tafelrunde zu befolgen hatten, weisen auf das übliche, ungezügelte Verhalten der Krieger des Mittelalters hin. Artusritter durften *nicht* über reife Kornfelder reiten, *nicht* den Bauern das Vieh und die Mädchen wegnehmen, wenn sie die Laune ankam. Der besiegte Ritter sollte geschont werden, wenn er um Gnade bat, doch gehörte sein Besitz – Waffen, Rüstung, Pferde – in jedem Fall dem Sieger.

Der Gral ist, im Gegensatz zu dem gerechten und ritterlichen, doch fehlbaren König Artus ein Symbol für die Gnade Gottes: die Schale, in der Joseph von Arimathia das Blut Christi sammelte. An jedem Karfreitag erscheint eine Taube und gibt dem Gral neue Kräfte. Er verleiht denen, die ihn ansehen, ewige Jugend und Schönheit, und er beschenkt sie mit allen Speisen und Getränken, die sie sich wünschen. Die Gralsritter sind zu jeder Mahlzeit Gäste des Grals.

Es ist kein Zufall, daß Tafelrunde und Gralsrunde mit Essen und Trinken beschäftigt sind. In einer Epoche, in der Hungersnöte wegen der ungünstigen Verkehrsverhältnisse auch für die Begüterten eine reale Drohung waren und jeder Edelmann, der nicht Land mit Hörigen besaß, von den Gaben seiner begüterten Verwandten oder der Freigebigkeit seiner Dienstherrn abhing, war eine reich bestellte, unerschöpfliche Tafelrunde keine Selbstverständlichkeit, sondern ein Paradies. Und besonders die Sänger, die Troubadoure, die aus den Kreisen des armen Adels stammten und oft in jahrelangem Werben versuchten, ein kleines Lehen zu ergattern, wußten buchstäblich ein Lied zu singen von der bitteren Notwendigkeit, freigebige Herren zu finden und sich im Kampf ein Stück Land zu erstreiten.

Das zwölfte Jahrhundert, gegen dessen Ende die ersten epischen Darstellungen der Artusrunde entstehen, ist von tiefgreifenden sozialen Umwälzungen bestimmt. Die erstarkte Zentralmacht des Königs findet in den mächtigen Baronen, den Vasallen, die auf eigene Gerichtsbarkeit und weitgehende Autonomie nicht verzichten wollen, ihren natürlichen Gegner – und in den Bürgern der Städte, die an innerer Ordnung und einem Schutz der Verkehrswege vor der Willkür lokaler Herren interessiert sind, ihre natürlichen Verbündeten. Die Tafelrunde des Artus ist ein Bild des von den Vasallen des Königs gewünschten Zustandes – eine ideale, feudale Ordnung mit einem freigebigen, allein dem Rittertum verpflichteten Herrscher. Sie fügt sich in ihrem politischen Gehalt zu einem anderen, zeitgenössischen Epenstoff: der Alexander-Sage, in der ein freigebiger, seine Ritter mit reichen Ländern belohnender Alexander den Perserkönig Darius besiegt, den seine Ritter im Stich lassen, weil er sich mit Ratgebern aus den niedrigen Ständen umgibt.[1]

Mahnungen, die erfundene Ritter an erfundene Herrscher richten, meinen durchaus die gesellschaftliche Realität im Frankreich des 12. und 13. Jahrhunderts. Von dem französischen König PHILIPP II. AUGUSTUS, der um diese Zeit regierte (1180–1223), sagt die Chronik von Tours: «Die übelwollenden Barone des Reichs unterdrückte er und förderte ihre Zwietracht, tötete aber keinen im Kerker, zog kleine Leute in seinen Rat, trug niemandem etwas nach, demütigte die Hochmütigen, verteidigte die Kirchen und unterstützte die Armen.»[2] Eine neue Schicht der Legisten (Gesetzeskundigen) entsteht, die das wiederauflebende römische Recht benützen, um die monarchische Zentralgewalt als Diener des Königs zu festigen. Ihre Ziele bestanden darin, das Recht der Erhebung in den Adelsstand auf den König zu beschränken (der damit seine treuen Diener zu belohnen pflegte) und den Bürgern der Communen zu ermöglichen, «Königsbürger» zu werden, die jeder feudalen Gerichtsbarkeit trotzten.
Die Rittersage schafft hier die Vision eines idealen Verhältnisses zwischen dem Souverän und seinen Vasallen, wobei der König Artus kein Monarch ist, sondern einzig und allein der Garant einer heilen Adelswelt, der darauf achtet, daß alle Regeln höfischen Rittertums eingehalten werden. Grundlage dieses Verhältnisses ist die *Largesce*, die Freigebigkeit, welche später mit der christlichen Tugend der *Caritas* gepaart wird. Die Epen werden nicht müde, Artus' Großzügigkeit zu schildern. Er verteilt Waffen, Pferde, Kleider, veranstaltet Turniere und Festmähler. Die französischen Könige wußten wohl, weshalb sie sich bürgerliche Finanziers an den Hof zogen (und folgerichtig wird der Mangel

1 Besonders drastisch in der Alexander-Version des ALEXANDRE DE PARIS. Hier töten die Diener nach der Niederlage den Darius, um sich bei Alexander einzuschmeicheln. Vgl. E. KÖHLER, Ideal und Wirklichkeit in der höfischen Epik, Tübingen 1970, S. 13

2 Zit. n. E. KÖHLER, a. a. O.,S. 15. Vgl. a. P. E. SCHRAMM, Der König von Frankreich, Weimar 1939

an *Largesce* bei den Kapetingern für manche Troubadoure zum Symbol für den Niedergang der Welt[1]). Die Idealisierung von Freigebigkeit als sittlichem Wert darf nicht verbergen, wie stark die realen ökonomischen Forderungen danach waren.

Die feudale Welt ist durch die Landnahme entstanden, bei der ein Herr seinem Dienstmann Land überließ: das Lehen, erst als Ehre (*honor*) zur Besiegelung des Bündnisses übertragen, später erblich gemacht und vertraglich gesichert. Dennoch blieb der Geschenkcharakter des Lehens erhalten. Er mußte gerade dann betont werden, wenn eine ständig wachsende Zahl von Ritterbürtigen Unterhaltsansprüche stellte. Der *honor*, die Ehre des Ritters, war ursprünglich etwas ganz Materielles: ein Stück Land. Später wurde sie zu einem moralischen Wert, hinter dem die materielle Belohnung als bleibende Verpflichtung für den Lehnsherrn verborgen, aber darum nicht weniger wirksam blieb. «Der Trobador Bertran de Born, ein kleiner und ständig von Geldnöten geplagter ‹vavassor› steht nicht an, mit seinen Sirventesen zum Krieg zu hetzen und offen einzugestehen, er tue dies, weil der Krieg die Herren zu größerer Freigebigkeit zwinge.»[2]

Im Kampf wurden viele Ritter gebraucht, die in Friedenszeiten lästige Ansprüche an die *largesce* des Feudalherren stellten. Diese Situation ist die materielle Basis für das völlig von Kampf und Krieg bestimmte Selbstbild des ritterlichen Helden. Chrestien de Troyes Gönner war der ehrgeizige Philipp von Flandern, einer der aufsässigen Großvasallen des Königs Philipp II. Augustus. In den Artus-Dichtungen wird das Streben der gegen den König opponierenden Feudalhöfe gerechtfertigt, eine eigene, ihren Belangen entsprechende Welt gegen das antifeudale Bündnis zwischen König und Bürgertum zu schaffen. «Bürger» dieser Welt – denn tatsächlich wird das bürgerliche Gleichheitsideal in die Artusrunde transponiert – ist der auserlesene Ritter. Als Erster dieser Gemeinschaft ist Artus ein Vorbild an Gerech-

1 So für Rutebeuf, vgl. Köhler, a. a. O., S. 22
2 E. Köhler, a. a. O., S. 24

tigkeit und Freigebigkeit, zugleich aber ein Schwächling, der von Beleidigungen oder plötzlich einfallenden Feinden nur durch die Schar der Tafelritter gerettet werden kann. Dieser König, der Wunschkönig der Feudalherren, sucht einzig und allein durch seine kluge Wahrung der ritterlichen Tradition und durch seine selbstverständliche Unterhaltsleistung die besten Kämpfer an seinen Hof zu fesseln. So schafft er ein Zentrum, in dem ein vollkommenes Menschentum verwirklicht werden kann und die real höchst schwierige Versorgung wachsender Zahlen von Rittern mit begrenzten Ländereien aufgelöst wird zu dem Geschenk, zur Ehre (beides ursprünglich Worte für zur Nutznießung überlassenes Land), auf Abenteuersuche (*aventure*) auszuziehen und Ruhm zu erwerben. Der Artushof, sagt KÖHLER, «ist ein phantasievoll konzipiertes, mit allem Glanz verfeinerten Daseins und heroischer Aufgaben ausgestattetes, aber bei näherem Zusehen sich immer mehr enthüllendes umfassendes ritterliches Versorgungsinstitut, dessen Rechtfertigung darin besteht, daß es die Gipfelmöglichkeiten der ständisch verstandenen menschlichen Perfektibilität in ungeahnte Höhen treibt und zu realisieren scheint. Die Wirklichkeit des geschaffenen Ideals hat denn auch die geschichtliche Konstellation, der es entstammt, weit überdauert.»[1]

Abenteuer

> «Das Abenteuer ist die Suche nach einem verlorenen Glück.»
> R. LOCATELLI (über CHRESTIEN)[2]

Odysseus, den weit umhergetriebenen Helden der Antike, treffen seine Abenteuer wie Schicksalsschläge, wie unausweichliches Leid, verhängt durch den Ärger eines Gottes. Herakles, der

1 KÖHLER, a. a. O., S. 35f

2 R. LOCATELLI, L'avventura nei romanzi di Chrestien de Troyes e nei suoi imitatori, in: Acme IV, 3–22, 1951

Ritter Lancelot bezwingt die Schwertbrücke und rettet eine verzauberte Burg.

Halbgott, zieht auch nicht freiwillig auf Abenteuer aus: immer sind es umrissene Pflichten, «Arbeiten», die er zur Buße oder um ein Gelübde zu erfüllen erledigen muß. Der Ritter, welcher begierig den Geschichten an der Tafelrunde lauscht und sich am frühen Morgen, ehe die anderen aufstehen, davonstiehlt, um sich nur ja kein Abenteuer entgehen zu lassen, ist eine neue Gestalt, der Held einer neuen Zeit, vielleicht – wie sich die mittelalterliche Gelehrsamkeit selbstbewußt im Vergleich zur Antike verstand – der Zwerg auf der Schulter des Riesen. Er blickt weiter als dieser, solange er seinen Platz behält. Der sozialgeschichtliche Hintergrund dieser Abenteuersuche ist der Zwang, aus dem Kriegsberuf eine Tugend zu machen, die Kampfbereitschaft gewissermaßen zu moralisieren, auch wenn sie real durch die

Befestigung der Fürstentümer weniger wichtig geworden war. Die Waffentat wurde aus ihrer kriegerischen Aufgabe herausgelöst und mit dem Abenteuer verknüpft. Um diese Zeit macht das Wort *aventure* einen Bedeutungswandel durch, der den ursprünglichen Sinn von *Schicksal* oder *Zufall* ergänzt um den Aspekt des Abenteuers. Der von Turnier zu Turnier, von Fehde zu Fehde ziehende mittellose Ritter wird zum Ideal des Standes, zum Symbol für eine von Tat zu Tat stattfindende Läuterung (bei Erec etwa eine zunehmende Klärung seiner Beziehung zu Enide und eine harmonische Verbindung zwischen ritterlichem und häuslichem Leben). Was für die meisten Zuhörer – die ritterlichen Krieger an den Feudalhöfen – bitterer Zwang war, stellen die Epen als freiwillige, ruhmreiche Leistung hin. Der Ausritt aufs Geratewohl, ins Ungewisse, hat jeden Schrecken verloren, obwohl es immer lebensgefährliche Abenteuer sind, die auf den Helden warten.

Offen bleibt zunächst noch die Frage, weshalb diese Verwandlung der *aventure* aus einer Not in eine Tugend, die sich aus der Spannung zwischen Lebensweise und Geltungsanspruch bei den landlosen Rittern erklärt, von dem feudalen Hochadel gebilligt wurde (die Auftraggeber der Dichter waren ja fast immer mächtige Barone). Köhler sieht hier als Ursache das Interesse an der Einheit des Ritterstandes, an seiner Universalität und Freiheit, um ein Gegengewicht gegen die wachsende Macht der nationalen Monarchie und des mit ihr zusammenarbeitenden Bürgertums zu schaffen. Eine wesentliche Seite der Funktion des narzißtischen Helden wird hier faßbar: Sein Bild nimmt seelische Energie auf und leitet sie in eine Richtung, wo keine Veränderungen der gesellschaftlichen Realität zu erwarten sind. Der fahrende Ritter scheint aus freiem Entschluß auf das ruhige, sichere Leben des Landbesitzers zu verzichten. Er würde beträchtliche soziale Sprengkraft entfalten, wenn er es nicht täte. Der Ritterheld, der die Tafelrunde oder den Gral sucht, kann den realen Baronen nicht mehr gefährlich werden. Die höfischen Epen sind durchaus auch als Betäubungsmittel für ein adeliges

Der Held fordert das Abenteuer heraus: Der Artusritter schöpft Wasser in ein Becken; Roger Drum, ein abgestürzter Flieger, der sich zum Naturhelden zurückverwandelt, fordert den Gott des Bösen heraus (bitte umblättern).

Proletariat zu sehen. Der Held zieht von Abenteuer zu Abenteuer durch eine Welt, die von der idealen Ordnung überall abweicht. Diese Abweichungen werden dämonisiert – verzauberte Burgen, Drachen und Riesen, von mörderischen Gelöbnissen bestimmte Ritter sind es, die es zu besiegen gilt, nicht die reale gesellschaftliche Veränderung, welche die höfische Ordnung gefährdet. Der wirkliche Feind, nämlich die bürgerliche Arbeitswelt, erscheint nur in verkleideter Form.

Am deutlichsten ist das im «Iwein». Der fahrende Ritter Kalogreant ist gerade zurückgekommen und erzählt von seinen

Abenteuern, darunter auch einem unrühmlichen (das Iwein dann ruhmreicher besteht). Er kam auf eine große Ebene, wo ein *vilain* [1], ein häßlicher Mann mit riesigem Kopf, borstigem Haar und Eberzähnen, viele Tiere hütete, die miteinander kämpften. Kalogreant sah, daß er – obwohl bucklig – erheblich größer war als er selbst, er fürchtete sich und brachte endlich die Frage heraus: «Bist du ein Mensch?» Der andere lachte und sagte: «Das siehst du doch und hörst du auch ... Aber was willst du hier?»

1 Dieses Wort ließe sich als «Untermensch» übersetzen, als Ork.

Der Ritter antwortete, er sei auf der Suche nach Abenteuern ausgeritten. Da fragte der *vilain*: «Was ist das, Abenteuer?»

«Ich suche andere Ritter, die gewappnet sind wie ich. Mit ihnen will ich kämpfen, damit ich Ruhm und Ehre erwerbe. Weißt du, wo ich hier eine Tat vollbringen kann, die meinen ganzen Mut erfordert?»

Der *vilain* antwortet: «Ach so, Abenteuer heißt also, daß du dir Ärger und Mühe verschaffst. Das finde ich sehr sonderbar. Aber es geht mich nichts an. Wenn es dir Spaß macht, dein Leben aufs Spiel zu setzen, weiß ich eine Gelegenheit für dich ...»[1]

Das Abenteuer, zu dem Kalogreant geschickt wird, ist so merkwürdig, daß der Spott des *vilain* berechtigt scheint. Der Ritter soll aus einem Quell mit einem bereitliegenden goldenen Becken Wasser auf eine smaragdene Tafel schöpfen. Darauf entsteht ein Unwetter, das den schönen Park zerstört und viele Tiere tötet. Dann kommt ein anderer, großer Ritter, der Kalogreant vom Pferd sticht (aber später Iwein erliegt). Wozu der ganze Aufwand? Weshalb richtet dieser Ritter (wie andere auch) eine Art Falle ein, eine Herausforderung zum Kampf? Nur die scheinbar zweckfreie Idealisierung des Kämpfens kann solche Bilder begreiflich machen. Die Gründe müssen mehr und mehr in einer magischen Traumwelt angesiedelt sein. Fast immer sind es Gärten oder reiche Burgen, die durch diese magischen Herausforderungen geschützt werden – Laurins Rosengarten, Klingsors Schloß mit der Schwertbrücke oder mit dem verzauberten Bett, der Zaubergarten Mabonagrains. Die Güter, welche der fahrende Ritter erstreiten kann, sind nicht von dieser Welt. Nur einmal, im «Iwein», findet sich eine Situation, die deutlicher macht, wer hinter den Riesen steckt. Iwein, der Löwenritter (denn das Raubtier, das er vor einem Drachen rettete, beglei-

1 U. Leippe, Artussagen, S. 215. Köhler sagt zu dieser Szene: «Was dem Ritter den Sinn des Daseins bedeutet, das Hinausgreifen über das bloße Müssen in der aventure ... bleibt unverständlich für den *vilain*, für den geführtes Leben und Lebensanspruch in keinem Spannungsverhältnis stehen.» Köhler, a. a. O., S. 70

Das Ungeheuer ist erschienen, wird von Roger Drum besiegt, den die Primitiven fortan als Thun' da, König des Dschungels, verehren.

Der Löwenritter und der dämonisierte Bürger

tet ihn wie ein treuer Hund überallhin), gerät in eine Burg, deren adeliger Besitzer völlig unter der Macht zweier Riesen lebt. Diese haben eine Art Manufaktur eingerichtet:

«Im Burghof erhob sich ein düsteres Gebäude, aus dessen Fenstern mattes Kerzenlicht schimmerte. Iwein blickte hinein und sah viele Frauen – es waren dreihundert – an der Arbeit. Sie alle waren damit beschäftigt, kostbare Stoffe herzustellen; einige von ihnen webten, andere stickten mit Goldfäden, wieder andere spannen, und einige mußten die harte Arbeit des Flachsbrechens und -hechelns verrichten, wobei sie sich die Finger wundstachen und -rieben. Iwein erkannte, daß es allesamt feine und edle Mädchen und gewiß nicht zu grober Arbeit geschaffen waren. Als sie den fremden Ritter sahen, erröteten sie und schienen sich sehr zu schämen. Man sah ihnen an, daß sie nie ins Freie kamen, mager und elend war eine wie die andere, und alle waren in das gleiche staubfarbene Kleid gehüllt.»[1]

1 U. Leippe, a. a. O., S. 241

Es stellt sich heraus, daß die zwei Riesen den jungen König des Reiches besiegt haben, aus dem die Fräulein stammen. Der König muß jährlich dreißig edle *demoiseles* schicken, die dort für die Riesen arbeiten. Der Burgherr sitzt bequem in einem Garten und läßt sich vorlesen, während draußen die edlen Jungfrauen in der Manufaktur schuften. Er bewirtet Iwein freundlich und erzählt von den beiden Riesen, die durch ihre Arbeitssklaven täglich reicher werden und bisher jeden Ritter erschlagen haben. Schon stürmen die Riesen herein, am Leib gepanzert, nicht ritterlich, sondern mit Keulen bewaffnet. Mit Hilfe seines Löwen, der sich selbst aus einem Käfig befreit, in den er vor dem Kampf gesperrt wurde, gelingt es Iwein, die beiden Riesen zu besiegen.

Ritter Erec erschlägt zwei Riesen und rettet einen bis aufs Hemd geplünderten Reiter.

Diese Szene enthält einige deutliche Hinweise auf die wahren Gründe der Unordnung in der ritterlichen Welt: Könige und verweichlichte Adelige sind unter die Kontrolle von Bürgern geraten, sehen tatenlos zu, wenn sich diese durch fremde Arbeit bereichern, ja unterstützen diese verwerfliche Einrichtung auch noch durch Versorgung mit Arbeitskräften. Wie gut, daß es den Artushof gibt, an den Iwein die dreihundert Edelfräulein geleitet, nachdem sie ihre grauen Kittel ausgezogen und sich selbst in die schönen Stoffe gekleidet haben, die sie bisher für andere herstellen mußten.

Die Tafelrunde ist mit der *aventure* des Einzelritters eng verbunden, was sich in der Regel ausdrückt, daß Artus erst dann den Beginn des Mahls gestattet, wenn eine *aventure* erzählt worden ist. Das Leben des Ritterhelden wechselt zwischen der leid- und entsagungsvollen *aventure* und der *joie* des Hofes (der sich seine Freude an den Rittern durchaus etwas kosten läßt und z. B. an andere Orte verlegt wird, um Erec oder Parzival zu treffen). Und wie KARL MAY die ursprünglich einer narzißtischen Selbstdarstellung dienenden Reiseberichte später zur Suche der Menschheitsseele nach Erlösung umdeutet, tritt auch in den Ritterromanen mehr und mehr an die Stelle der *aventure* die *queste*, die Suche nach dem Gral. Um ihn, das Symbol eines irdischen Paradieses ohne materielle Sorgen und voller ewiger Jugend zu erreichen, werden die Abenteuer Mittel zum Zweck. «Die Gralssuche ist das Gesamtabenteuer des Rittertums, so wie dieses sich sehen möchte, während es sich in dem anderen großen Abenteuer des Mittelalters, den Kreuzzügen, so erkennen muß, wie es wirklich ist.»[1]

1 KÖHLER, a. a. O., S. 88. Die Geschichte der Kreuzzüge zeigt deutlich genug die Übermacht der materiellen Bedürfnisse nach Beute (Plünderung Konstantinopels usw.) gegenüber den idealen Motiven einer Wiedergewinnung der heiligen Stätten.

Die unerreichbare Geliebte

> «Wir sagen nämlich, und sind ganz fest überzeugt, daß Liebe ihre Kräfte nicht zwischen Eheleuten entfalten kann.» MARIE DE CHAMPAGNE[1]

Eine wechselseitige befriedigende sexuelle Beziehung verträgt sich nicht mit dem Heldentum. Das bestätigen die Ritter am Hof des Königs Artus. Die Gralsritter müssen ohnedies unverheiratet bleiben, mit Ausnahme des Gralskönigs: Es gibt am feudalen Hof nur *eine* Herrin. Die Idee der unerreichbaren Geliebten, ein sehr folgenreicher und für die Narzißmusforschung besonders interessanter Gedanke, wurde von den provenzialischen Troubadours geschaffen. Ihre vier Hauptpunkte sehen so aus:

Der Liebende fürchtet beständig, die Geliebte zu verlieren. Diese Widerruflichkeit der Gunst schließt eine Ehe aus. (MARIE DE CHAMPAGNE sagt, daß wahre Liebe ohne Zwang und Notwendigkeit der Hingabe bleiben müsse.)

Die Herrin steht hoch über dem Verehrer und beherrscht ihn streng, unberechenbar, willkürlich.

Der Liebende hat alle möglichen Taten zu vollbringen, um vollkommener und seiner Dame würdiger zu werden.

Das gegenseitige Verhältnis ist so kompliziert, daß die Liebe eine Kunst mit ihren eigenen Gesetzen, Spielregeln und Schiedsgerichten wird.[2]

Das Abenteuer-Thema wiederholt sich: auch die Liebe ist zum guten Teil Suche nach einem verlorenen Glück, Aufenthalt in einer Traumwelt fern von der Alltagsbeziehung. Sozialgeschichtlich hängt das Bild der höfischen Minne damit zusam-

1 «Dicimus enim et stabilito tenore firmamus, amorem non posse suas inter duos iugales extendere vires», Brief im Buche des ANDREAS CAPELLANUS, zit. n. KÖHLER, a. a. O., S. 142

2 Im Anschluß an GASTON PARIS von KÖHLER, a. a. O., S. 139, zusammengestellt.

men, daß für die verarmten, landlosen Ritter, aus deren Kreis die Troubadoure und Minnesänger kommen, die Herrin des feudalen Hofes zur wichtigsten Person wurde. Die Brutalität des Ehealltags der ritterlichen Herrn ist bekannt – es war beispielsweise auch beim hohen Adel durchaus gebräuchlich, widerspenstige Frauen zu schlagen. NORBERT ELIAS[1] hat darauf hingewiesen, daß die Beziehung des landlosen, zum (Minne-)Dienst verpflichteten Ritters zu seiner Dame-Herrin zum Modell für eine gesteigerte Verfeinerung der Sitten, eine erhöhte Trieb- und Affektkontrolle im zwischenmenschlichen Umgang werden konnte. Diese wurde für die mächtigen Feudalherren wichtig, weil sie die charakterliche Voraussetzung der vom schlichten Dreinschlagen zu den Formen des Handels- und Geldverkehrs verfeinerten Sitten war. Die Ritterromane spielen in einer Welt, welche diese Veränderungen widerspiegelt, ohne sie unmittelbar wahrzunehmen. Der Ritter reitet durch Wälder und Landschaften, in denen er keinen Bauern trifft und keinen Bürger, nur andere Ritter, verzauberte Burgen, Drachen und Riesen. Was MARX als Ideologie und FREUD als grundlegenden Mechanismus der Neurose beschrieben, die Abwendung und Verdrängung von unerwünschten Anteilen der Wirklichkeit, beherrscht auch das höfische Epos.

Die psychologische Grundlage der höfischen Minne läßt sich in einer Verbindung ödipaler und narzißtischer Inhalte finden. Die von fern begehrte und bewunderte Frau eines Dritten weist auf die ödipale Situation hin, ebenso die Preisgegebenheit des Ritters an seine Dame, seine Unterwürfigkeit, der ihm auferlegte Zwang, sich zu beweisen. Das Kind muß ja auch erst beweisen, daß es ebensogut ist wie der Vater, und dieser Beweis spielt in seiner Phantasie eine große Rolle – Stock und Hut steht klein Hänschen gut. Das narzißtische Element drückt sich in dem philobatischen «In-die-Welt-hinein-Gehen» aus, in der Abenteuersuche des Ritters, die später als Gralssuche ihre konkreten

1 N. ELIAS, Der Prozeß der Zivilisation, Frankfurt a. M. 1977

sozialen Funktionen mehr und mehr verschleiert. So wird sie zu einer allgemein menschlichen, auch von Klerus, König und Bürgertum akzeptablen Suche nach Vergeistigung und christlicher Veredlung. Die Unsterblichkeit dieses Motivs, die es gerade seinem narzißtischen Aspekt dankt, erweisen nicht nur RICHARD WAGNERS Neuauflagen des Parzival und des Tristan-Stoffes. Die im Ritterroman noch mächtige Standesidee (nur der Ritter ist der Minne fähig, nur er in der Lage, seine sexuellen Triebe zur Versittlichung und Vervollkommnung zu sublimieren) verschwindet dabei. Im «Tristan» wird der allgemein menschliche Konflikt zwischen dem Glücksanspruch des einzelnen und der ihn versagenden gesellschaftlichen Realität in seinen tragischen Folgen erfaßt.

Die höfische Literatur setzt sich mit den Liebesbeziehungen des Helden in einer Ernsthaftigkeit auseinander, welche den späteren Heldengeschichten fehlt. Das mag daran liegen, daß der Held später mehr und mehr zu einem Thema für Jugend- und Trivialliteratur wird. Er übt seine Einflüsse in einem Raum aus, der sich zunehmend verdunkelt, weil sich die bürgerliche Erwachsenenwelt in ihrer Scheinvernunft selbst genügt. Die Beschäftigung mit den Träumen der Kinder und Jugendlichen ist in ihr nurmehr ein Thema für den Psychologen.

Den Minnesängern der Provence galt die Liebe zwischen Eheleuten deshalb als gesellschaftsfeindlich, weil sie die seelischen Kräfte im privaten Bereich erschöpft und sie damit dem Hof nimmt. Damit hängt – so vereinfachend es klingen mag – die Vorliebe der Provencalen für die Lyrik zusammen. Liebesgedichte werden nur selten an eine langjährige Ehefrau gerichtet. Die Spannung zwischen Verlust und Gewinn, die Sehnsucht nach der fernen Geliebten, Bewunderung und Anbetung von etwas gar nicht genau Bekanntem sind Themen für die Lyrik. Das Epos hingegen muß die Dinge in eine Folge und in einen Zusammenhang bringen. So liegt es nahe (und dieses Schema ist bis zum «Herrn der Ringe» geblieben), die den Helden zu Höchstleistungen reizende, ferne Herrin-Geliebte und die Ehefrau in eine zeitliche Folge zu binden. Aragorn kämpft vierzig Jahre, ehe er Arwen Undomiels Gunst erringt. Erec erringt Enide bereits nach einem einzigen Waffengang, und schon zieht er sich mit seiner Frau in die Zweisamkeit zurück. Das ist zu früh, er muß noch ein halbes Dutzend Abenteuer nachholen, ehe er wirklich dem ritterlichen Vollkommenheitsideal entspricht. «Setzt ... die schließlich nach langer Bewährung zu vollziehende Ehe nicht doch den Anstrengungen des Mannes ein Ende? Reicht die erworbene Tugend aus? Ist sie bereits eine Dauertugend geworden, die auch später die Spontaneität des idealen Verhaltens garantiert? Vor allem: entzieht nicht die Erfüllung des Begehrens dem Gesellschaftsganzen, dem Hof, jenen ständigen Einsatz aller Kräfte, von dem die ritterliche Welt die Legitimation ihrer privilegierten Lebensform ableitet?»[1]

Der verheiratete Held ist für das Heldentum verloren, denn als Held wird er nichts anderes als ein mustergültiger Ehemann sein, und dieser wiederum kann nicht Frau und Kinder zugunsten seiner Abenteuersuche sitzen lassen. Old Shatterhand und James Bond haben nicht viel gemeinsam, dies aber doch: ihre Partnerinnen sind, sobald sich eine Ehe ankündigt, ihres Lebens nicht mehr sicher. Im «Erec» nimmt der Ritter seine Frau auf die Abenteuersuche mit. Dieser Versuch, den omnipotenten einzelnen durch die Dyade, das Zwillingspaar, zu ersetzen, läßt sich sonst nur in einer äußerlich nicht sexuellen Gemeinschaft finden (Frodo und Samweis, Old Shatterhand und Winnetou bzw. Hadschi Halef, Iwein und der Löwe, Asterix und Obelix, Sherlock Holmes und Dr. Watson, Bat-Man und Robin, usw.). Doch ist die Vorbedingung, daß Enide während der *aventure* nicht Erecs Sexualpartnerin ist, sondern von ihm als Dienerin herumkommandiert wird. (Hier durchbricht die angedeutete Realität der mittelalterlichen Mann-Frau-Beziehung die ideale höfische Liebe, ähnlich wie im Parzival bei Herzog Orilus und

1 KÖHLER, a. a. O., S. 143

Jeschute. Orilus läßt seine Frau, der Parzival in seinem Unverstand einen Ring und eine Spange genommen hat, zur Strafe jahrelang in einem zerlumpten Hemd, an dem nur noch der Kragen heil ist, auf einem elenden Klepper hinter sich herreiten. Endlich trifft er Parzival wieder, wird von diesem besiegt und muß Jeschute vergeben.)

Im Erec-Epos findet sich auch eine Episode, welche den asozialen Charakter einer ins Extrem getriebenen höfischen Liebe aufzeigt: Mabonagrain, ein mächtiger Ritter, hat sich so bedingungslos dem Willen seiner *amie* unterworfen, daß er in einem abgeschlossenen Garten nur mit ihr zusammenbleibt und alle ankommenden Ritter bekämpft. Erst wenn er selbst besiegt wird, ist er wieder frei; der Hof seines königlichen Onkels Evrain ist durch das ständige Gemetzel jeder *joie* beraubt. Erst Erecs Sieg führt das Paar wieder in die Gesellschaft zurück.

Ein Yankee bei König Artus

> «Wertloser Abfall in der Gestalt eines Königs, des sogenannten Adels und der Feudalherrn. Lauter unproduktives, nichtsnutziges Gesindel, das hauptsächlich in der edlen Kunst des Zerstörens beschlagen und bewandert war.»
> MARK TWAIN [1]

Unabhängig von seinem historischen Ursprung ist das Bild des fahrenden Ritters, der nur sich selbst und seiner Ehre verantwortlich durch die Welt reitet und Abenteuer sucht, bis in die Gegenwart hinein ein wesentliches Thema der narzißtischen Phantasie. In ihm drückt sich eine kämpferische Grundlage des Selbstgefühls aus: der Wunsch, selbst unverwundbar – gepanzert – zu sein, jedoch jede fremde Gefahr abwehren zu können. In manchen Rittersagen spielen magische Waffen eine wesentliche

1 M. TWAIN, A. Connecticut Yankee At King Arthur's Court, deutsch: Ein Yankee am Hof des Königs Artus, übers. v. W. WIDMER, Köln 1961, S. 93

Rolle: Mimung, das Schwert Wielands, das später dessen Sohn Wittich erbt und das Eisen schneidet wie Holz, Balmung, Siegfrieds Schwert, Eckesachs, das König Dietrich von Bern trägt. Die große Bedeutung des Schutzes vor Verletzungen durch die Rüstung spielt in der narzißtischen Phantasie eine große Rolle, in der es stets um Verletzungen des Selbstgefühls und die Heilung solcher Wunden geht.

In diesen Punkten verkörpert der ritterliche Held zeitlose Inhalte der narzißtischen Phantasie. Doch auch die durch seine besondere geschichtliche Lage bedingte Abwandlung der beiden großen narzißtischen Themenkreise im Ritterepos ist wesentlich. Diese betreffen die Befestigung des Selbstgefühls durch die eigene Grandiosität (die sich vor allem am Sieg erweist, der aus der Abwendung einer drohenden Niederlage entspringt) auf der einen Seite, die Verschmelzung mit dem oder der idealen Geliebten auf der anderen Seite. Die erste Möglichkeit steht den philobatischen, in den objektlosen Weiten ausgreifenden Phantasien nahe, die zweite den oknophilen, in denen unterwürfige Abhängigkeit von einem entsprechend dieser Selbst-Versklavung idealisierten Objekt vorherrscht. Beide Themenkreise verknüpft der ritterliche Held zu einer Einheit, die in späteren Heldengeschichten nicht mehr erreicht wird. Die Bedeutung, welche den Wünschen und Launen der Herrin des Ritters zukommt, enthält zumindest dem Modell nach narzißtische Entfaltungsmöglichkeiten für die Frau[1], die im späteren Heldenroman fehlen und meist durch mehr oder weniger deutliche homosexuelle Beziehungen ersetzt werden. Wie alle Heldengeschichten, enthält

1 Erst in jüngster Zeit werden solche Themen wiederbelebt: Mit der Edel-Gangsterin und Geheimagentin Modesty Blaise und ihrem (nicht Sexual-)Partner Willie Garvin hat PETER O'DONNELL ein Paar geschaffen, das eines der Ritter-Motive wiederholt. Beide sind perfekte Killer im Dienst des Guten, Adepten in Yoga und anderen Techniken vervollkommneter Selbstkontrolle, und ihre Beziehung ist durch vollkommenes Verständnis bei der Abwesenheit sexueller Kontakte gekennzeichnet. Beide kehren von ihren wechselnden Liebschaften immer wieder zueinander zurück; Garvin nennt Modesty «Prinzessin».

auch das Ritterepos den Mechanismus des Ausweichens in eine heile Phantasiewelt, um der weniger heilen gesellschaftlichen Wirklichkeit zu entrinnen.

Diese Wirklichkeit wird nicht ganz ausgeklammert, sondern verschlüsselt aufgenommen (aus den bürgerlichen Produktionsweisen, welche die Vormacht des Adels gefährden, werden mächtige Riesen, die adelige Fräulein gefangenhalten). Der Tugendkatalog des Helden ist weniger umfassend als bei den bürgerlichen Helden und selbst ärmer als bei den antiken Helden (wo etwa Listenreichtum bei Odysseus erwähnt wird). Der Ritter ist bewandert in der höfischen Sitte (deren Forderungen in wenigen Tagen erlernt werden können) und ein geschickter Kämpfer. Andere Fertigkeiten werden von ihm nicht erwartet. Er geht fast nie planmäßig vor, achtet nicht besonders auf seine Ausrüstung, seinen Weg, erlernt keine Sprachen: seine *aventure* ist vom Zufall bestimmt, von den Hilfesuchenden und Gegnern, die ihm über den Weg laufen. Das ist deshalb möglich, weil sie sich vor einem festen sozialen Hintergrund abspielt, der in späteren, bürgerlichen Heldengeschichten fehlt. Der Ritter kehrt periodisch in ein narzißtisches Paradies zurück – in den Artushof oder zur Gralsrunde –, wo sein Bericht freudig aufgenommen wird, wo seine Taten ihren sozialen Bezugsrahmen finden, wo seine Wunden geheilt, seine Waffen erneuert werden.

Der mittelalterliche Held unterscheidet sich somit vor allem darin vom bürgerlichen Helden, daß er als Individuum nicht unverwechselbar ist, sondern Vertreter eines Typus, eines ganzen Standes. In vieler Hinsicht sind die Abenteuer Iweins, Erecs, Lanzelots und Parzivals austauschbar, wie die Ritter selbst von ihren Gegnern oder Freunden oft nicht erkannt werden.

In den Rittersagen spielen die Familie und die Frau eine wichtigere Rolle als bei den bürgerlichen Helden. Die besondere Situation des ritterlichen Dichters am Hof eines Feudalherrn wirkt hier wohl damit zusammen, daß in der mittelalterlichen Familie der Hausvater eine stärker faßbare und sichtbare Rolle spielte, als in der von Arbeitsteilung bestimmten bürgerlichen Familie mit ihrer immer deutlicher werdenden «Vaterlosigkeit». Ödipale Situationen sind daher in den Ritterepen verstellt (Lanzelot – Artus – Ginevra) und unverstellt (Mordred – Artus – Ginevra) erkennbar. Die Grandiosität des ritterlichen Helden ist beschränkter, jedoch stärker in soziale Zusammenhänge eingebunden als beim bürgerlichen Helden, der sie eher in einem Doppelleben verwirklicht: In der Prärie und Wüste schier allmächtig, in der Zivilisation ein Mensch wie du und ich. (Diese Doppelexistenz wird bei den Superhelden der Comics noch weiter aufgespalten; das Gegenbild der Normalexistenz des Helden ist dann nicht nur «durchschnittlich», sondern negativ auffällig, etwa besonders schüchtern oder durch ein lahmes Bein behindert). Der ritterliche Held entfaltet seinen Narzißmus im Rahmen einer ödipal bestimmten Laufbahn. Wenn er genug Abenteuer bestanden hat, kann er sich als König (Erec), Herzog (Iwein, Gawain), Gralskönig (Parzival) zur Ruhe setzen und weise regieren. Die Verbindung mit dem Stand, und damit die Identifizierung mit dem Vater, ist endlich stärker als die Versuchung, im freien Leben des fahrenden Ritters die allmächtige Mutter-Kind-Einheit des ursprünglichen Narzißmus wiederzugewinnen. Zum Hof und damit in die gesellschaftlichen Bindungen zurück führt die Liebe, die Sehnsucht nach einer als ganze Person (nicht als entgrenzende Weite von Landschaft, Meer oder Weltraum) wahrgenommenen Mutter-Geliebten.

Die Gegensätze zwischen dem höfischen und dem bürgerlichen Narzißmus sollen hier auch an einem Beispiel abgehandelt werden: Mark Twains Roman von einem Yankee, der durch einen Schlag auf den Kopf aus der Colt-Maschinenfabrik in die Zeit von König Artus' Regierung zurückversetzt wird. Die bürgerliche Omnipotenz des Machens, der Leistung tritt hier der ritterlichen (karikierten) Potenz des Seins, der Verkörperung einer ständischen Gesinnung und Gesittung gegenüber.

«Ich lernte, wie man Flinten, Revolver, Kanonen, Dampfkessel und arbeitssparende Maschinen herstellt», sagt der Yankee von sich. «Nun, ich konnte alles anfertigen, was ein Mensch nur braucht, alles auf der Welt, gleichgültig was. Und gab es keinen brauchbaren Weg, einen Gegenstand herzustellen, so erdachte ich flugs einen, und das ging so leicht vonstatten, wie man einen Holzklotz fortrollt. Ich wurde Oberaufseher und führte die Aufsicht über ein paar tausend Burschen ...»[1]

Daß ein Mann wie dieser sich plötzlich unter einem Baum in der Nähe von Camelot, dem Artus-Schloß wiederfindet, und auch gleich noch von Herrn Keie persönlich gefangengenommen wird, gibt Gelegenheit zu einer späten Rache an den Ritter-Helden für ihre völlige Mißachtung bürgerlich-republikanischer Lebensart. Den Yankee erinnern sie gleich an ein paar Straßenjungen, die unversehens aufeinander losgehen und sich mit dem Schrei: «Ich bin stärker» verprügeln, obwohl er doch selbst in einer Schlägerei, wo es wohl kaum um eine andere Frage ging, den entscheidenden Hieb für seine Rückkehr ins sechste Jahrhundert bekam. Aber Stärke hat man, ohne sich ihrer zu rühmen; rühmen darf sich der Bürger seiner Intelligenz, seiner Fertigkeit, seiner überlegenen Moral, die alle Menschen für gleich achtet und jedem die gleichen Chancen geben will. Dummheit, Faulheit und Standesdünkel sind demgegenüber die Vorwürfe, die der Yankee unermüdlich gegen die Artusritter richtet. Was er andererseits nicht versäumen kann zu sehen, ist der größere optische Reichtum dieser Welt, die unbeeindruckt ist von dem bürgerlichen Streben nach scheinbarer Gleichheit. Häufig preist er den herrlichen Anblick der prächtigen Ritter – und ironisiert seine Begeisterung dadurch, daß er wenig später diese Ritter zu Handlungsreisenden macht, die Reklameschilder für Seife, Zahnpasta oder Nähmaschinen spazierentragen. Denn der Yankee führt amerikanische Vertriebssysteme im Artusreich ein, nachdem er sich selbst in letzter Minute durch die Voraussage einer Sonnenfinsternis vor dem Scheiterhaufen gerettet und in ein Ministeramt erhoben hat.

1 Mark Twain, a. a. O., S. 14

«Trotz allem hatten diese großen, einfältigen Rüpel etwas geradezu Gewinnendes, beinahe Liebenswertes an sich. In dem ganzen Saale voller Kindsköpfe war anscheinend kaum genügend Hirn vorhanden, daß man es als Köder an einen Angelhaken hätte stecken können. Aber schon nach kurzer Zeit merkte man das gar nicht mehr, weil man bald einsah, daß in solcher Gesellschaft gar kein Grips vonnöten war. Ja, er hätte nur störend und hinderlich gewirkt. Auf jedem Antlitz lag eine edle Männlichkeit, auf manchen las man sogar eine gewisse Hoheit und Anmut, vor denen jedes kleinliche Mäkeln verstummen mußte.»[1]

Diesem Verständnis der Ritter setzt der Yankee sein Selbstverständnis als «zweiter Robinson Crusoe» entgegen: «Wollte ich mir das Leben einigermaßen erträglich gestalten, dann mußte ich mancherlei ersinnen, erfinden, ausdenken und aushecken, Neues schaffen, Hirn und Hand anstrengen. Gut denn – das tat ich gerne.»[2] Nachdem er den ersten Schrecken überwunden und rasch seinen hohen Rang erreicht hat (verbunden mit dem Ehrentitel «Der Meister», denn er will nur Titel, die das Volk verleiht, obwohl ihm klar ist, daß Adelstitel mehr Aufmerksamkeit erregen), gewinnt der Yankee der Situation durchaus ihre positiven Seiten ab. Welche Gelegenheit für einen Mann mit seinen Fähigkeiten, dieses Land zu entwickeln! Welche Chance, schrittweise neue Wirtschafts- und Produktionsformen einzuführen, Gewinn zu machen und eines Tages gar Präsident einer Republik zu werden! «Und all das stand mir allein offen. Nirgends war ein ebenbürtiger Konkurrent, nirgendwo ein Mensch, der nicht im Vergleich zu mir ein harmloses Wickelkind gewesen wäre, was Können und Fähigkeiten betraf. Was konnte ich dagegen im zwanzigsten Jahrhundert erreichen? Wie weit konnte ich's da bringen? Allerhöchstens bis zum Aufseher in einer Fabrik.»[3] So steht der bürgerliche einzelne, bereit, seine Grandiosität in völlig fremder Umgebung zu verwirklichen, einer «Bande von Herrschern und sogenannten Adeligen» gegenüber, «die,

1 a. a. O., S. 28
2 a. a. O., S. 53
3 a. a. O., S. 60

auf sich selbst gestellt und auf eigene Leistungen angewiesen, größtenteils in Armut und Elend verkommen wären».[1]

An dieser Stelle wird die unterschiedliche Einbindung des bürgerlichen und des ritterlichen Narzißmus in die Gesellschaft besonders deutlich. Der Gedanke, durch individuelle Leistung und in Konkurrenz mit jedem anderen einen Platz in der Gesellschaft zu erreichen, ist dem feudalen Bewußtsein fern und fremd. Für den bürgerlichen Narzißmus ist er selbstverständlich, doch schränkt die Anwesenheit so vieler Gleicher die Entfaltung der eigenen Grandiosität ein: daher die Faszination des Bürgers durch das Robinson-Thema, durch die Ferne, durch die fremde, weniger entwickelte Kultur, in der es für das konkurrenzgestählte Individuum aussichtsreich ist, endlich alle anderen zu übertreffen. Die Primitivität der Gegner ist somit ein äußerlich beklagter, verborgen jedoch gerne gesehener Anlaß, immer wieder die eigene Überlegenheit zu beweisen. Die Identifizierung mit den Unterdrückten der Feudalsysteme wird für den Bürger nur zum Anlaß, seine eigene Überlegenheit zu erweisen. Gegenüber seinesgleichen ist diese Überlegenheit, ist der im Wettbewerb errungene Sieg von dem bitteren Beigeschmack begleitet, daß er nur vorläufig ist, daß der Gegner das nächste oder übernächste Mal ebensogut gewinnen kann, ein für das eigene Selbstgefühl schmerzlicher Gedanke. Der Sieg des Yankees über die Ritter ist hingegen so großartig und endgültig, daß es keine Gefahr einer Niederlage mehr gibt. So scheint es zumindest, und Mark Twain stellt mit sichtlichem Spaß den ungleichen Kampf dar. Der Yankee reitet im Cowboystil die Ritter in Grund und Boden, weicht ihren Lanzen aus und reißt sie mit dem Lasso vom Pferd – zuletzt den Mächtigsten von ihnen, Herrn Lanzelot:

> «Das war für mich ein erhebender Augenblick ... Dort drüben saß Artus, der König der Briten, und neben ihm die Königin Guinevra. Und bei ihnen wimmelte es von ganzen Rudeln von kleinen Provinzkönigen und Fürsten und Fürstlein, Prinzen und Prinzlein. Und drüben im Zeltlager kampierten

1 a. a. O., S. 61

weitberühmte Ritter aus aller Herren Länder ... und der größte unter ihnen, die eigentliche Sonne ihres ganzen strahlenden Sternensystems, war der Mann, der dort drüben seine Lanze einlegte, Brennpunkt von vierzigtausend anbetenden, bewundernden Augen. Und hier stand ich, mutterseelenallein, und wollte ihn zu Fall bringen. Mir schoß das liebe Bild eines gewissen burschikosen Mädels aus West-Hartford durch den Sinn. Wie sehr wünschte ich, sie hätte mich hier sehen können!

In diesem Augenblick kam der Unbesiegbare herangestürmt, er brauste näher wie ein Wirbelwind, wie ein Tornado, unwiderstehlich, unaufhaltbar. Der gesamte Hof erhob sich und beugte sich gespannt vor. Die verhängnisvolle Schicksalsschlinge flog zischend durch die Luft, und ehe man auf zwei zählen konnte, schleifte ich Herrn Lanzelot rücklings über das Kampffeld und teilte nach allen Seiten Kußhändchen aus, zum Dank für die unzähligen wehenden Tücher und den donnernden Beifallssturm, der mich tosend begrüßte.» [1]

Diese Szene genügt dem unersättlichen Anspruch nicht, die eigene, bürgerliche Überlegenheit zu beweisen: es folgt eine zweite, in der – nachdem ihm der Zauberer Merlin das Lasso gestohlen hat – unser Yankee erst einen Ritter mit dem Revolver vom Pferd schießt und anschließend die gesamte englische Ritterschaft herausfordert, ihr mit zwei Colts entgegentritt und sie in die Flucht schlägt. Zehn müssen dabei ihr Leben lassen. Wenig später sind es sogar dreißigtausend Ritter, die von dem Yankee mit wenigen Getreuen durch Dynamitminen, einen elektrisch geladenen Zaun und einige Maschinengewehre erledigt werden, um in England die Republik einzuführen. Anlaß dafür ist, daß nach dem Tod von Artus die Kirche den Meister und seine Neuerungen mit dem Bannfluch belegt hat, worauf ihn fast alle Anhänger verlassen, mit Ausnahme der an seinen Schulen erzogenen Kinder. Mit diesen hält er sich in einer Höhlenfestung zum letzten Gemetzel, erliegt jedoch dann einer Wunde und den Zaubersprüchen Merlins, der sich als Bauernweib verkleidet eingeschlichen hat. Die restlichen Anhänger gehen durch den Pesthauch verfaulender Ritter zugrunde; die Zivilisationsfabriken haben sie bereits vor-

1 a. a. O., S. 336

her in die Luft gesprengt, um nicht die eigenen Waffenschmieden dem Gegner in die Hand zu geben.

Gerade in diesen Kampfszenen erliegt MARK TWAIN der Faszination durch die Welt, über die er sich lustig machen wollte. Der Yankee, der gegen Lanzelot im Brennpunkt von vierzigtausend Augen antritt, wünscht sich wie nur je ein Ritter, daß seine Dame, sein Mädchen aus West-Hartford, ihn sehen könnte. Prophetisch scheint auch, daß der Versuch, mit den Mitteln der technischen Zivilisation eine mittelalterliche Armee abzuschlachten, zwar mühelos gelingt, dann jedoch durch die angerichtete Umweltverschmutzung zur Niederlage wird. Dieses Ende der Geschichte vom Yankee am Hof des Königs Artus ist für den Umgang des bürgerlichen Robinson mit der Natur charakteristisch genug. Seine Egozentrik und sein Größenanspruch führen ihn nicht nur dazu, die gesellschaftlichen Bindungen nurmehr als Mittel für seine privaten Zwecke anzusehen, sondern auf eine ähnliche Weise auch mit der Tatsache umzugehen, daß er in natürlichen Kreisläufen lebt, die er nicht unbegrenzt durch Ausweitung seiner subjektiven Omnipotenz ausbeuten und zerstören kann.

7. Supermarkt der Helden

Es ist deutlich geworden, daß die Unterschiede zwischen den Ritterhelden und den bürgerlichen Helden auch Verschiedenheiten der feudalen von der bürgerlichen Gesellschaft widerspiegeln. Die als solche banale Aussage einer Gesellschaftsabhängigkeit des Selbstgefühls und der Folgen narzißtischer Fixierungen hat sich in vielen Einzelheiten bestätigen lassen. Für eine Anwendung auf die gegenwärtige Situation ergeben sich jedoch neue Fragen.

Die Verschmelzung mit der Natur bis zum Erlernen der Tiersprache: Tarzan

In der Architektur und bildenden Kunst des vergangenen Jahrhunderts findet der Betrachter eine verwirrende Vielfalt von historischen Zitaten. Die Künstler scheinen nicht mehr in der Lage, einen gemeinsamen Stil zu finden. Einig sind sie sich nur darin, die Leistungen der Vergangenheit nachzuahmen. Neu-Klassizismus, Neu-Gotik, Neu-Romantik, Neu-Barock, Neu-Rokoko vermischen sich und lösen die jeweils einheitlichen «Stile» früherer Jahrhunderte ab. Die Kunstgeschichte wird zu einem Steinbruch, aus dem man Material gewinnt. Was die mittelalterlichen Baumeister tatsächlich mit den antiken Tempeln machten, denen sie Säulen raubten, um sie in ihre Kirchen einzufügen, geschieht nun auf einer gedanklichen Ebene.

Mit den Heldengestalten im 20. Jahrhundert ist es ähnlich. Wie sich die historistische Industriekultur des ausgehenden 19. Jahrhunderts nicht scheute, gotisches Maßwerk an Kaffeemühlen anzubringen, so hat sich im Lauf der Zeit ein multimedialer Supermarkt der Helden herausgebildet. Seine Gestalten haben

Der schnellere Schütze ist der bessere Mann.

oft mit den historischen Originalen soviel zu tun wie Gelsenkirchener Barock mit Bernini.

Die Dimensionen der individuellen Grandiosität spalten sich auf. Der Allround-Held vom Typus Old Shatterhand ist allenfalls noch als überirdischer, von einem fernen Planeten notgelandeter Superman faßbar. Ein Beispiel für die Abspaltung und Fortentwicklung einzelner Ausschnitte der Omnipotenz ist der Umgang mit der Schußwaffe. Vom Bogen Robin Hoods bis zum Wildtöter von COOPERS Lederstrumpf ist das genaue, unglaublich treffsichere Schießen ein wichtiges Merkmal des bürgerlichen Helden. (Dem Ritter waren Schußwaffen ein Greuel; nach einem päpstlichen Gebot durfte man Armbrüste und später Feuerwaffen nur gegenüber Nichtchristen benutzen.) Old Shatterhand macht hier natürlich keine Ausnahme, fügt aber eine neue Variante hinzu: Neben die Potenz der Genauigkeit und Treffsicherheit tritt die phantasierte Unerschöpflichkeit, das «Schießen ohne zu laden», gewissermaßen eine aggressive Umdrehung der

narzißtischen Unersättlichkeit[1] in das Symbol einer stets schußbereiten «Zauberflinte». (Der Yankee am Hof des Königs Artus mit seinen Kavallerierevolvern und Maschinengewehren wiederholt dieses Thema, und wie bei Old Shatterhand sind vor allem die Primitiven, die Indianer oder Ritter, das Opfer.) In dem bis heute sehr beliebten Western-Helden, der US-amerikanischen Variante des Old Shatterhand-Typus, wird das Schießthema noch weiter abgewandelt. Mehr und mehr geht es nicht um Treffsicherheit allein, sondern um Geschwindigkeit. Wer schneller zieht, ist der bessere Mann.

> «Er versuchte, Tom Kelly zu überraschen. Seine Hand zuckte auf den Revolverkolben herab, die Finger krallen sich darum, und mit einem Ruck hatte er die Waffe aus dem Holster gerissen. Er war wahnsinnig schnell, er war noch nie in seinem Leben so schnell gewesen, aber er schaffte es trotzdem nicht.
>
> Tom Kellys Peacemaker-Colt kam hoch, als Greg Wallace die Coltmündung knapp einen Zoll aus dem Holster heraushatte. Eine grellrote Feuerlanze schoß aus dem Peacemaker, raste in Brusthöhe über den Boden auf den Banditen zu und schien sich in dessen Herz zu fressen ...»[2]

Revolvermänner, die auf diese Weise ihre Überlegenheit unter Beweis stellen, sind bis heute ein Thema für Romanhefte, Filme und Fernsehserien. Die Betonung dieses Teilaspekts der bewaffneten Omnipotenz hängt wohl damit zusammen, daß Geschwindigkeit seit der Wende vom 19. zum 20. Jahrhundert mehr und mehr ein hoher Wert in den industriellen Produktionsprozessen wurde. Der Mythos vom schnellen Revolvermann ist gleichzeitig mit der Taylorisierung der Arbeit entstanden: Bewegungsabläufe müssen soweit verbessert und vervollkommnet werden, daß als Lohn der Sieg und das Überleben winken. Der Westernheld ist in seinen glorreichsten Minuten dem Arbeiter am Fließband näher, als er und seine Konsumenten ahnen.

1 Der Repetierstutzen als Potenzsymbol soll nicht unerwähnt bleiben, gehört aber in die Fußnoten.

2 Mark Zorro, Western-Wolf 28, Marken-Verlag, Köln o. J., S. 22

Der Detektiv

Die Perfektionierung jener Seiten der Omnipotenz, die mit Intelligenz, Aufmerksamkeit («Spurenlesen» bei KARL MAY) und Kombinationsgabe zusammenhängen, bieten die Helden der Kriminalromane. Von EDGAR ALLAN POE angefangen bis in die vielfältigen Medien der Gegenwart ist der Detektiv ein Held durch die Allmacht seines Wissens, durch die stets um Nasenlänge gewonnene Konkurrenz mit Gegnern, die versuchen, ein «vollkommenes Verbrechen» zu begehen. Die narzißtische Ebene des Detektivs ist nicht nur seine Allwissenheit, seine Fähigkeit, auch das Verborgenste zu erkennen und unerschütterlich die geheimnisvollsten Tatbestände aufzuklären, sondern auch seine Verbindung mit dem Recht, dem Gesetz, die auf seiner Seite sind und denen er zum Sieg verhilft. Einerseits mit dem Recht und dem Gesetz verschmolzen und in der Identifizierung mit ihm sich selbst und dem Leser den Machtrausch des Rechthabens und Rechtbehaltens vermittelnd, ist der Detektiv auch ein Symbol für den Weg von der unmittelbar mit Faust und Waffe ausgeübten bürgerlich-individuellen Omnipotenz zu den eingeschränkteren, auf die Vormacht des Wissens abgestellten Formen der Allmacht, die eher mit dem Alltag des Lesers (Zuschauers, Zuhörers) vereinbar sind.

Prärie und Wüste sind fern, mit Pferden kann man nicht gut auf dem Asphalt reiten, doch die Macht der eigenen Gedanken und Schlußfolgerungen zu genießen liegt jedem nahe. Die individuelle Potenz, die er der eigenen Originalität dankt, betont bereits der Ahnvater zahlreicher Detektive, POES Monsieur Dupin. Er grenzt sich von der Polizei, welche nur die gesetzliche, nicht aber die Macht des Geistes besitzt, folgendermaßen ab:

> «Wenn der Präfekt (der Polizei) mit seinen Gehilfen so oft irrt, dann liegt die Schuld zunächst an einer Unfähigkeit, in einen fremden Gedankengang einzudringen, und in zweiter Linie in dem Umstand, daß er die Eigenart des gegnerischen Geistes gar nicht oder nur ungenügend in Betracht zieht ... Darum versagt die Methode der Polizei regelmäßig, wenn sie einem Men-

schen gegenübersteht, der andere Kniffe anwendet, der verschlagener ist als sie; ja häufig auch dann, wenn sie ihm geistig überlegen ist. Bei ihren Nachforschungen bleibt das System immer dasselbe; wenn ein besonderer Fall oder eine außergewöhnliche Belohnung sie zu höchstem Eifer anspornt, wissen sie nichts Besseres zu tun, als nacheinander ihre gewohnten Kniffe allesamt anzuwenden; an ihrem System selbst aber ändern sie nichts.»[1]

Siegfried Kracauer hat auf die maschinenartige Perfektion der rationalen Überlegungen und Kombinationen hingewiesen, die den Detektiv-Roman zum Zeichen einer ihrer emotionalen Wirklichkeit und ihres Gemeinschaftscharakters beraubten Gesellschaft macht. Sein 1925 erschienenes Traktat kann den Typus des Detektiv-Helden noch eindeutiger fassen als es heute möglich wäre, wo viele Detektive wieder gefühlvolle Motive entfalten und oft Elemente des Abenteuerromans die rationale Logik der Aufklärung eines Kriminalfalles verdunkeln. Der Allmachtsanspruch des Detektivs in einer verflachten und verkürzten Welt ist aber bereits Kracauer aufgefallen. Er bleibt sich immer gleich und ist zu einer Entwicklung unfähig – Sherlock Holmes ist auf seine Weise perfekt und unfähig, etwas hinzuzulernen oder zu vergessen. «Wie Gott den Menschen nach seinem Ebenbild schafft, so gebiert sich die ratio in dem abstrakten Schemen des Detektivs, der sie von vornherein repräsentiert, statt durch die Hinwendung zu ihr in sie einzugehen», sagt Kracauer.[2]

Die Omnipotenz des Detektivs ist dadurch entstanden, daß die Welt von Gott verlassen ist. Weil der Detektiv in einer Phantasie der durchrationalisierten Gesellschaft das Prinzip des Absoluten verkörpert, wird er auch zum Erbe jener Gestalten, die bisher zwischen dem Menschen und Gott vermittelten: der Priester, der Magier, der Medizinmänner. Die Entwicklung der Detektivromane seit 1925 hat Kracauers Vermutung, die er damals nur auf Chestertons Romane um den Pfarrer-Detektiv

1 E. A. Poe, Der Brief ihrer Majestät, zit. n. S. Kracauer, Der Detektiv-Roman, Frankfurt a. M. 1979 (1. Auflage 1925), S. 72

2 S. Kracauer, Der Detektiv-Roman, Frankfurt a. M. 1979, S. 52

Father Brown stützte, glänzend bestätigt. Nicht nur wird der Detektiv zum Beichtvater für alles sonst Ungesagte, sondern er läuft auch den verweltlichten Beichtvätern der Industriegesellschaft – den Psychoanalytikern – den Rang ab. Gleichzeitig schafft der Detektivroman die tröstliche Illusion, daß Verbrechen durch ganz besondere und komplizierte seelische Vorgänge in bürgerlichen Individuen entstehen, und lenkt damit von der banalen Tatsache ab, daß Kriminalität in der gesellschaftlichen Realität vorwiegend mit der Tatsache zusammenhängt, daß die Gesetze zum Schutz der materiell oder geistig Privilegierten bestimmt sind und angewendet werden. Der Detektiv ist ein Held der Vernunft und als solcher ein Widerspruch in sich, der Schein eines Helden, «denn er erhält in der bedingten Welt das ungewisse Absolute nicht kämpfend, sondern kämpft als das Absolute selber in ihr; und da er so der Bedingtheit nicht unterworfen ist, gerät er auch nicht in den tragischen Konflikt».[1]

Er gibt sich den Schein der Magie, wird von den Nicht-Eingeweihten bewundert wie ein Zauberkünstler, dem alles möglich ist. Nichts weniger als ein Magier, bleibt er in Wirklichkeit ein Vertreter des Intellekts, der von sich behauptet, alles – auch die Magie und die emotionalen Vorgänge – einzubegreifen. Vom Abenteurer und «Ritter» unterscheidet er sich durch die Passivität, mit der er darauf wartet, daß die Fälle zu ihm kommen oder zu ihm gebracht werden. Seine Gefühle äußern sich darin, daß er in einen Zustand der Erschlaffung oder Depression versinkt, wenn es keinen Fall zu bearbeiten gibt. So gesehen, drückt der Detektiv auch eine Verinnerlichung und Resignation der philobatischen Züge des Abenteurers aus. Er schweift nicht mehr in die Unendlichkeit, um das für immer Verlorene zurückzugewinnen, sondern er verleugnet seine Sehnsucht und perfektioniert einen Teil des Selbst. Die zölibatäre Lebensweise vieler Detektive hängt damit zusammen, daß die Isoliertheit einer Teilfunktion des Selbst auf diese Weise dargestellt wird. Ihr Junggesellentum

1 S. Kracauer, a. a. O., S. 56

ist nicht aus einem Verzicht erwachsen, sondern es wird zur logischen Folge der Verabsolutierung des Forschens und Kombinierens.

Der Detektiv verkörpert die Sehnsucht des Kindes, wirklich gefunden und einfühlend erkannt zu werden, auf eine Weise, die das Scheitern dieses Bedürfnisses in der Kindheit dokumentiert. Er hat sich mit einer omnipotenten, jedoch gefühllosen Elternfigur identifiziert, welche die irrenden Kinder der Gesellschaft aufspürt, ihre Taten und Motive genau rekonstruiert. Der enttäuschte Wunsch, wahrgenommen und verstanden zu werden, hat das Kind dazu geführt, sich voller Haß von den eigenen emotionalen Bedürfnissen abzuwenden. Seine innere Zuflucht ist die Rolle des mächtigen Analytikers und Entdeckers, des sachlichen, kühlen, nur von kontrollierbaren, vernünftigen Beweggründen geführten Agenten, der die Übeltaten der haßerfüllten, gekränkten Opfer aufklärt.

Wir kommen hier wieder auf die bereits öfter angedeutete Parallele zwischen dem Helden und dem Helfer. Beide gewinnen ihre Macht aus der tröstenden Identifizierung mit eben jener omnipotenten, einfühlenden, hilfreichen Gestalt, die ihnen als Kind bitter fehlte. Der Autor wie der Konsument von Heldengeschichten bieten solche Identifizierungen freigebig an und sind selbst an ihnen beteiligt. Immer steckt in ihnen jedoch die Abwertung einer verdeckten eigenen Wirklichkeit, aus der heraus die Identifizierung erfolgte und die sie abwehren soll. Der Helfer ist alles, nur nicht mehr das hilfsbedürftige, anspruchliche Baby. Der Held ist alles, nur nicht schwach und abhängig, der Detektiv ganz gewiß nicht unvernünftig, verwirrt, hilflos wie ein Kind in den Labyrinthen der komplizierten bürgerlichen Erwachsenengesellschaft. Je weniger ohnmächtig, hilflos und verwirrt sich Kinder in einer Gesellschaft fühlen, desto weniger notwendig sind in der Mythologie dieser Gesellschaft vollkommene, jeder Situation gewachsene, allmächtige und allwissende Helden.[1] Die

1 KRACAUER (a. a. O., S. 62) weist auf die Parallele zwischen Detektiv und

so oft weinerlichen und angstvollen Helden der Griechen und die häufig nach unseren europäischen Gesichtspunkten völlig unheldenhaften Halbgötter der Primitiven zeigen das sehr deutlich. Andererseits bezeugen die Super-Helden der Comics und Filme heute, wie einsam, ohnmächtig, verwirrt und hilflos sich die Kinder unserer Epoche fühlen.

Superman

> «Ich habe zuweilen geträumt, ich könnte fliegen: der Körper ist vorhanden, hat aber weder Umfang noch Gewicht und scheint sich in ein rein geistiges Wesen verwandelt zu haben, das frei in alle Richtungen streben kann, ohne durch den hindernislosen Raum beengt zu werden. So bin ich geschwebt, hoch über der Erde hin, weit über sie hinaus, von Mond zu Mond, von Stern zu Stern, aus einer Unendlichkeit in die andere, von unaussprechbarer Wonne erfüllt. Das war nicht eine Wonne darüber, daß ich selbst es war, der den Raum besiegte, sondern die demütige und vertrauensvolle Seligkeit, daß allmächtige Liebe mich trug und immer weiter und weiter führte. Dann lag ich nach dem Erwachen noch lange geschlossenen Auges da, um mich langsam zu besinnen, daß es nur ein Traum gewesen und ich ein ohnmächtiger Knecht der Zeit und des Raumes sei.» [1] KARL MAY

Old Shatterhand kann die Phantasie, fliegen zu können und nicht nur die Prärie, sondern auch den Weltraum zu erobern, nicht als eigene Leistung erleben, sondern als Getragensein

Arzt hin: «Der Beruf des Arztes nämlich, der ihm seit Watsons glorreicher Geburt öfters verliehen wird, ist dem des Detektivs ähnlich genug, um zu ihm hinzuleiten, und zugleich so unterschieden von ihm, daß er vor Verwechslungen schützt. Auch der Arzt, der die Diagnose stellt, entwirrt aus Indizien das ihm aufgegebene Geheimnis mit den Mitteln des Intellekts, dem die scheinbar irrationale Intuition nur die Wege bereitet, und so wird seine Tätigkeit mit jener anderen vergleichbar, die aus dem kriminellen Befund den Verbrecher erschließt.»

1 K. MAY, Old Surehand I, Bamberg 1949, S. 324

Das Leuchten im Auge der Mutter ist das narzißtische Lebenselixier der Kindheit – Supermans Laser-Blick drückt diese Bedeutung des Sehens in einer aggressiven Übersteigerung aus.

durch ein allmächtiges Objekt. Diese Mäßigung ist ein halbes Jahrhundert später gegenstandslos geworden. Superman wird gefunden, der Eingeborene eines fremden Planeten, von seinem weisen Vater auf die Erde geschickt, wo seine Fähigkeiten zu Superkräften werden. Er ist «der Stählerne», unverwundbar, von so unerschöpflicher Körperkraft, daß er Eisenbahnzüge anhalten, Flugzeuge tragen, ja die von Erdbeben zerrissene Landschaft wieder zusammenfügen und endlich gar den Lauf der Erde selbst aufhalten kann. Sein Röntgenblick durchdringt Mauern und Verkleidungen, sein Hitzeblick zerschmilzt Metall, er braucht weder Nahrung noch Atemluft, er fliegt von Stern zu Stern. Gerade weil Superman und die zahlreichen anderen Superhelden der Comics (die zum Teil in andere Medien, wie Filme, Fernsehserien und Rundfunk übertragen wurden) gelegentlich als typischer Ausdruck «des Narzißmus» der Gegenwart

Clark Kent verwandelt sich in Superman – der Zuschauer weiß um ein Geheimnis, das sonst niemand kennt.

In den Weiten der Luft bewegt sich Superman geborgen und unverwundbar wie der Embryo im Mutterleib.

bzw. der jugendlichen Leser gedeutet werden [1], scheint mir eine kritische Betrachtung notwendig. Diese soll geschichtliche und soziale Aspekte ebenso berücksichtigen wie psychoanalytische. Nur wenn wir die Gemeinsamkeiten zwischen den Superhelden der gegenwärtigen Jugendliteratur und den Helden früherer Zeiten herausarbeiten, ist es auch möglich, die Unterschiede genauer zu sehen und damit zu ermitteln, was womöglich wirklich neuartig ist an der Antwort von Menschen unserer Zeit auf narzißtische Fixierungen.

Ich habe beschrieben, wie die Phantasie des Jugendlichen versucht, in der Gesellschaft der Helden, von denen er erfährt, mit einem eigenen Bild vertreten zu sein, dem er Züge noch größerer Macht verleiht. Die geistigen Väter Supermans, JERRY SIEGEL und JOE SHUSTER, haben den Helden bereits in ihrer eigenen Jugendzeit erfunden. Später suchten sie fünf Jahre lang nach einem Verleger. Mit Argumenten wie «zu fantastisch» oder «unverkäuflich» wurden sie abgewiesen.[2] Erst 1938 übernahm die Firma Action Comics Superman, und er wurde rasch zu einem Verkaufsschlager, bekam eine eigene Heftserie, wurde von den Tageszeitungen übernommen und war im Zweiten Weltkrieg sehr zum Entsetzen der Militärgeistlichen die bevorzugte Lektüre der amerikanischen Soldaten.[3] Der Weltkrieg bot Superman ungeahnte Möglichkeiten, sich zu entfalten, denn bisher hatte er seine Superkräfte nur angesichts von Naturkatastrophen wirklich zeigen können, während er jetzt feindliche U-Boote zu Brezeln verdrehte.

Supermans Erfinder stehen durchaus in einer geschichtlichen Kontinuität – seine Ahnen sind Achill und Siegfried, beide wie er unverwundbare Helden mit einer schwachen Stelle (der Achil-

1 H. G. TRESCHER, Narzißmus und Comic. Archaische Seelentätigkeit und die Comics der Superhelden. Kindheit 1, 87–104, 1979. – Ders., Sozialisation und beschädigte Subjektivität, Frankfurt a. M. 1978

2 R. C. REITBERGER u. W. J. FUCHS, Comics. Anatomie eines Massenmediums, München 1971, S. 104

3 REITBERGER/FUCHS, a. a. O., S. 104

lesferse, dem durch das Lindenblatt verursachten Flecken und bei «Supie» der Anfälligkeit für Kryptonit, einem Gestein seines Heimatplaneten). Es ist überraschend, wie stabil sich viele Elemente des Heldenmythos erweisen. Wie Moses und Sardon wird auch Superman als Kind ausgesetzt, um von seinem untergehenden Heimatplaneten Krypton als einziger Überlebender die Erde zu erreichen. Er wird von niederen Eltern – dem ältlichen Ehepaar Kent – aufgezogen und trägt den Namen, den sie ihm gaben, als zweite Identität: Clark Kent.

Als Clark Kent muß Superman wie jeder Bürger durch die eigene Tätigkeit seinen Lebensunterhalt verdienen (und oft kommt Clark Kent nur deshalb pünktlich ins Büro, weil Superman die Fähigkeit besitzt, mit Überlichtgeschwindigkeit zu reisen). Es liegt nahe, die Doppelexistenz der Superhelden als einfache Übertragung der inneren Situation des narzißtischen Träumers zu sehen, der sein zweites Selbst als grandiosen Helden phantasiert. «Könnte nicht jeder von uns ein verkappter Superheld sein, dessen Äußeres nur die Fassade seiner geheimen, zweiten Identität ist?» fragen daher auch FUCHS und REITBERGER.[1] Doch genügt diese Deutung nicht. Die Doppelexistenz von Superhelden ist nämlich meist nicht so, daß sie dem durchschnittlichen Leser eine Identifizierungsmöglichkeit anbietet – im Gegenteil, sie weckt in ihm Gefühle der Überlegenheit und des Mitleids. Der Alltag der Superhelden ist besonders eintönig, ihr Mut und ihre körperlichen Fähigkeiten sind besonders schwach entwickelt, die notwendige Tarnung verbietet jeden Narzißmus, jede Auffälligkeit, häufig sogar jede sexuelle Befriedigung. Kein Wunder, daß FEIFFER geradezu vom Masochismus der Superhelden[2] spricht. Der Leser nimmt ihnen gegenüber eine mittlere Position ein. Er fühlt sich weder so hilflos wie Clark Kent noch so übermächtig wie Superman. Das heißt auch, daß er durch die Lektüre sein Selbstgefühl auf einer mittleren Ebene

1 a. a. O., S. 124
2 JULES FEIFFER, The Great Comic Book Heroes, New York 1965

David gegen Goliath im Computerkampf: Die gute und die böse Technik

befestigen kann. Andererseits ist es so, daß Clark Kent durch seine Tarnung wirklich sehr viel besser geschützt ist und von Niederschlägen verschont bleibt als Superman, der – dem bereits aufgezeigten Mechanismus der Wandlungen des Selbstgefühls getreu – in nahezu jeder Episode eine Beinahe-Niederlage erleidet, aus der er sich erst in letzter Minute durch einen grandiosen Neubeginn befreit.

Bei Karl May, dessen Nähe zu der doppelten Identität der Superhelden schon gezeigt wurde, findet sich in dem Roman über «Die Herren von Greiffenklau» ein buckliger Hauslehrer Dr. Müller, der in Wirklichkeit ein schneidiger, adeliger Ulanenrittmeister ist. Diesen Ulanenrittmeister verehrt eine schöne Frau in schwärmerischer Liebe, nachdem sie ihn nur ein einziges Mal gesehen hat – zu dem buckligen Doktor entwickelt sie eine auf längerer Bekanntschaft beruhende Zuneigung. Am Ende erkennt sie, daß sie in beiden dieselbe Person liebt; ihre Unsicherheit hat ein Ende. Diese Situation zeigt

Die Geburt eines Superhelden: Doppelexistenz und Helferschwur

eine weitere Funktion der Doppelidentität. Sie verschafft eine grandiose Überlegenheit des Wissens und der Macht. Dem Dr. Müller ist es ein leichtes, die Geliebte des Ulanen auf die Probe zu stellen, ebenso wie Clark Kent für Superman spioniert und umgekehrt. Karl May stellt sich selbst als Alltagsidentität von Old Shatterhand zur Verfügung. Er kann das tun, weil der Wechsel in die Heldenexistenz immer auch von einem räumlichen Wechsel begleitet ist und weil die Quelle der Allmacht aus Old Shatterhand/Karl May hinaus auf Gott verlagert wird. Superman ist hingegen selbst allmächtig, mit Ausnahme seiner «kleinen Schwächen», die es ihm erlauben, immer wieder die Dynamik des Selbstgefühls zu dokumentieren. Wäre Superman wirklich in sich selbst geschlossen und konsequent, könnte er niemals in dramatische Erzählungen verwickelt werden.

Geheimnisvolle Geburt, Aufwachsen bei schlichten Eltern und plötzliches Heraustreten aus der Anonymität nach einem

Helfer-Schwur[1] machen Superman zu einer Erlöser-Gestalt, die durchaus Züge eines verweltlichten Jesus Christ Superstar trägt. Die Frage nach der Entstehung von so vielen Dimensionen der Unbesiegbarkeit und Grandiosität, wie sie Superman verkörpert, soll hier zunächst auf der Ebene der bewußtseinsnahen Phantasietätigkeit beantwortet werden.

Die von der technischen Zivilisation bestimmte Erwachsenenwelt begegnet dem Kind als undurchschaubar und faszinierend zugleich. In dieser Welt muß der langsame Prozeß der Verselbständigung ganz anders aussehen als in einer Welt, die von natürlichen Symbolen der Grandiosität bestimmt ist – etwa von Reitern zu Pferde, wilden Stieren, Elefanten oder Löwen. In einer Welt, in der Lokomotiven und Panzer, Flugzeuge und Kriegsschiffe[2] zu Symbolen der Macht werden, genügt die bloße Körperkraft und Gewandtheit eines Helden wie Tarzan nicht mehr. (Es sei denn, Autor und Leser halten sich ständig in den regressiven Schauplätzen des Dschungels und versunkener Königreiche auf, in denen noch nicht einmal Feuerwaffen mit einiger Sicherheit gehandhabt werden.)

Schrittweise entwickelt sich das Kind aus einem Stadium, in dem es unbedingt auf die Hilfe der Erwachsenen angewiesen ist, zu wachsender Autonomie und damit zu der Fähigkeit, mit den Erwachsenen zu konkurrieren. Diese Fähigkeit wird in einer von der Konkurrenz vorgeblich freier Individuen bestimmten Gesellschaft gefördert und gefordert. Ein Zweijähriger wird mit einem Erwachsenen nicht um die Wette laufen, sondern auf längeren Wegen bitten, getragen zu werden. Ein Achtjähriger wird

1 ‹Clark decided he must turn his titanic strength into channels that would benefit mankind. And so was created – – SUPERMAN champion of the oppressed, the physical marvel who had sworn to devote his existence to helping those in need.› Superman Comics, zit. n. Reitberger/Fuchs, a. a. O., S. 101

2 In einem Beschwörungsgesang der Cuna-Indianer taucht der Dampfer des weißen Mannes neben Jaguaren und Heilpflanzen als Symbol für die Kräfte des Schamanen auf. Vgl. W. Schmidbauer, Psychotherapie – Ihr Weg von der Magie zur Wissenschaft, München 1979

seinem Vater vielleicht einen Wettlauf anbieten und diesen außer Atem bringen. Bemächtigung der Welt und damit Verselbständigung des Individuums sind in unserer Gesellschaft an solche Situationen geknüpft – auch die ödipale ist eine von ihnen, auch sie tritt erst auf, wenn sich das Kind bereits in einer Reihe von Situationen als Konkurrenten des Erwachsenen erlebt, als jemanden, der zumindest der Möglichkeit nach ebenso «gut» (d. h. leistungsfähig) ist wie dieser.

Doch besteht die Welt der Industriegesellschaft nicht mehr nur aus Menschen. Maschinen spielen in ihr eine wichtige Rolle, und daher werden auch Maschinen zum Objekt der Rivalität. Ich erinnere mich noch an die Enttäuschung meiner achtjährigen

Die körperliche Überlegenheit des Superhelden über die Technik

Tochter, als sie erfuhr, daß Autos schneller sind als die von ihr geliebten Pferde oder Hunde. Die natürlichen Objekte würden lediglich Einsatz und Übung der natürlichen Fähigkeiten fordern, um sich ihnen gegenüber zu behaupten. Was aber mit den zahlreichen Situationen, in denen Maschinen mit weit übermenschlichen Fähigkeiten zum Objekt der imaginären Konkurrenz werden?

Superman ist eine Antwort auf diese Frage. Er ist nicht nur (wie der gepanzerte Ritter oder der ungepanzerte Achill/Siegfried) durch Pfeile und Schwerter unverwundbar, sondern auch durch Artilleriegranaten und Atombomben. Er kann nicht nur, wie Tolkiens Elben, auf einige Wegstunden weit einen Finken von einer Amsel unterscheiden, sondern mit Hilfe seines Röntgenblicks die Computerprogramme fliegender Raketen enträtseln. Während der Zivilisationsmensch immer abhängiger von Maschinen wird und auf sie große Teile seiner Beziehungen zu den omnipotenten Objekten der frühen Kindheit überträgt[1], macht sich Superman gänzlich unabhängig von ihnen, indem er sie alle übertrifft. Er braucht keine Waffe, denn er ist ganz Waffe. Er braucht kein Flugzeug, keine Rakete, denn er ist allein mit seinem Körper schneller als jedes Raumschiff. So ist er der vollkommene Maschinenmensch und der Maschinenstürmer in einer Person: Begnügte er sich im Zweiten Weltkrieg noch damit, feindliche Schiffe mit Faustschlägen in Schrott zu verwandeln, so erledigt er heute die Raumflotte einer fernen Galaxie, indem er wie eine Super-Granate durch die in Linie fliegenden Schiffe hindurchsaust und sie allesamt zertrümmert. Die volle menschliche Macht über die Maschine, die sich bei jedem Zusammenstoß zwischen einem Fußgänger und einem Automobil als Ohnmacht

1 Die Gefühle vieler Menschen beim Versagen ihres Automobils oder ihres Fernsehempfängers wiederholen die narzißtische Kränkung durch ein Versagen der frühen Bezugspersonen, die als Selbst-Objekte (d. h. als Teil des eigenen Selbst) erlebt werden. Fliegen oder schnelles Autofahren gewinnen ihren Reiz wohl teilweise aus dem Gefühl, ein solches omnipotentes Selbst-Objekt völlig zu beherrschen.

und Verletzlichkeit erweist, ist durch Superman wiederhergestellt.

Diese Macht über die Maschine als Macht des menschlichen Körpers entspricht einer animistischen Auffassung der Technik. Es ist irrational, ein Auto wie ein lebendiges Wesen zu erleben, aber diese Unvernunft entspricht dem Erleben des Kindes, das keine Möglichkeit hat, die komplizierten Strukturen der Maschinen zu verstehen. Teile dieser Unvernunft bleiben auch bei den Erwachsenen erhalten (der Aberglaube von Autofahrern und Piloten bezeugt das). In jedem Fall ist es für einen Heranwachsenden leichter faßbar, daß Superman in die Tiefe des Meeres taucht und ein feindliches U-Boot zerknüllt, als sich die komplizierte Technik einer Unterwasserbombe und ihrer Wirkungen auf das U-Boot vorzustellen.

Superman und andere Superhelden gehen durchaus auf die historischen und gesellschaftlichen Bedingungen unserer Zeit ein. Das zeigen auch die in vielen Comics nachweisbaren Versuche, den Helden mit Personen der Zeitgeschichte in Zusammenhang zu bringen. Besonders aufschlußreich, weil auf einen höchst realen narzißtischen Helden bezogen, ist «Superman gegen Muhammad Ali – Der größte Boxkampf aller Zeiten und Welten». Um die besondere Eigenart und die Kunstgriffe der Superhelden-Comics genauer zu fassen, hier eine kurze Inhaltsanalyse:

Auf dem Titelbild stehen sich Muhammad und Superman im Boxring gegenüber, umringt von zahllosen Zuschauern, unter denen man (unterstützt durch eine erklärende Illustration im Innern des Heftes) einige fünfzig Berühmtheiten der USA erkennen kann (unter ihnen Jimmy und Rosalyn Carter, Batman, Kurt Vonnegut, Andy Warhol, Frank Sinatra, aber auch Joe Shuster und Jerry Siegel, die Erfinder Supermans). Die Erzählung beginnt damit, daß drei Reporter Muhammad Ali in einem Slum von Metropolis aufsuchen, um ihn zu interviewen. Plötzlich erscheint in einer Lichtaureole ein Außerirdischer, schwerbewaffnet und herrisch. Er schlägt die Reporterin, Muhammad Ali verteidigt sie ritterlich und versetzt dem Außerirdischen einen Magenhaken, der ihn zwei Meter zurückwirft. Clark Kent stiehlt sich davon. Er gibt vor, die Polizei zu holen, alle halten ihn für einen Feigling. In einer Seitenstraße verwandelt er sich in Superman und sucht die

Flotte der Außerirdischen. Diese wollen gerade mit ihren Raketen eine ganze Stadt vernichten, zur Strafe dafür, daß jemand ihren Boten angegriffen hat. Superman kann die Raketen nicht aufhalten, denn sie sind aus Plasma und durchqueren seinen Körper. Deshalb produziert er in Nanosekunden durch seinen hyperschnellen Flug einen Luftwirbel, der die Raketen in den Atlantik lenkt, wo sie detonieren. Sie verursachen eine riesige Flutwelle, welche die Bermudas begraben würde, wenn sie nicht Superman durch eine ebenso gigantische Schallwelle aufhalten würde, die er durch das Aneinanderschlagen seiner Fäuste erzeugt. Erst jetzt können die Scrubbs – so heißen die Außerirdischen – ihr Anliegen vermitteln. Sie wollen, daß ein Erdenbürger mit ihrem Champion boxt, um zu klären, wer stärker ist. Als sich Muhammad Ali weigert, bedrohen die Scrubbs die Erde mit völliger Zerstörung und richten ihre Raketen auf eine unbewohnte Insel, die tatsächlich aufgelöst wird. Nun streiten sich Superman und Ali, wer die Erde im Boxkampf vertreten soll. Die Scrubbs zwingen sie wieder mit der Drohung, sonst die Erde zu vernichten, diesen Kampf auf ihrem Heimatplaneten auszutragen. Dieser hat eine rote Sonne, unter der Superman seine Superkräfte verliert und auch nicht stärker ist als ein gewöhnlicher Mensch. Deshalb zieht er sich mit Ali in einen frei im Weltraum schwebenden Trainingsring zurück, wo die 24-Stunden-Frist, die die Scrubbs gesetzt haben, sich auf ebenso viele Tage verlängert. Dort erteilt Ali in seiner gewohnt großsprecherischen Art dem «Stählernen» unter einer Rote-Sonne-Lampe eine Boxlektion. Auf dem Heimatplaneten der Scrubbs finden zwei Kämpfe statt: Zuerst schlägt Muhammad Superman zusammen, der die Bewunderung aller Zuschauer dadurch erringt, daß er einfach nicht umfallen will, obwohl er die schwersten Treffer einstecken muß. Ohnmächtig wird er endlich fortgebracht und von Muhammad selbst betreut. Dann folgt der zweite Kampf: Der riesige Champion der Scrubbs tritt gegen Ali an. Plötzlich erscheint eine göttliche Gestalt – auf der Erde Pallas Athene genannt, auf dem Heimatplaneten der Scrubbs Aurenim – und tritt an die Stelle des Roboter-Schiedsrichters, der den Kampf zwischen Supie und Ali leitete. Sie verspricht, die Herzen beider Kämpfer mit Fairness zu erfüllen und entschuldigt Alis Beschimpfungen und Schmähreden als berechtigte, psychologische Kriegführung. Alis Gegner ist viel größer und schwerer, er droht Ali zu schlagen, der seinen Sieg in der vierten Runde angekündigt hat. Indessen schleicht sich Superman, als Alis Ringbetreuer verkleidet, in die Kommandozentrale der Scrubbs ein, die er – ehe er seine Superkräfte verlor – mit Röntgen- und Teleskopblick erforscht hat. Dank des Boxtrainings durch Ali erledigt er auch ohne Superkraft drei Gegner und kommandiert die Kampfflotte zurück. Sein Argwohn, daß der Herrscher der Scrubbs geistesgestört ist und die Erde in jedem Fall vernichten will, wird wenig später bestätigt. Statt des Untergangs der Erde, den der böse Ober-Scrubb auf dem interplanetaren Boxkampf ankündigt, sieht die erschreckte Menge einen

Titanenkampf Supermans gegen die Raumflotte. Fern von der roten Sonne hat er seine Kräfte wiedergewonnen, und obwohl es ihn fast das Leben kostet, saust er wie ein Torpedo durch die Kriegsschiffe und zerstört ihre Antriebsaggregate. Danach ist er ohnmächtig, doch als der Scrubb-Tyrann eine zweite Flotte ausschicken will, um die Erde doch noch zu vernichten, wirkt der Zauber Athenes. Der von Ali doch noch besiegte Champion der Scrubbs schlägt den verrückten Kriegshetzer zusammen, macht eine Militärrevolte und erklärt die Erdenmenschen für faire, der Freundschaft jedes gutwilligen Scrubb werte Gegner. Superman wird heimgeholt, und die drei besiegeln ihre Freundschaft. Die Moral von der Geschichte steht auf der vorletzten Seite. Der größte Fehler des abgesetzten Scrubb-Tyrannen war, daß er die Erdenmenschen für ehrlos und kriegerisch erklärte und dann einen Kampf zuließ, in dem sie sich als fair, ehrlich und selbstlos erwiesen. Diese Eigenschaften respektieren die Scrubbs an allen, und daher wurde der Bösewicht abgesetzt. «Fairness hat die Erde gerettet?» fragt die Reporterin und Kent-Freundin Lois Lane ungläubig. «Im Grunde kommt es nur darauf an», erwidert Muhammad Ali. «Wenn mehr Leute versuchen würden, wenigstens fair zu sein, hätte mein Volk ... alle Menschen ... ihren gerechten Anteil am Leben! Und alle könnten Freunde sein!» Supie und Ali jedenfalls scheiden als Freunde, und Ali hat sogar die geheime Identität Supermans als Clark Kent entdeckt, gehört also hinfort zu den Eingeweihten in die Welt der Superhelden.[1]

Die Struktur dieser Erzählung verbindet reale Elemente – ein Slum, Muhammad Ali, die Praktiken des Fernsehens (das inzwischen, Zeitung und Rundfunk ablösend, Clark Kents Auftraggeber geworden ist) mit kosmischen Phantasien. Clark Kent bewegt sich durch diese Wirklichkeit und sucht in ihr Neuigkeiten – auch neue Abenteuer. Er ist, so bescheiden und ängstlich er sich ausnimmt, das in der Realität aktive Selbst. Sein Handeln wird durch eine übermenschliche, gigantische Drohung durchkreuzt – einen Außerirdischen, und dieser mit seiner Raumkriegsflotte ist «wie es so schön heißt ein Job für Superman!»[2]

1 D. O'Neill (Story), N. Adams (Text und Zeichnung), Superman gegen Muhammad Ali, Übers. v. P. Jeppsen, DC-Comics Inc. u. Ehapa-Verlag, Stuttgart 1978

2 Superman gegen Muhammad Ali, S. 6

Um diese Drohung abzuwehren, wird Superman aktiv. Dabei gerät er immer wieder an die Grenzen seiner Fähigkeiten, wird überrumpelt und kann erst – wiederum in der Reaktion auf diese Überrumpelung (etwa durch die Plasma-Raketen, durch die Flutwelle) – in letzter Sekunde die Gefahr abwenden, was auch heißt, den gegenwärtigen Gleichgewichtszustand erhalten. Es geht Superman nie darum, das Slum von Metropolis zu verändern («dieses Ghetto der Armen durchstreifen die Reporter Clark Kent, Lois Lane und Jimmy Olson ... ein Trio, das hier fehl am Platze scheint ...»)[1], sondern er wendet eine kosmische Bedrohung ab, die nicht nur dieses Slum, sondern die ganze Stadt, die ganze Erde vernichten würde. Er hält sich nicht mit den Kleinigkeiten der sozialen Wirklichkeit auf; die Nutzanwendung, die Moral dieses modernen Mythos entspricht folgerichtig dem amerikanischen Traum, wonach «mehr Fairness», mehr moralisches Bemühen, ausreichen wird, um Ungerechtigkeit und Unterdrückung abzuschaffen.

Narziß im Weltraum

Superman im Weltraum – in rasender Geschwindigkeit von Planet zu Planet, von Galaxie zu Galaxie eilend. Der Held muß, nachdem die Erde ganz kartographiert ist, neue Welten, neue freundliche Weiten suchen. In der Prärie trifft er auf Mähdrescher und Highways, in der Wüste auf Pipelines und Gewächshäuser. Der Traum von der Raumfahrt, von stellaren und interstellaren Konflikten und Siegen, ist für den spätbürgerlichen Narzißmus an die Stelle der wilden Inseln getreten. Er kann Elemente aus allen früheren Heldengeschichten aufnehmen: da sind (im «Krieg der Sterne») gepanzerte Ritter mit Laser-Schwertern und Turnier-ähnlichen Duellen, da sind menschenfressende Eingeborene, diesmal auf fremden Sternen, von Frauen wie weiland

1 a. a. O., S. 4

Galactus, der ganze Welten verzehrt, ist die extremste Projektion narzißtischer Unersättlichkeit. Dieser Hunger ist über Gefühle «erhaben» – daher der für die Superhelden allgemein gültige Satz «Emotion is for lesser beings».

von den Amazonen beherrschte Städte, in die nun nicht Tarzan eindringt, sondern ein Astronaut im Raumanzug. Der moderne Robinson wird nicht mehr auf eine Insel in der Karibik verschlagen, sondern auf einen ganzen eigenen Planeten, er bastelt nicht mit Wrackteilen, sondern an der Elektronik eines Raumschiffs, unterstützt von Robotern. Der Weltraum ist real keine «freundliche Weite». Wer ihm schutzlos ausgesetzt ist, stirbt binnen kürzester Zeit. So ist der Raumfahrer ein typischer Held unserer Zeit, wobei Superman, der ohne jedes Hilfsmittel den Raum durcheilen und zu den Sternen fliegen kann, die grandiosen philobatischen Träume noch deutlicher verkörpert als etwa Perry Rhodan, der – fast unsterblich geworden – mit einem riesigen Raumschiff durch die Dimensionen reist, auf der Suche nach dem mystischen «Es».

An einer eben gestarteten Saturn-Rakete erkennt Superman durch seinen Superblick ein unsichtbares Wesen, das sie abdrängt. Er kämpft mit diesem Wesen, kann aber nicht verhindern, daß die Rakete den Kurs verliert und von der NASA gesprengt werden muß; sein Gegner löst sich auf, und Superman kann nurmehr in Minutenschnelle die Raumkapsel zum Mars bringen, wohin sie ursprünglich sollte. Diese Tat macht am nächsten Tag Schlagzeilen («positive Stories ... wären noch viel seltener, wenn es nicht einen SUPERMAN gäbe»). (Die Berichterstattung in Zeitung und Fernsehen ist für Superman sehr wichtig: seine narzißtischen Bedürfnisse gesteht er sich selbst und damit den Lesern ebenso freimütig zu, wie er seine sexuellen totschweigt.) Später interviewt Clark Kent einen Verein, der sich «Raumskeptiker» nennt und die Raumfahrt für Schwindel erklärt. Er kommt darauf, daß die Mitglieder dieses Vereins keine Menschen sind («ohne Herztöne ... mit einer Körpertemperatur unter Null»). Superman ermittelt, daß es sich um Vertreter eines fernen Planeten handelt, eine geistig sehr hochstehende Rasse, die sich als Menschen getarnt haben, als ihr Raumschiff bei einer Notlandung zerstört wurde. Um jede Sehnsucht nach einer Rückkehr zu beenden, löschen die Außerirdischen freiwillig die Erinnerung an ihren Planeten und an die Möglichkeit einer Heimkehr. So leben sie viele Jahrhunderte als Menschen verkleidet, doch als die irdische Technik soweit entwickelt ist, daß Raumfahrt in den Bereich des Möglichen rückt, führt ihre seelische Sperre die Außerirdischen dazu, die Existenz von Weltraum und Raumfahrt zu leugnen. Sie gründen den Verein der Raumskeptiker. Zugleich jedoch materialisiert sich ihre blockierte seelische Energie zu einem dämonischen Wesen, dem Vereitler, der nun tatsächlich Raumschiffe von ihrem Kurs abbringt und durch seine unerschöpfliche Ultraenergie sogar Superman gefährlich wird. Dieser löst in einer Nacht das Haus der ahnungslosen Außerirdischen mitsamt einem Stück Fels aus der Erde, umgibt es mit einer Luftblase, stattet es mit künstlicher Schwerkraft aus und schubst das ungewöhnliche Raumschiff in Richtung des Heimatplaneten der Raumskeptiker, die sich – den Weltraum um sich – endlich an ihre Vergangenheit erinnern (die Superman im Kampf vom Vereitler erfahren hat).[1]

Auch diese Geschichte greift ein Zeitproblem auf. Zweifler, welche die ganze Raumfahrt für einen dollarträchtigen Schwindel halten, gibt es tatsächlich in den USA und anderswo. Was neben dem obligaten Kampf der Giganten mit Beinahe-Niederlage fesselt, ist die psychologische Argumentation. Dieses Superman-Heft ließe sich ohne weiteres in einem Volkshochschulkurs als Lehrmaterial über die Verdrängung und ihre Folgen verwenden. Solange keine Verführung von außen droht, kann die Verdrängung stabil bleiben; angesichts dieser Verführung jedoch müssen zusätzliche Abwehrmechanismen (die Reaktionsbildung, d. i. die Gründung eines Vereins gegen die Existenz der Raumfahrt) eingesetzt werden. Auch sie können die unbewußte seelische Energie nicht binden; es kommt zu einer (Superman-Welt-typischen) Symptombildung. Der «Vereitler» entsteht, ein Symbol für ein neurotisches Symptom, wie man es anschaulicher kaum mythifizieren könnte. Superman arbeitet teils analytisch (mit Hilfe seiner Teleskop-Sinne), teils pragmatisch: Er bringt die Verdrängenden einfach in eben den Teil der Wirklichkeit, welchen sie verleugnen, und zwingt sie auf diese Weise, die Verdrängung rückgängig zu machen. Gleichzeitig verschafft er den irrenden Kindern des Weltalls wieder ihre Heimat – ist er doch selbst ein solches Kind, ein Robinson auf der Erde, und zugleich der mächtigste Helfer aller bedrängten Außerirdischen und Irdischen.

Bereits die erste und in ihrer Zeit höchst einflußreiche amerikanische Science-fiction-Serie in den Comics enthält das Robin-

1 Superman, Heft 18/1980: Der große Raumfahrt-Schwindel, Stuttgart (Ehapa-Verlag)

Gegen Thors Hammer sind die mächtigsten Waffen der Trolle wie Kinderspielzeug.

son-Thema: Ihr Held, Buck Rogers, wird durch ein Gas im tiefsten Stollen eines Bergwerks in einen fünfhundertjährigen Schlaf versetzt und findet sich – erwacht – in einer fremden Welt. Ray Bradbury, später selbst ein namhafter Autor von Zukunftsromanen, sagt über den Einfluß dieses Buck Rogers auf seine jugendlichen Träume:

> «Von einer öden Wirklichkeit niedergeschlagen und vor Sehnsucht nach Romantik vergehend, wagten wir uns in die Weiten des Weltraums und ertranken voller Glück in ihnen. Der Feind jedes Jungen ist die Schwerkraft, und siehe da – in den ersten Tagen von Buck Rogers reißt uns diese unglaubliche Substanz ‹Inerton› von den Füßen und schleudert uns hinauf in den Himmel, endlich frei. Frei nicht nur über Hunde, Flüsse und Wolkenkratzer zu springen, sondern frei die Sterne herauszufordern.» [1]

Das Raumschiff ist die Steigerung der Technik gewordenen Allmachtsphantasie. Es macht die tödlichen, leeren Entfernungen zwischen den Gestirnen zu freundlichen Weiten, die im Nu

1 Zit. n. Fuchs/Reitberger, a. a. O., S. 68 (Übers. v. Verf.)

durcheilt werden. Keine Abhängigkeit von einer Maschine kann größer sein als die Abhängigkeit des Astronauten von seinem Raumschiff. Die nicht nur in Comic-Books, sondern auch in Romanen und Filmen so beliebte Situation des Raumkreuzers in Not, die in letzter Minute abgewendet wird (oft durch so vertraute Mittel wie List oder Körperkraft), transponiert das narzißtische Grundthema in eine hochtechnisierte Zukunft, wobei fast immer die wirtschaftlichen und historischen Grundlagen ähnlich naiv aufgefaßt werden wie in den Ritterromanen der Artushof. Die Raumschiffe haben eine heile Heimat hinter sich, oder sie tragen sie sogar in sich, wie Perry Rhodans «Terra», auf der bereits Tausende von Menschen leben, die im Raumflug geboren sind.

Eingangs wurde der Supermarkt der Helden angesprochen: Die Massenmedien greifen heute auf alle erdenklichen Gestalten zurück und schaffen synkretistische Mythen, Strukturen, in denen sich alt und neu zu schwer durchschaubaren Gebilden vermengen. Daß Pallas Athene in einem Boxkampf zwischen Muhammad Ali und Superman als Ringrichter auftritt, ist keineswegs ein Sonderfall. Viele Zukunftsreisende begegnen auf fernen Planeten den Göttern des Olymp, den Feudalrittern der Artuszeit, Gestalten aus der Bibel oder aus den Heldengesängen Homers. Die auch in Deutschland nachgedruckten Marvel-Comics haben den germanischen Donnergott Thor in eine Science-fiction-Geschichte eingebaut, in der es von Gestalten der griechischen, germanischen und ägyptischen Mythologie wimmelt. Herakles ist gut Freund mit Thor und folgt einer Einladung an die Universität von Kalifornien, nachdem er dem Donnergott geholfen hat, einen Eingang in die Unterwelt der Trolle wieder zu schließen, der bei einem der Titanenkämpfe mitten in Manhattan aufgebrochen ist. Ragnarök, die Götterdämmerung, ist in den bereits über 100 Thor-Folgen schon einige Dutzend Male von Thor erfolgreich abgewehrt worden; in diesem Sinn ist der moderne Mythos optimistischer als der historische. Thor kann mit seinem Hammer gigantische Kräfte entfalten, durch Raum

Der Donnergott war schon immer die populärste Figur des germanischen Pantheons. Aber von 1914 (Müller-Münster) bis zum Thor der Comics hat er sich sehr verändert.

und Zeit fliegen. Ohne ihn ist er hilflos (ein Thema, das bereits in der Edda auftaucht). Bereits im deutschen Volksgut ist Thor-Donar der «beliebteste», volkstümlichste Gott aus dem germanischen Olymp.

Durch diese Vielfalt der Kopien von Heldengestalten ist es schwierig, die spezifischen Merkmale der modernen Super-Helden herauszuarbeiten. Andererseits scheinen gerade die Comic-Helden besonders fesselnd, wenn es darum geht, die unbewußte Phantasietätigkeit unserer Zeit zu analysieren. Die Comics werden gezeichnet und getuscht. In einer Zeit, in der die visuelle Phantasie einerseits ständig angesprochen wird, andrerseits aber in ihr die Pseudo-Realität der Fotografie, der Film- und Fernsehaufzeichnung eindeutig vorherrscht, ist das Comic-Book eine moderne Bibel der Armen und der bildenden Künstler, welche sich nicht in die Elfenbeintürme einer schwer verständlichen «abstrakten» Kunst zurückgezogen haben. Im Mittelalter dienten die (den Comics nicht unähnlich mit Spruchbändern versehenen und in gerahmte Fortsetzungen eingeteilten) Fresken an den Kirchenwänden dazu, einer ungebildeten breiten Volksschicht die Religion der Herrschenden begreiflich zu machen. Sie waren gleichzeitig für die malenden Handwerker eine Gelegenheit, unbefangen ihrer Phantasie freien Lauf zu lassen (vor allem, was die Szenen des Jüngsten Gerichts und der Hölle anging). Leider sind uns diese Freskenzyklen nur in Bruchstükken zugänglich, verblaßt und als kunsthistorische Seltenheit verehrt – nicht mehr als lebensfrische Alltagskunst, wie die Comics.

In den Comics hat ein einzelner Künstler heute noch die beste Möglichkeit, ohne einen übergroßen Apparat seine persönlichen Visionen und Phantasien zu verwirklichen. Er wird sich sicher am Vorhandenen orientieren, aber er kann in gewissen Grenzen mit den Vorlagen frei umgehen.

Viele Anzeichen sprechen nun dafür, daß die Superhelden der Comics eng mit besonders urtümlichen, wenig differenzierten narzißtischen Phantasien zusammenhängen. In der frühesten Lebensphase sind die seelischen Ordnungskräfte im Kind noch wenig entfaltet. Es bestehen erst Vorstufen von Ich (der Aufgaben der Realitätsprüfung erfüllenden seelischen Struktur) und Selbst (dem Bild der ganzen Person im Erleben).

Das heißt, daß die Grenzen zwischen dem Selbst und der umgebenden Welt noch nicht klar erlebt werden. Das kleine Kind trennt nicht zwischen dem eigenen Körper und dem der Mutter, die es stillt. Es hat keine Vorstellung von der Autonomie seiner Lust und seines Leidens. Vielleicht läßt sich gerade die letztere Situation am ehesten in der unmittelbaren Beobachtung nachweisen. Kleinkinder fordern bei inneren Krankheiten, etwa ei-

1939 von Jack Cole erfunden, zeigt Plastic Man bereits lange vor Mr. Fantastic die Auflösung des Körperschemas bei den Superhelden. Ein Säurebad und die freundliche Aufnahme durch einen Geistlichen machen aus einem Gangster den unermüdlichen Kämpfer für Recht und Ordnung, der als bürgerliche Identität seine Gangster-Rolle weiterspielt.

nem Schnupfen oder Magenschmerzen, ebenso gebieterisch von ihren Bezugspersonen, den Anlaß ihrer Schmerzen zu entfernen, wie sie das bei äußeren Belastungen – etwa einem zu eng sitzenden Kleidungsstück – oder bei Hunger und Durst tun.

Die Situation dieses ursprünglichen, noch nicht durch ein klar abgrenzbares Selbst bestimmten Narzißmus ist durch fließende Übergänge zwischen den verschiedenen Sinneswahrnehmungen und durch eine mangelnde Unterscheidung zwischen belebten und unbelebten Dingen gekennzeichnet. Es gibt keine festgefügte Ordnung von unterschiedlichen Bedeutungen, die sich an Erfahrungen orientiert, wie die Dinge zusammenhängen, welche zum Beispiel belebt sind, welche unbelebt, wie groß die Kraft ist, welche dazu dient, Gegenstände zu bewegen, welche Ursachen welche Wirkungen hervorrufen. Raum, Zeit und Kausalität sind nicht als abgrenzbare Grundlagen der Wahrnehmungswelt vorhanden, sondern als Sinneseindrücke, die ineinander übergehen. Innen und Außen, Bewegen und Bewegtwerden, Ich und Du sind nicht getrennt.

Der Erwachsene kann Zustände aus dieser Selbst-Welt-Verschmelzung wiedererleben, wenn er die sogenannten halluzinogenen Drogen nimmt, chemische Stoffe verschiedener Herkunft, welche die festen, angepaßten Formen der Wahrnehmung auflösen zu ihrer ursprünglichen Vielfalt, aber auch Verwirrung.

> «Als gemeinsamen Nenner der psychischen Wirkung aller bisher bekannten Halluzinogene kann man annehmen, daß sie die Stabilität unserer inneren Welt aufheben und die normalerweise strenge Konstanz unserer Wahrnehmungen ‹entstalten›. Alle Eindrücke werden plötzlich wieder neu und einzigartig – der Anblick einer Blume, eines Schuhs oder einer Teetasse kann zu einer mystischen Offenbarung werden ... Man dünkt sich riesengroß und zwergenhaft, man reist durch Raum und Zeit, die Grenzen der persönlichen Identität sind ebenso aufgehoben wie jene zwischen Bild und Begriff, Traum und Wirklichkeit, zwischen Hören, Schmecken und Riechen ... Die Regelprozesse, welche die Beständigkeit unserer Wahrnehmungen gewährleisten, funktionieren nicht mehr. Wenn man im normalen Zustand seine Hand auf die Augen zubewegt, bleibt sie immer gleichgroß, obschon sich das Format ihres Bildes auf der Netzhaut verdoppelt, ja vervierfacht. Hat man ein Halluzinogen genommen, so wächst die Hand, je mehr man sie seinem Auge nähert. Dreht man sie, so sieht man kuriose, knollige Formen, entfernt man sie, so wird sie winzig klein. Unter dem Einfluß der Halluzinogene erkennt man schlagartig, daß der Mensch seine Umwelt nicht in ihrem ganzen Reichtum, in ihrer verwirrenden Schönheit, in ihrer beunruhigenden Unbeständigkeit wahrnimmt, sondern daß uns unsere Sinne nur einen kleinen, begrenzten und zweckmäßigen Ausschnitt sämtlicher Daten vermitteln, die sie empfangen.» [1]

1 W. Schmidbauer/J. v. Scheidt, Handbuch der Rauschdrogen, Frankfurt a. M. 1976, S. 81

Viele formale und inhaltliche Eigenarten der Superhelden in den Comics scheinen wie geschaffen, diese Auflösung der realitätsbezogenen Konstanz in der Wahrnehmung zu illustrieren. Superman selbst schwimmt wie das Baby im Fruchtwasser in den Weiten der Luft oder des Weltraums, grenzenlos, frei, siegessicher. Ein anschauliches Beispiel für die Grenzüberschreitungen und «Entstaltungen» in den Comics bieten die vier Helden Fantastic Four. Durch kosmische Strahlung verwandelt sich der Wissenschaftler Reed Richards in ein Wesen, das sein Körperschema willkürlich verändern kann – seine Arme fünfzig Meter hoch in die Luft recken, sich in vielfachen Windungen um die Augen seines Gegners schlingen, zu gigantischer Größe wachsen oder zur Winzigkeit schrumpfen. Durch den gleichen Zwischenfall wird Benjamin Grimm zu einem Erdkloß, der ungeheuere Kräfte besitzt und praktisch unverwundbar ist (*The Thing* ist sein Kriegsname), Sue Storm wird zum *Invisible Girl*, sie kann sich unsichtbar machen oder unsichtbare Kraftfelder erzeugen; ihr Bruder Johnny verwandelt sich trotz seiner Jugend in *Human Torch* – er kann als Flamme durch die Luft fliegen.

> «Das eindrucksvollste Superhelden-Team der Welt» besteht etwa folgendes Abenteuer. Reed Richards trifft bei seiner früheren Universität ein, um eine Vorlesung zu halten. Dort hat ein «Biologe, spezialisiert auf Übermenschen» einen Drachen gebaut, der an Stärke alle lebenden Wesen weit übertrifft, als Studienmodell. Plötzlich erscheint Diablo, ein Superbösewicht, der mit magischen Hexentränken schier alles erreichen, alle Verwandlungen vollziehen kann. Die Fantastic Four haben ihn vor einigen Monaten unter Felsgestein gefangengesetzt, das er nun mit einem neugebrauten Hexentrank sprengt. Er versetzt sich mit einer weiteren Ampulle nach Amerika und belebt dort den Drachen, mit dem die F. V. (Fantastischen Vier) einen harten Kampf zu bestehen haben, ehe sie ihn mit vereinten Kräften zu Boden zwingen. Flamme wird dabei durch das Drachenfeuer so erhitzt, daß sie den Weltraum aufsuchen muß, um abzukühlen. Währenddessen lähmt Diablo die übrigen drei durch eine Kälteampulle, und Flamme kommt gerade noch rechtzeitig zurück, um sie wiederzubeleben. Ein neuer Kampf entspinnt sich, und Diablo wird kurz vor seinem Sieg von dem Drachen, den er selbst belebte, unter die Eisfläche eines Sees gestürzt: er und der Drache verschwinden.[1]

1 Marvel-Superband Superhelden, Klaus Recht GmbH, Hamburg 1974, Nr. 10, ohne Seitenangaben

Die Gestalt des Gummimenschen Reed Richards ist ein Beispiel für die Konkretisierung von Phantasien, wie sie für den Halluzinogenrausch typisch sind, in den Heldenbildern der Comics. Die oben beschriebene Handlung zeigt deutlich, wie die Instabilität des Körperschemas und die mangelnde Trennung zwischen belebten und unbelebten Objekten im Comic gezielt für Überraschungsmomente verwendet werden. Diese archaische Phantasieebene wird von einer anderen überlagert, auf der scheinbar eine alltägliche Situation hergestellt ist.

Herakles, Thor und Superman unterhalten sich mit Politikern, Journalisten, Polizisten. – Die Fantastischen Vier besuchen ein College, flirten mit den Mädchen, sind eifersüchtig oder – wie *The Thing* – spöttisch und draufgängerisch, spielen sich gegenseitig Streiche und verhalten sich ganz wie eine Gruppe von Halbwüchsigen. Diese pubertäre Ebene, die auch deutlich von pubertären Abwehrmechanismen (wie der Verleugnung von Weichheit und Depression, der Intellektualisierung) bestimmt ist, wird an einem entscheidenden Punkt der Handlung durch den Einbruch einer archaischen bösen Macht durchbrochen. Diese Bedrohung kommt auf eine nur noch magisch und animistisch erklärbare Weise zustande. Die Welt der Vernunft und der wissenschaftlichen Kausalität ist verlassen, wird aber durchaus als Attrappe beibehalten: Es ist ein Professor und «Spezialist für Übermenschen», der den unbelebten Drachen gebaut und mit allergrößter Kampfkraft ausgerüstet hat. Natürlich ist es auf dieser wissenschaftlichen Ebene unmöglich, durch einen Zaubertrank dieses Ungeheuer zu beleben, aber auf der Ebene der primärnarzißtischen Wahrnehmung können solche Dinge geschehen, eben weil die Unterschiede zwischen den Wahrnehmungsobjekten nicht festgelegt sind. So sprechen die Comics zwei Ebenen der narzißtischen Phantasie an, eine pubertäre und eine primäre, frühkindliche.

Eine weitere Ebene, auf der die Handlungen der Superhelden primärnarzißtische Themen ausdrücken, ist der ständige Kampf um Leben oder Tod, wobei die Superhelden das bedrohte Leben retten, den früheren Zustand wiederherstellen, jedoch die Bedrohung nicht dauernd abwenden. Der Superheld wird nur ganz selten einen Gegner wirklich töten, und er wird auch nicht danach streben, die von ihm bekämpften Superschurken zu verändern oder zu bessern. Sein Ziel ist es, sie zu vertreiben, zu demütigen, sie vorübergehend unschädlich zu machen, so daß sie sofort wieder einen Rachefeldzug planen können. Manchmal scheint es so, als seien Superheld und Superschurke aneinandergekettet wie Dr. Jekyll und Mr. Hyde. Der Schurke ist genauso unzerstörbar und unveränderlich wie der Held, er trotzt genauso wie dieser Feuer und Wasser – er unterscheidet sich nur dadurch vom Helden, daß er töten will, während der Held sich verteidigt. Diese Abspaltung des Bösen vom Guten wird in einigen Comics sogar noch deutlicher ausgeführt. So war *Lex Luthor*, Supermans Erzgegner, in seiner Jugend ein enger Freund von Superboy. Schon damals ein genialer Wissenschaftler, experimentierte er mit Chemikalien und verschuldete einen Unfall, durch den ihm alle Haare ausfielen. Die Schuld daran gab Luthor Superboy, der ihn aus dem Feuer rettete. Er redete sich ein, dieser sei eifersüchtig auf seine Begabung, kündigte ihm die Freundschaft und wurde fortan zu seinem Erzgegner.

Dieser Kampf um Leben und Tod (genauer: der Kampf zwischen dem Leben und dem Tod, wobei der Superheld das Leben, sein Gegner den Tod darstellt) verkörpert ein Erleben aus der frühen Stufe der Persönlichkeitsentwicklung, in der das Kind noch nicht in der Lage ist, wahrzunehmen, daß ein und dasselbe Objekt gleichzeitig angenehme und unangenehme Empfindungen vermittelt. Es sucht ein von aller Unlust gereinigtes Selbst-Welt-Verhältnis aufrechtzuerhalten, in dem sämtliche Störungen einem abgespaltenen, bösen Einfluß von außen zugeschrieben werden. So wird auch verständlich, weshalb Superheld und Superschurke oft durch eine so lange gemeinsame Vergangenheit miteinander verbunden sind und sich gegenseitig nicht zerstören. Der Held ist das von allem Unlustvollen gereinigte Selbst, und der Schurke ist mit ihm so eng verbunden wie ein Körper mit dem Schatten, den er wirft. Superman ist allgegenwärtig – wo immer das Überleben der «Welt» gefährdet ist, greift er ein. Ähnlich wie unlustvolle Ereignisse Säugling und Kleinkind als lebensbedrohliche, höchste Angst einflößende Katastrophen treffen, so brechen in den Superhelden-Comics kosmische Gefahren, gigantische Ungeheuer, Roboter, Superverbrecher in die «normale» Welt ein. Oft sind sie bereits direkt gegen das Symbol des Selbst, gegen den Helden, gerichtet (z. B. greift in der Geschichte über die Fantastischen Vier Diablo unmittelbar die Superhelden an). Der Superheld reagiert, er tritt fast nie als Handelnder auf. Er bekämpft Einbrüche, die seine Allmacht in Frage stellen.

Diese Einbrüche, die sich im Bild des Superbösewichts fassen lassen, hängen mit dem Bild der «bösen Mutter» zusammen. Da das kleine Kind unfähig ist, sich eine Vorstellung über die Eltern, zum Beispiel über die Zuverlässigkeit ihrer Anwesenheit zu machen, identifiziert es unausweichlich alle störenden Einflüsse mit einer bösen Macht. Das früheste Wort für Macht lautet für die meisten Kinder Mutter. Zu lange Abwesenheit der einfühlenden, «guten» Mutter genügt beispielsweise schon, um heftige Wut und Angst über den drohenden Zusammenbruch der Selbst-Welt auszulösen. Diese Wut wird teilweise durch Projektion abgewehrt: nicht das Kind ist wütend auf die uneinfühlsame, unverläßliche Mutter, sondern die Mutter ist ein Ungeheuer, ein Drache, ein Vampir, ein mörderischer Bösewicht. Diese Projektionen verbinden sich mit realen Aggressionen der Mutter gegen das Kind und sind deshalb oft schwer auflösbar. TRESCHER beschreibt eine Szene, welche die Aufspaltung in ein absolut gutes und ein böses Objekt zeigt:

«Eine Mutter schlug ihren ungefähr dreijährigen Sohn sehr heftig und überhäufte ihn dabei mit einer Reihe von Schimpfworten. Der Junge, laut weinend, rief immer wieder, wenn er dazu genug Luft bekam, deutlich ‹Mama!›. Man könnte nun zu der Vermutung neigen, daß er damit seine Mutter beschwichtigen wollte. Indes scheint mir eine andere Deutung wahrscheinlicher. Der äußerst bedrohlichen Interaktion konnte der Junge nur dadurch entgehen, daß er auf regressive Weise die ganzheitliche Imago der Mutter aufspaltete. Diejenige, die ihn schlug, war nun nicht mehr die (gute) Mutter. Es war, als ob er sagen würde: ‹Das ist nicht meine Mutter, die Mutter, die ich brauche, das darf nicht sein. Meine gute Mutter soll mich schützen: Mama komm her und hilf mir!›» [1]

So wird im Comic das absolut Böse im Superschurken dargestellt und durch den Superhelden bekämpft. Sein Sieg stellt die Einheit zwischen der (guten) Mutter und dem Kind wieder her, und mit ihr die früheste und wichtigste Quelle des Selbstgefühls. Die eigentümliche Einschränkung der Konfliktlösung in den Comics hängt damit zusammen. Zwar ist es nicht richtig, den Comics eine Lösung der Konflikte durch «primärprozeßhaft-besinnungsloses» Zuschlagen zuzuschreiben, wie es TRESCHER tut [2]. Aber es gibt nur selten eine Versöhnung, die durch eine *Veränderung* der Gegner ermöglicht wird. Gerade in diesem Punkt zeigt sich das Fortwirken der primären Wirklichkeit, in der es noch keine Unterscheidung zwischen Vergänglichkeit und Ewigkeit gibt. Helden und Gegner bleiben sich immer gleich. Dieses Element ist jedoch vielen Heldengeschichten gemeinsam: Herakles wird sich nie mit der Hydra versöhnen, Aragorn nie mit den Orks. Doch werden diese Kämpfe in den differenzierteren Sagen durch Auseinandersetzungen mit Personen ergänzt, die sich wirklich verändern. Wie stark solche Merkmale vertreten sind, zeigt an, inwieweit die Merkmale der primärnarzißtischen Wirklichkeit durch reifere Formen des Selbstgefühls ergänzt werden.

Was die Konfliktlösung in den Comics der Superhelden mehr auszeichnet als das blinde Zuschlagen ist die überraschende Wendung, der Trick, die Erfindung, mit der es dem Superhelden gelingt, seine drohende Ohnmacht wieder in Allmacht umzu-

1 H.-G. TRESCHER, Narzißmus und Comic, Kindheit 1, S. 95, 1979
2 TRESCHER, a. a. O., S. 95

Immer wieder geht es in den Comics um Energie, die Omnipotenz verschafft – wie hier im Kampf des Superschurken Dr. Doom gegen den Silver Surfer.

wandeln. Superman verwendet hierzu gerne Doppelgänger, die vernichtende Niederlagen erleiden, während er seinen Sieg vorbereitet. Die Spaltung zwischen dem «falschen» und dem «richtigen» Superman transponiert dann die Unzerstörbarkeitswünsche auf eine von neuen Überraschungen gekennzeichnete Ebene.

> «Der Silberstürmer bewegt sich in einer entsetzlichen Welt, die von einem vernichtenden Mutanten, dem Overlord, beherrscht wird. Overlord, Inbegriff aller negativen menschlichen Eigenschaften, das personifizierte Böse, verbunden mit unermeßlicher Kraft ...» [1]

Der Silberstürmer (*The Silver Surfer*) steigert die wie Segeln, Skifahren und Fliegen «narzißtische» (Verschmelzung mit den freundlichen Weiten) Sportart des Surfens in kosmische Dimensionen. Er reist durch Raum und Zeit, als Herold des noch mächtigeren Galactus, der ganze Sonnensysteme verzehrt, um Energie zu gewinnen. Gleichzeitig ist er ein Christus der Science-fiction, ein leidender, nachdenklicher Erlöser. In der zitierten Folge wird er erst von einem übermächtigen, bösen Mutanten, dem Overlord, besiegt. Dieser versklavt alle anderen Wesen durch seine gigantischen Kräfte und die vernichtenden Strahlen, die er aussenden kann. Der besiegte Silberstürmer erfährt nun von einem der Sklaven, daß der Overlord eine Mißgeburt ist, die durch radioaktive Strahlung nach einem Reaktorunfall entstand. Größer, stärker als jedes andere Wesen, völlig unverwundbar und von unauslöschlichem Haß gegen alle Menschen beherrscht wie einst der verwachsene Richard III., erobert diese Verkörperung des Bösen eine Welt nach der anderen. Doch der Silberstürmer schafft Abhilfe: Er reist zurück in die Vergangenheit, umgibt den Reaktor mit einem Schutzschild, so daß keine Strahlung mehr entweichen, kein Mutant mehr geboren werden kann. Dadurch wird der Overlord und sein Universum sadistischer Tyrannei ausgelöscht.

1 Marvel-Superband Nr. 10, S. 18, Hamburg 1974

Die Reise durch die Zeit ist in der Science-fiction ein häufiges Thema, das Stanislaw Lem[1] bis zu literarischer Perfektion stilisiert und ironisiert hat. Unter dem Aspekt des Narzißmus ist die Zeitreise des *Silver Surfer* ein Dokument für Wünsche, welche den Umgang mit Kränkungen des Selbstgefühls betreffen. In der primärnarzißtischen Welt sind solche Kränkungen unverzeihlich. Sie können weder verarbeitet noch vergeben werden, sondern sie müssen verschwinden, ausgelöscht sein, aufhören zu existieren. Einbrüche solcher primärnarzißtischer Strukturen in die Welt der Erwachsenen findet man dann, wenn beispielsweise eine Liebesbeziehung, die stark an narzißtische Fixierungen gebunden ist (der Partner wird nicht als unabhängige Person, sondern als Teil des eigenen Selbst erlebt), in eine Krise gerät. Der Partner wird nicht mehr als liebenswert erlebt, sondern als Repräsentant einer unauslöschlichen Kränkung, die bei den geringsten Anlässen unverändert und unverarbeitet den narzißtisch Fixierten überschwemmen. Untreue und Lieblosigkeit, an sich längst vergangen, sind nicht verziehen, sondern tauchen wieder auf wie am ersten Tag. Die Zeitlosigkeit der primärnarzißtischen Welt rächt sich. Das Leben geht nicht weiter, wie es die Redensart sagt, sondern es bleibt stehen (die Welt anzuhalten ist eine in den Comics von Superman und Thors Vater Odin gelegentlich praktizierte Technik). Während der narzißtisch Gekränkte nicht aus der Falle entrinnen kann, die er sich selbst dadurch baut, daß er ein Stück Vergangenheit nicht als wirklich vergangen annimmt, bieten die Superhelden Lösungen an. Sie halten die Welt an, oder sie reisen zurück in die Vergangenheit und beseitigen die ursprüngliche narzißtische Wunde.

Die Beschäftigung mit den Superhelden zeigt, daß die größte Schwierigkeit des Menschen der gegenwärtigen Konsumgesellschaft darin liegt, innere und äußere Wirklichkeit zu einer sinnvollen Einheit zu verbinden. In dieser darf sich das Individuum nicht zu sehr in seinem Selbst beeinträchtigt fühlen. Es braucht

1 St. Lem, Sterntagebücher, Frankfurt a. M. 1979

den Eindruck, einen Platz einzunehmen, der ihm Zugang und Einfluß auf die Umwelt verschafft. Die Realität ist immer beides: potentiell befriedigend, potentiell verletzend. Die biologische Evolution hat dem menschlichen Individuum die Fähigkeit verliehen, sich in dieser Realität zu orientieren, indem es ein umfassendes und differenziertes Bild davon in sich entwirft. Dieses Bild ist aber keine genaue Kopie der Wirklichkeit, sondern ein Produkt der individuellen Wahrnehmungsweise und der Bedürfnisse, die sie bestimmen. In der biologisch vorgesehenen Regel verwendet das Individuum dieses Bild dazu, sich in der Wirklichkeit zurechtzufinden, Ereignisse vorwegzunehmen und sie durch dieses innere «Probehandeln» besser zu bewältigen. Gleichzeitig muß aber dieses Bild das Selbstgefühl aufrechterhalten, befestigen und wenn möglich auch ausweiten. Beide Tendenzen geraten oft in Widerspruch. Eine Folge davon ist die Verdrängung dessen, was dem Selbstgefühl unerträglich ist. Eine andere, für die Untersuchung des Narzißmus mindestens ebenso wesentliche Konsequenz tritt ein, wenn das Individuum in bestimmten Bereichen seiner Phantasie darauf verzichtet, innere und äußere Realität weiterhin miteinander zu verbinden. Es ent-

Ben Grimm «The Thing» hat seine größte Freude am schieren Dreinschlagen.

stehen abgespaltene Bereiche, in denen ständig narzißtische Phantasien produziert werden. Diese stützen das Selbstgefühl, doch geschieht das auf eine schmarotzerhafte Weise: Die für den Aufbau dieser Phantasien nötige seelische Energie wird von den Energiebeträgen abgezweigt, die zur Verbindung zwischen innerer und äußerer Wirklichkeit ständig benötigt werden. Eine mögliche Folge davon ist, daß die äußere Wirklichkeit immer weniger verwendet werden kann, um das Selbstgefühl zu festigen. Das narzißtisch fixierte und durch ungenügendes Entgegenkommen der Wirklichkeit gekränkte Individuum kann in einen Teufelskreis geraten, in dem es immer weniger Kraft für die Bewältigung der äußeren Wirklichkeit zur Verfügung hat, weil es immer mehr Energie für den Aufbau und die Ausweitung seiner Phantasien benötigt. Wie gut sich solche Vorgänge mit Hilfe einer poetischen Allegorie veranschaulichen lassen, zeigt MICHAEL ENDE in seinem Buch «Die unendliche Geschichte».[1]

Die äußere Wirklichkeit ist die Schule, auf deren Dachboden der ängstliche, unsportliche, von seinen Eltern verlassene Bastian das geheimnisvolle Buch mit den beiden einander verschlingenden Schlangen aufschlägt. Und in dem abgespaltenen Bereich entfaltet sich das Wunderland Phantasien mit seinen unendlichen Möglichkeiten, mit Riesen, Gnomen, Zwergen, Irrlichtern, Glücksdrachen, verwunschenen Sümpfen und Wäldern. Immer wieder wird in der unendlichen Geschichte darauf hingewiesen, wie unerläßlich die Befruchtung der Realität durch die Phantasie, und die Belebung der Phantasie durch die Realität ist. Mit dem Eintritt in Phantasien wird aus Bastian der unbezwingbare Held, dessen Siegeszug bis zur Residenz der kindlichen Kaiserin unaufhaltsam ist, jedoch in der tödlichen Monotonie all der gescheiterten Kaiser Phantasiens enden muß, wenn die omnipotente Herrschaft im Reich der Phantasie dazu führt, daß alle reale Liebe zu anderen Menschen unmöglich wird. Erst die Rückbesinnung, die geduldige Arbeit im Bergwerk der vergessenen Bilder, hilft Bastian aus der Gefahr, in die ihn sein Größenwahn gebracht hat.

1 M. ENDE, Die unendliche Geschichte, München (Thienemann) 1978

Heldendämmerung

> «Marvel Comics ... nicht so sehr ein Name wie ein geistiger Zustand. Nicht so sehr eine Gruppe von Magazinen, sondern eine Stimmung, eine Bewegung, eine milde, vorübergehende Form von Wahnsinn ... vielleicht ein Heilmittel um die schreckliche Krankheit zu erleichtern, die uns alle bedroht: den unaufhaltsamen Virus von zuviel Realität in einer Welt, die ihre Legenden verliert – eine Welt, die ihre Helden verloren hat.» STAN LEE[1]

Je mehr Comics ich lese, desto schwerer wird mir ein Urteil über ihre narzißtische Dimension. Das Medium der Zeichengeschichten ist so vielseitig, daß Zusammenfassungen nur Bruchteile enthalten können. Die Qualität der Streifen reicht von plumper Kraftmeierei zu subtiler Ironie, von einem primitiven Helden-Schurken-Kampf bis zu ausgefeilten Allegorien, vom frommen Klischee bis zur Darstellung sadistischer Pornographie. Es gibt Untergrund-Comics («Comix»), die oft genug die Helden der klassischen Bildergeschichten veralbern und der kraftvollen Schönheit ihrer Heldengestalten wabbelige Häßlichkeit entgegenstellen.

Seit der Geburt der Superhelden lassen sich einige Entwicklungen verfolgen, die zeitgeschichtlich bedingte Veränderungen des Narzißmus widerspiegeln. Die Väter Supermans waren noch mit einem naiven Bewußtsein an ihre Aufgabe herangegangen. Die Motive ihres Helden bleiben immer gleich, wie er selbst. Eine doppelte Identität und der Kampf für das Gute sind für die gesamten frühen Superhelden typisch: Kapitän Marvel, Batman, Green Arrow, The Flash, The Atom, Hawkman, Green Lantern. Diese doppelte Identität wird heute überflüssig, da die Entwicklung der Konsumgesellschaft die unmittelbare Äußerung narzißtischer Bedürfnisse mehr und mehr akzeptabel macht. Ein Beispiel dafür ist das Verhalten von CASSIUS CLAY (später MUHAMMAD ALI), der zunächst wegen seiner Selbst-Glorifizierung

1 S. LEE, Origins of Marvel Comics, New York: Simon & Schuster 1974, S. 9. Übersetzung W. S.

abgewertet wurde. Ich glaube, daß der Titel «Großmaul» nicht wegen seines Erfolges, sondern wegen der zunehmenden gesellschaftlichen Toleranz für die narzißtischen Bedürfnisse verschwand. Stan Lee, der langjährige Ideen-Produzent der erfolgreichen Marvel-Comics, drückt dieselbe Entwicklung aus, wenn er seine Ablehnung der geheimen Identität von Superman auf die Formel bringt: «Ich war immer entschlossen, Superhelden-Serien ohne geheime Identitäten zu machen. Ich wußte ganz sicher, wenn ich selbst eine Super-Kraft besäße, würde ich sie nie geheimhalten!» [1]

Lee wollte Superhelden aus Fleisch und Blut schaffen, Wesen mit Konflikten. In den «Fantastischen Vier» sind der dem *Plastic Man* der Konkurrenz Action Comics abgeschaute *Mr. Fantastic* und die «Fackel» persönlich eher blaß, und *Invisible Girl* verschwindet nicht nur körperlich. Leben und Farbe hat Ben Grimm, *The Thing*, ein unheimlich kräftiger, schier unverwundbarer Erdkloß, der wegen seiner Häßlichkeit unter Minderwertigkeitsgefühlen leidet, rasend eifersüchtig, mürrisch und zänkisch ist – guter Kern unter rauher Schale. Seine Ablehnung aller Konvention und sein Mißmut machten ihn zum beliebtesten, am meisten mit Fan-Post überschütteten Helden der Vier. *The Thing* ist in seiner mürrischen, kämpferischen Art, seinem unbezähmbaren Widerwillen gegen Anpassung in jeder Form und seiner Neigung zu völlig vergeblichen, von Anfang an zum Scheitern verurteilten Kämpfen dem *Hulk* sehr ähnlich, vielleicht dem persönlichsten Helden der Marvel-Mythologie Stan Lees. Im *Hulk* wird die klassische Superhelden-Saga gewissermaßen umgedreht. Der tugendhafte, begabte Wissenschaftler Dr. Bruce Banner gerät bei dem Versuch, einen unvorsichtigen Teenager zu retten, in das Strahlenfeld einer von ihm entworfenen Bombe und verwandelt sich in einen übermächtigen, schier unverwundbaren (jedenfalls schmerzunempfindlichen) Riesen, den *Hulk*. Während Banner freundlich, gebildet, zivilisiert ist,

1 S. Lee, a. a. O., S. 17

tritt der *Hulk* jähzornig, gewalttätig, menschenverachtend auf. Oft vernichtet er, von einem dunklen Instinkt getrieben, eben jene Feinde, mit denen Bruce Banner nicht fertig wurde. Doch dieser hat keinen Frieden mehr, seit er (zunächst bei Dunkelheit, später allein durch eine Steigerung von Herzschlag und Atemfrequenz) sich in den *Hulk* verwandelt. Sobald der *Hulk* einschläft, verwandelt er sich in Bruce Banner, der dadurch immer wieder in Situationen erwacht, die ihm völlig fremd sind. Während *Superman* und *Batman* die Welt in Ordnung halten, bewirkt der *Hulk* gerade das Gegenteil: er bringt alles durcheinander.

Diese Veränderung der Superhelden läßt sich in vielen weiteren Beispielen verfolgen. *Conan der Barbar*, ein Marvel-Strip, entzieht sich völlig den Ansprüchen an einen Helden, die bisher bestanden. *Conan* ist ein Outcast, der sich durch eine von Zauberern, Räubern, Drachen und Menschenfressern bevölkerte, antike Welt schlägt, der nur überleben will, nicht aber die Guten beschützen und die Schlechten bekämpfen. Er liebt den Kampf um des Kampfes willen. Auch *Ka-Zar*, der Marvel-Tarzan, ist zwar der verschollene Sohn eines englischen Lords, doch unterscheidet er sich in seiner Moral kaum von *Conan*. Noch deutlicher ist diese Situation bei *Kamandi*, einem von JACK KIRBY gezeichneten Helden, der sich, wie *Conan* durch die Vergangenheit, durch eine Zukunft schlagen muß, in der alle Menschen außer ihm ausgestorben sind. Seine Welt wird von Tierdiktaturen beherrscht. Die Affen-, Katzen- oder Reptilienmenschen, gegen die der zum Monster gemachte «letzte Mensch» kämpfen muß, unterscheiden sich nicht von den SS-Schergen der Kriegs-Comics. Beim *Hulk*, bei *Ka-Zar*, *Kamandi* und *Killraven*, einem weiteren Superhelden der Erde nach dem atomaren Krieg und totalem Zusammenbruch, wird eine bei *Superman* nur angedeutete Feindschaft gegen eine technisch durchrationalisierte und geordnete Welt bis zur kosmischen Katastrophe gesteigert. *Superman* kämpft für eine gute, gerechte Welt, die er immer wieder herstellen kann, so erschütternd die Bedrohungen auch sein mögen. *Conan* oder *Kamandi* kämpfen um individuelles Über-

Kamandi ist der «letzte Held», der einzige Mensch auf einer von Tieren («Bullen») beherrschten Welt, ein furchtloser Untergrundkämpfer, immer auf der Flucht.

Rechts: *Conan, der Barbar – ein Held der narzißtischen Wut, der in seiner Suche nach Geborgenheit von vornherein zum Scheitern verurteilt ist.*

Mitte: Mars hat gesiegt: Red Sonja tötet oft, weil es ihr Spaß macht zu kämpfen.

Ganz rechts: Charakteristisch für Conan ist eine verzweifelte Verteidigung gegen die unerschöpflich neue Ungeheuer gebärende Umwelt und gegen die verrotteten, intriganten Mächte der Kulturen, die dem Barbaren übelwollen. Sein Gesicht ist fast immer wutverzerrt.

leben in einer feindlichen Welt, in der Ordnung und heiler Zusammenhang gar nicht mehr herstellbar sind. *Ka-Zars* Dschungel ist folgerichtig auch ganz anders als der Dschungel von Mowgli, Tarzan oder Thun'da (den FRANK FRAZETTA 1952 so meisterhaft zeichnete). Es ist eine feindliche Welt, von Dämonen und menschenfressenden Pflanzen heimgesucht. Zu den zerstörerischen Wesen, die in der Welt nach dem Untergang der Menschen durch die Ruinen der Städte streifen, gehört ein Super-Wurm, der Metall frißt und die Maschinen der Zivilisation wieder in Erde verwandelt.

Bei den weiblichen Superhelden ist es nicht anders. *Supergirl*, das feminine Gegenstück zu dem Großvater der Superhelden, kämpft wie er stets für das Gute. *Wonder Woman*, die erste weibliche Superheldin, zieht 1940 aus dem heimatlichen Amazonenland in die Vereinigten Staaten, um mit Hilfe ihres magischen Lasso (das aus dem Gold eines Gürtels von Aphrodite gefertigt ist) den Krieg und seinen Gott Mars für immer zu besiegen. *Red*

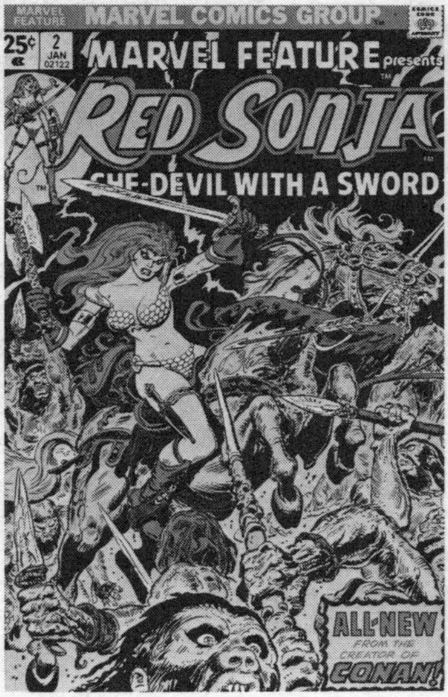

Sonja hingegen, die weibliche Heldin von 1976, kämpft mit Schwert und Axt gegen Pikten, Seeräuber, Briganten, Zauberer und Ungeheuer. Ihre blinde Kampfes- und Zerstörungslust unterscheidet sie von den edlen Räubern vom Typ des Robin Hood, die gegen eine ungerechte Obrigkeit kämpfen. Sie gleicht eher den Star-Verbrechern vom Typ des *Diabolik* oder *Criminal*, die zugleich den Polizisten und den Gaunern ihre Überlegenheit beweisen. *Conan*, *Sonja*, *Diabolik*, *Criminal* oder auch *Modesty Blaise* berauben dümmere, brutalere Räuber, als sie es selbst sind, und entrinnen der Vergeltung – *Sonja* und *Conan*, weil es in ihrer Welt keine Ordnung mehr gibt, *Criminal*, *Diabolik* und *Modesty Blaise*, weil sie schlauer sind als die Ordnungsmächte.

Die gesellschaftlichen Veränderungen in den Industriestaaten seit der Geburt der Superhelden sind so einschneidend, daß es schwer vorstellbar ist, *Superman* und seine Kinder würden nicht erheblich von ihnen beeinflußt. Es gibt keinen einfachen Eskapismus, sondern Fluchtversuche, die stets von dem mitbestimmt sind, das die Flucht auslöst. *Superman* drückt die Einschüchterung des Menschen durch die Technik aus, deren Macht soviel größer ist als die des zerstörbaren eigenen Körpers. Doch zugleich verkörpern *Superman*, *Wonder Woman, Green Lantern, Batman* und die anderen Superhelden der ersten Generation einen naiven Optimismus: die Ordnung der technischen Zivilisation ist heil, es besteht keine Gefahr, wenn nur die richtige Moral an den Schaltknöpfen sitzt und die Elektronengehirne programmiert.

Die Technik wird emotional mit den Mitteln der Mutter-Kind-Situation und damit des Narzißmus verarbeitet. Sie nimmt uns Arbeit ab, verstärkt unsere passiven Bedürfnisse und erweckt neue. Die Lust am Autofahren oder am Fliegen gliedert das Individuum in einen Zusammenhang ein, dessen frühestes

Diabolik und seine Freundin Eva Kant sind Super-Verbrecher, die im Gegensatz zu den klassischen Krimihelden nicht auf der Seite des Gesetzes stehen, sondern nur auf ihrer eigenen Seite. Hier tötet Eva zwei kleine Diebe, die Diabolik (der sich für einen größeren Betrug verkleidet hat) gefangenhalten.

und prägendes Modell die Situation des Kindes im Mutterleib und in der Periode weitgehender Abhängigkeit nach der Geburt ist. Die Verstärkung der Narzißmus-Thematik in den letzten fünfzig Jahren bis zu ihrer exzessiven Geltung seit 1950 (als Privatautos, Waschmaschinen, Kühlschränke, Radio und Fernsehen zu den Selbstverständlichkeiten des Lebens in den Industriegesellschaften wurden) läßt sich nicht nur dem häufigeren Scheitern der Mutter-Kind-Beziehung zuschreiben. Das mag der Fall sein (und hängt auch mit der Technik zusammen, denn die Unterhaltungsansprüche der Mütter steigen mit der Verbreitung der Medien; das Fernsehprogramm ist fesselnder als das Baby), reicht aber gewiß als Erklärung nicht aus. Mindestens ebenso wesentlich scheint mir die Verführung, die von den technischen Errungenschaften ausgeht und welche in der Konsumwirtschaft die passiv-narzißtischen Bedürfnisse überreizt. Damit werden

Eva nimmt eine der Gummimasken ab, mit deren Hilfe das Paar die verschiedensten Personen darstellen kann. Eva und Diabolik sind ein treues Liebespaar, die sich in fast jeder Folge gegenseitig das Leben retten: Solche Paare sind bei den Super-Verbrechern häufig, während der Detektiv meist ein Junggeselle ist.

Conan definiert sich als Barbar und schreibt seine Stärke dieser Tatsache zu: Das Eisengitter wird zivilisierte Menschen zurückhalten, nicht aber ihn. Im übrigen ist dieses Abenteuer so fruchtlos wie seine anderen: Es spielt in einer Phantomstadt, die am Ende zerfällt. Der Sieger bleibt ohne Beute und flüchtet aus den Trümmern.

die narzißtischen Fixierungen, die unter anderen Lebensumständen schlummern würden, geweckt und stimuliert. Betroffen sind nicht nur Mütter und Kinder. Vor dem Fernsehzeitalter waren der Mensch und das (lange Zeit noch in Handarbeit produzierte) Gebrauchsgut Gegenstand der wichtigsten Interessen, Mittelpunkt der seelischen Energien. Eltern oder Liebhaber mußten sich allein schon deshalb mehr für Kinder oder Geliebte interessieren, weil sie wenig andere Anreize hatten. «Interessieren» heißt auch: narzißtisch bestätigen. Am intensivsten ist diese Bestätigung in der schriftlosen Kultur, in der der lebendige Mitmensch die fast einzige Quelle wechselseitiger Anregung ist. Die wachsende Bedeutung von Besitz in jeder Form – auch von ge-

Der düstere Hulk, ein Comic-Held der zweiten Generation, steht immer wieder ratlos in einer fremden Welt, die er nur bekämpfen kann.

speichertem geistigen Besitz in der Schrift oder in der bildenden Kunst – fängt in der Entwicklung der Zivilisation an, diese ursprüngliche Form narzißtischer Bestätigung zu überschatten. Endlich leben die Menschen nebeneinander her, weil die intensivere narzißtische Bestätigung aus dem Bildschirm, dem Lautsprecher, dem Buch oder der Mineraliensammlung kommt. Doch macht diese passive Form der Bestätigung, in der es keine Gegenseitigkeit, keinen Wechsel von Geben und Nehmen gibt, nicht wirklich satt. Sie macht nur süchtig. Die natürlicheren Formen narzißtischer Befriedigung verlieren ihre Anziehungskraft, die Ersatzbefriedigungen müssen zu immer größerer Vollkommenheit gesteigert werden, ohne daß wirkliche Befriedigung

eintritt. Dieser Teufelskreis ist letztlich zerstörerisch, wie seine beschleunigte und krasse Form beim «klinisch» Süchtigen zeigt.

Die Entwicklung der Technik hat im seelischen Haushalt des einzelnen Kräfte entfesselt, die sich vor allem als Steigerung seiner passiven Ansprüche äußern – als jene im Kampf der Superhelden wieder auffindbare Sehnsucht nach einem harmonischen Dauerzustand. Die Superhelden der ersten Generation verkörpern den Glauben, daß die Technik diese Möglichkeit durch ihren eigenen Fortschritt bringen muß – denselben Optimismus, der die amerikanischen Ingenieure Autos bauen ließ, die mit jeder Meile einen halben Liter begrenzt vorhandener Rohstoffe verschluckten. Die Energiekrise in der Industriegesellschaft führte auch zu einer Krise dieser Superhelden. Vorangegangen war die Enttäuschung der westlichen Demokraten nach dem Sieg über den Faschismus – der Verlust der Überzeugung, daß es eine

Ganz links: Kamandi auf dem Stuhl des Präsidenten, während die Affen versuchen, ihn zu fangen.

Mitte: Conan, der Barbar, kämpft oft um Frauen, doch kann er bei keiner bleiben, im Gegensatz zu Tarzan oder zu Prinz Eisenherz, die noch eine weniger radikale Bedrohung des Selbstgefühls ausdrücken.

Links: Wütender Kampf ums Überleben in einer zerstörten Umwelt scheint die letzte Gestalt des narzißtischen Helden – «Du hast keine Chance, aber nütze sie».

gerechte Welt geben würde, wenn erst HITLER geschlagen sei. Der Vietnamkrieg ist zum Symbol für den endgültigen Untergang dieser Illusion geworden.

Die in einer verlorenen, feindlichen Welt ums nackte Überleben ringenden Superhelden sind ein Zeichen für diese Desillusionierung, und drücken zugleich eine weitere Steigerung der narzißtischen Fixierung aus. Die Ordnungshelden der ersten Superman-Generation stehen gewissermaßen für die etablierte Konsumgesellschaft, in der es einen ungebrochenen Glauben an die Machbarkeit von Fortschritt und Wachstum gibt. Die von Skrupeln geplagten (wie Spider-Man) oder gänzlich skrupellosen Helden (wie Conan) glauben nicht mehr daran. Conan, Kamandi, Sonja, Ka-Zar, Diabolik, Kriminal, Satanas, der Hulk und viele andere Helden der zweiten Generation haben kein Evangelium, keine Botschaft mehr. «Es macht nichts, ob ich lebe oder sterbe, das einzige, was zählt, ist ... der HULK bekommt eine zweite Chance.»[1] Das klingt nicht nur zufällig an den Wandspruch der ausgeflippten Jugendlichen an: «Du hast keine Chance, aber nutze sie!» Gleichzeitig wird das Element narzißtischer Wut immer deutlicher. Superman hat geschworen, nie ein denkendes Wesen zu töten. Conan und Ka-Zar töten immer dann, wenn sie wütend sind, sie scheren sich wenig um Recht oder Unrecht. Diese starke Bedeutung der Wut signalisiert auch, daß sich die Helden nicht mehr als Helfer verstehen (zu deren Rolle es gehört, Wut zu unterdrücken oder sie indirekt zu äußern). Die narzißtische Harmonie scheint aussichtslos geworden. Was bleibt, ist die Wut darüber, daß sie nicht erreicht werden kann. Kamandi, der letzte Mensch in einer von SS-Affen oder faschistischen Jaguaren beherrschten Ruinenwelt, ist der Held des aussichtslosen Kampfes von jugendlichen Terroristen gegen eine von Fahndungscomputern unterstützte Polizei. Er hat keine Chance, aber er handelt trotzdem.

1 S. Lee/M. Severin, Der unglaubliche Hulk, Auf zu fernen Sternen, Hamburg 1976, Nr. 33, S. 12

8. Narzißmus und Geschichte

Ein Psychotherapeut, der gesellschaftliche Veränderungen verfolgt, ist durch den Mangel an geschichtlicher Perspektive ebenso behindert wie durch die Einschränkung seiner Klientel auf die Mittel- und Oberschicht. Wenn sich Psychoanalytiker für Kunst, Literatur oder Völkerkunde interessieren, drückt das ihr Streben aus, diese Eingrenzung zu überwinden. Freilich bringt die Gewohnheit des Therapeuten, durch Deutungen die Abwehr seiner Patienten zu umgehen, für diese Exkursionen eine Gefahr mit sich. Wenn der Analytiker im Umgang mit literarischen Dokumenten, Biographien oder Mythen jene Tatsachen, die nicht in sein Bild passen, ähnlich behandelt wie den Widerstand seiner Klienten (nämlich als Beweis für die Abwehr einer richtigen Deutung), kann er nicht mehr ernst genommen werden. In der Psychotherapie läßt sich Widerstand nicht einseitig, allein durch die Behauptung des Therapeuten, feststellen. Beide Gesprächspartner, der Analytiker und sein Patient, müssen zu einer Einigung kommen. Nur wenn diese gelingt (was voraussetzt, daß der Klient sich vom Therapeuten angenommen fühlt), kann überhaupt mit Sicherheit von einem Widerstand gesprochen werden.[1] Freilich bleibt auch im Fall der Übereinstimmung das Deutungs-Dilemma: Einigen sich die beiden nun auf eine

1 Daher ist es auch unkorrekt und nur als Entlastung des Analytikers verständlich, wenn dieser etwa sagt, der Patient habe «die Behandlung wegen seiner Widerstände abgebrochen»: In diesem Fall müssen die Gründe ungeklärt bleiben, weil keine Einigung über sie im analytischen Dialog erzielt werden kann. Die «Widerstände» können also ebensogut beim Analytiker liegen.

gemeinsame Illusion oder auf eine in irgendeiner Form nachprüfbare «Wahrheit»?

Die Anwendung des Narzißmus-Konzepts auf die Literatur und nicht auf lebendige Menschen leidet ebenfalls unter dem Mangel einer im Dialog erzielten Einigung über das Unbewußte. Sie gleicht diesen Nachteil durch die Möglichkeit aus, verschiedene Zeitabschnitte miteinander zu vergleichen und auch gesellschaftliche Schichten einzubeziehen, die sich üblicherweise der psychoanalytischen Situation entziehen. Dabei gilt es freilich Rücksicht darauf zu nehmen, daß sich Großbegriffe wie «Gesellschaft», «Jugendliche», «Erziehung», «Eltern», «Mütter» nicht mehr gegen Deutungs-Übergriffe wehren können, wie das dem angesprochenen Individuum immerhin möglich ist. In dieser Situation verlangt die analytische Theorie folgerichtig eine besonders sorgfältige Prüfung der «Gegenübertragung». Gemeint sind die Interessen, Wünsche und Gefühlsbedürfnisse des Untersuchers, mit denen er an seinen Gegenstand herantritt, seine Ängste wie seine Erwartungen. Diese können unbewußt oder in einem durchaus bewußtseinsfähigen Bereich angesiedelt sein, der jedoch von seinem Selbstverständnis als «korrekter», tatsachenorientierter Wissenschaftler abgespalten ist.

«Ich weiß, ich bin schön und gut. Aber warum merkt das niemand?» Die Frage des passiv-narzißtisch Fixierten.

Welche Gegenübertragungsinhalte veranlassen, die Diagnose «Narzißmus» zu stellen? Zunächst soll dabei außer acht gelassen werden, ob das in einer psychotherapeutischen Situation geschieht oder nicht. In der Geschichte der Psychoanalyse geschah es oft, daß ursprünglich nur in einem engen Rahmen geprägte Begriffe ausgeweitet wurden: Übertragung, Widerstand, Agieren usw. Mit dem Narzißmus ist es heute nicht anders. Unverkennbar bleibt, daß seit FREUDS erster Arbeit über den Begriff (1914) sowohl praktizierende Analytiker wie Universitätslehrer, inzwischen auch Soziologen, Geltungsbereich und Stellenwert des Narzißmus ausweiten. Von HEINZ KOHUT, dem wohl bekanntesten Narzißmus-Forscher unter den Analytikern, läßt sich sagen, daß seine FREUD-Verehrung an die Schlachtopfer der Griechen erinnert: Sie nahmen das Fleisch für sich und verbrannten die Haut und die Knochen für die Götter. Obwohl KOHUT immer wieder auf das Gerüst von FREUDS Metapsychologie verweist, gewinnen seine Schilderungen erst dort Nährwert für den Leser, wo von der Psychologie des Selbst die Rede ist. Dieses Selbst ist die Mitte des seelischen Kosmos. Trieb und Abwehr, Über-Ich und Es spielen nurmehr Nebenrollen. Das Selbst organisiert wie ein Homunkulus sämtliche inneren Aktionen und Erlebnisse um sich, ersetzt Trieb- und Ich-Funktionen durch die Spannung zwischen Ehrgeiz und Ideal.[1]

Gibt es Hinweise auf Stücke von Gegenübertragung in dieser Theorie? Für KOHUT hängt die Entwicklung des Selbst ganz von der mütterlichen Einfühlung ab. Diese muß sich darauf einstellen, daß das Kind ein tiefes Bedürfnis danach hat, sich allmächtig zu fühlen, diese Größenvorstellung exhibitionistisch zu äußern und mit einem idealisierten Spiegelbild zu verschmelzen: dem «Selbst-Objekt», das als Teil des eigenen Selbst erlebt wird. Mangelt es an Einfühlung von seiten des Selbst-Objekts, das KOHUT meist mit der Mutter identifiziert, dann entstehen Defekte im Selbst – etwa die Abhängigkeit von

1 HELMUT THOMÄ, Auf dem Weg zum Selbst, Psyche 34, 1980, S. 234

anderen Menschen, welche als Selbst-Objekt in diesem urtümlichen Sinn dienen, oder abgespaltene exhibitionistische Größenphantasien. Der Therapeut ermöglicht dadurch, daß er die früher vermißte Einfühlung gewährt, eine schrittweise Reifung des Narzißmus und den Aufbau eines zusammenhängenden Selbst. Die begeisterte Rezeption KOHUTS bei vielen Psychoanalytikern, aber auch bei Intellektuellen schlechthin, drückt deutlich aus, daß er den FREUDschen Lehren eine zeitgemäße Wendung gegeben hat. Wie in den psychotherapeutischen Konzepten der «humanistischen» Psychologie, die vor allem Werte wie Offenheit, Echtheit und Einfühlung betont, ist für KOHUT Psychoanalyse die Wissenschaft von der Empathie schlechthin.

Die humanistischen Schulen der Selbsterfahrung und Therapie sind heute die wichtigsten Träger des «Psychobooms». In den USA werden die Prozentzahlen der Bevölkerung, die schon an Encounter-Gruppen der verschiedensten Art, mit oder ohne bezahlten Leiter, teilgenommen haben, auf ein Viertel der Gesamtbevölkerung geschätzt. Die Wortführer dieser Massenbewegung betonen wie KOHUT die Entwicklung des «realen» oder «wahren» Selbst in einem von Wärme und Einfühlung bestimmten (Gruppen-)Milieu. Dazu ist es nötig, nicht «im Kopf» zu sein, sondern «im Bauch», «sich einzubringen», «spontan» zu reagieren (und nicht geplant), sich ganz auf das Hier und Jetzt einzulassen, Wut und Zärtlichkeit offen zu äußern. Ich habe selbst zu lange in und mit solchen Gruppen gearbeitet, um sie nicht ernst zu nehmen, um nicht intensiv an mir und an anderen die neuen Möglichkeiten des Erlebens erprobt und schätzen gelernt zu haben. Ich finde auch, daß die Arbeit in solchen Gruppen, oder auch in der Einzeltherapie, für den Klienten und für den Therapeuten befriedigend sein kann, wobei es mich stört, daß der Nutzen für den Helfer oft in den Hintergrund geschoben wird. Sein narzißtischer Gewinn sollte, gerade wenn es um die Theorie des Selbst geht, zuerst betrachtet werden. Und ich kann mir nicht vorstellen, daß eine solche Wendung in der therapeutischen Theorie nicht gesellschaftliche Veränderungen widerspiegelt.

Was die neuen therapeutischen Verfahren besonders auszeichnet, ist ihre kritische Haltung gegenüber Rationalität und technischem Vorgehen. Der Vergleich des Analytikers mit dem Chirurgen, der FREUD noch möglich schien, würde heute wohl kaum mehr einem Therapeuten der KOHUT- oder ROGERS-Schule über die Lippen gehen. Betont werden der ganze Mensch und die ganzheitlichen Prozesse der Einfühlung, wird die einzigartige, individuelle Beziehung zum Klienten. Wie stark hier die Bedürfnisse des Therapeuten mitspielen, ist inzwischen beschrieben worden [1], erklärt jedoch nicht, woher diese Entwicklung kommt.

Wir müssen hier auf den Zusammenhang zwischen Narzißmus und Bürgertum zurückkommen. Das bürgerliche Individuum, welches die menschlichen Bindungen mehr und mehr durch die Zwänge der Kapitalverwertung und des Warenaustauschs ersetzen muß, hat zur Gemeinschaft nur noch ein zweckrationales Verhältnis (was das objektivierende Reden über «die Gesellschaft» erst ermöglicht). Damit entwickelt sich auch eine besondere Form des Narzißmus. Die erotische Auffassung, die den antiken Mythos noch kennzeichnet, wird mehr und mehr durch Inhalte der Macht ersetzt. Der Psychoanalytiker hält heute die Omnipotenzphantasie für das wesentlichste Zeichen der narzißtischen Welt: die grenzenlose Ausweitung, der beständige Zwang zur Weiterentwicklung, die Bemächtigung bisher unerschlossener Rohstoffquellen, die Umwandlung der gewachsenen Vielfalt menschlicher Kulturen in einen gigantischen Markt für Schund – kurz: die kapitalistische Kolonisation der Erde ist der wirtschaftliche Hintergrund dieser Auffassung. Der bürgerliche Narzißmus ist der Narzißmus Robinsons, der Freitag rettet und zwanzig Kannibalen abschlachtet. Er umfaßt die Selbstgerechtigkeit der Missionare, welche den Eingeborenen das Wort Gottes bringen und sie lange Zeit (ich will nicht abstreiten, daß es Ausnahmen gab und gibt) in jener Kuli-Moral unterweisen,

1 A. MILLER, Das Drama des begabten Kindes, Frankfurt 1979. – W. SCHMIDBAUER, Die hilflosen Helfer, Reinbek 1977

Prinz Eisenherz ist, anders als spätere Superhelden des Schwert-Genres (wie Conan), ein glücklicher Familienvater.

die von den Verwertungsinteressen des Kapitals bestimmt ist. Der bürgerliche Weiße ist überzeugt, daß er aufbaut, wo er zerstört, daß er aufklärt, wo er verdummt, daß er Selbstbestimmung und Freiheit bringt, wo er sichtbare Zwänge durch unsichtbare ersetzt. Da er aus dem eigenen Wachstum immer nur Unsicherheit gewinnen kann (da es ihn immer mehr mit seinen Widersprüchen konfrontiert), sucht er Sicherheit in der Bekehrung, in der Erzeugung von Gläubigen, in der Ausweitung der eigenen Ideale. Es ist wie mit einem Süchtigen, der anderen um so mehr von den Freuden des Fixens vorschwärmt, je unsicherer und abhängiger er wird.

Dieses expansive bürgerliche Selbstgefühl ist seit dem Zweiten Weltkrieg in eine tiefe Krise geraten, weit tiefer, als die kommunistischen Revolutionen nach dem Ersten Weltkrieg es verunsichern konnten. STALIN und das, was er bedeutete (die bürgerliche Omnipotenzphantasie in sozialistischer Maske) bewahrten den «freien» Westen davor, wirklich unsicher zu werden. Der Kampf gegen den Faschismus, den Nationalsozialismus und die stalinistische Diktatur befestigten den Glauben an die heile Welt der bürgerlichen Demokratie nicht weniger, als es im vergangenen Jahrhundert die «Befreiung» der von «Aberglauben» und «Primitivität» unterdrückten Eingeborenen vermochte. Überspitzt könnte man sagen, daß unter den Symbolen der *fasce* und des Hakenkreuzes das Bürgertum die Primitiven aus seinem eigenen Schoß wiedergeboren hatte, die in der kolonialistischen Epoche außerhalb Europas zum Fortschritt gezwungen worden waren. Doch der Sieg über den Faschismus hielt nicht lange vor. Das kapitalistische System war nur scheinbar erstarkt. Die wirtschaftliche Expansion, in den zerstörten Ländern Deutschland und Japan als «Wunder» gepriesen, führte sich selbst durch die eigenen Folgen ad absurdum. Die rücksichtslose Ausbeutung der natürlichen Rohstoffe gefährdete die Umwelt. In den kapitalistischen Ländern (und die Konkurrenz mit diesen treibt die sogenannten «sozialistischen» Länder ebenfalls in unheilvolle Entwicklungen) zeigt sich, daß nicht nur die wirtschaftliche Lei-

RE INTENSIVE BIRTHING

3 Tage 330.-
4 Tage 400.-
5 Tage 460.-

**Ma Jutta
Sw. Deva Henner**

Neue Sinnlichkeit, Unschärfe des Denkens und Versprechen von Wiedergeburt kennzeichnen viele Angebote der Gruppenselbsterfahrung.

5 bzw. 2 Tage auf den Flügeln des Atems zur Wesensmitte. Der Atem ist die zentrale Lebensfunktion. Er verbindet unser Selbst (Atman) mit allen Ebenen des Seins. Und jede Störung des freien Atemflusses bedeutet eine Störung jener ursprünglichen Verbundenheit. Eine der frühesten und nachhaltigsten Störungen ist das Geburtstrauma. Rebirthing ist eine revolutionäre Atemmethode, mit der jeder in voller Bewußtheit und Selbstverantwortung sein wahres Wesen jenseits aller Störungen wiederentdecken kann. Eine Explosion von Liebe, Schönheit und Freude.

stungskonkurrenz vorgeblich freier und rationaler Individuen zu zerstörerischen Folgen führt, sondern auch der im Spätkapitalismus angeheizte Konsum. Die Aufgabe der Psychologie war es hier zuerst, die Verwertbarkeit des Menschen im Dienst der Mehrwertproduktion zu steigern. Solange das ausreichte, war die Psychologie «naturwissenschaftlich», eine Psychotechnik, vergleichbar anderen Ingenieurswissenschaften. Die Weiterentwicklung der kapitalistischen Produktionsgesetze in einer mehr und mehr von Massenkonsum und Massenmedien bestimmten, bürokratisch kontrollierten Gesellschaft bedingt nun auch die Entstehung einer anderen Psychologie. In ihr sollen nicht nur einzelne menschliche Funktionen in isolierten Bereichen erforscht und verwertet werden, sondern ganzheitliche Motivzusammenhänge. Zweckmäßigkeit und Rationalität sind nicht mehr ausschließliche Werte. Sie gelten verstärkt in den Leistungszusammenhängen, in der Arbeitswelt, während in der regressiven Welt des Massenkonsums, der Warenzusammenhänge (in denen man nicht Zigaretten oder Waschmittel kauft, sondern

Freiheit, Beliebtheit, narzißtische Expansion) eine neue Sinnlichkeit, eine gewollte Unschärfe des Denkens und ein Vorherrschen gefühlsbestimmter Reaktionsweisen erwünscht sind.

Freud hatte gezeigt, daß die menschliche «Natur» – für ihn vor allem faßbar als die vielgestaltige, vom Erwachsenen als pervers abgewehrte Sexualität des Kindes – sich gegen die bürgerlichen Forderungen an Trieb- und Gefühlskontrolle wehrt. Sie gibt ihnen nur unter Zwang nach, verbunden mit ständiger Gefahr der Entgleisung in die Bildung neurotischer Symptome hinein. Die Psychoanalyse stellt den bürgerlichen Kolonialismus und Imperialismus auf einer seelischen Ebene in Frage. Sie zweifelt den Vorrang der Vernunft und der inneren Freiheit an, auf den Freuds Zeitgenossen noch so stolz waren. Zugleich aber verspricht sie selbst, wenn der Klient nur bereit ist, sich der Kur zu unterziehen und die Nachtmeerfahrt durch das eigene Unbewußte anzutreten, eine Wiederherstellung des autonomen, bürgerlichen Ichs. Die Reparatur dieses Ichs wird zu einer einträglichen Beschäftigung, um die verschiedene Berufsgruppen konkurrieren. Die Hoffnung Freuds (deutlich ausgesprochen in «Die Frage der Laienanalyse»), daß seine Entdeckung das Medizinsystem verändern und eine neue Klasse von Therapeuten schaffen werde, hat sich nicht erfüllt. Die Psychoanalyse als soziale Institution hat schon bald alle Ansätze abgewehrt, die Kritik des bürgerlichen Imperialismus «nach innen» mit einer Kritik der kapitalistischen Gesellschaft zu verbinden. Am deutlichsten ist das im Fall von Wilhelm Reich (dessen späterer Rückfall in die Pseudo-Naturwissenschaft die zähe Beharrlichkeit des bürgerlichen Wertsystems im Bewußtsein der Analytiker dokumentiert). Diese Entwicklung der psychoanalytischen Bewegung spiegelt die Entwicklung der kapitalistischen Gesellschaft: An die Stelle einer grundlegenden Veränderung treten Versuche, die Symptome zu mildern. Die von Gewerkschaften und Arbeit-«gebern» ausgehandelten Fortschritte verschleiern die grundlegenden Widersprüche ebenso, wie eine psychoanalytisch im Sinn der *mental health* oder Psychohygiene durchgestaltete Kindererziehung die Trieb- und Gefühlsfeindlichkeit der bürgerlichen Konkurrenzgesellschaft verschleiert. Boshaft, aber nicht unrichtig gesagt: die Psychoanalyse hat der inneren Kolonisation, die mit der zunehmenden Fragwürdigkeit der imperialistischen Kolonisation nach außen immer wichtiger wurde (parallel mit dem Zunehmen der Bedeutung der Konsumgüterindustrie und des inländischen Marktes), die geeigneten Werkzeuge geliefert. Die Analytiker selbst haben als erste den heute mehr und mehr Menschen gute Verdienstmöglichkeiten bietenden innerseelischen Markt erschlossen. Ein Beispiel dafür sind die zahlreichen Theologen, die sich der Analyse zuwandten und das feudalistische Verhältnis, das die Dienste des Priesters am Seelenheil «um Gotteslohn» (und im Rahmen einer öffentlich-rechtlichen Funktion) stattfinden läßt, in das einträglichere, interessantere und heute wohl auch wirkungsvollere Verhältnis des gegen Honorar arbeitenden Psychotherapeuten umwandeln.

Die Aufgabe des Analytikers liegt darin, dem bürgerlichen Ich in geduldiger Deutungsarbeit zu zeigen, daß die in der Kindheit verinnerlichten Trieb- und Gefühlseinschränkungen in seinem Erwachsenendasein unangemessen sind. «So schlimm, so lustfeindlich, so verbietend ist die Welt nicht, wie es dir als Kind schien», vermittelt der Therapeut seinen Klienten. Die Therapie wiederholt hier die Entwicklung des an Sparsamkeit, Einschränkung und Anhäufung interessierten frühkapitalistischen Bewußtseins zu dem spätkapitalistischen Konsumenten, der – selbstverständlich im Rahmen seines Verdienstes – entfesselt kaufen soll. Und wie der Konsument in den Pseudo-Paradiesen der Warenwelt eine Ersatzbefriedigung sucht, die ihn für seine Verluste an wesentlicheren Befriedigungen entschädigt, so bietet sich auch der Analytiker mit seinem Übertragungskonzept als käufliche Ware Mensch an, die verspricht, die frühen Schäden der Kindheit wiedergutzumachen, sich aber aus professionellen Gründen einer realen, alltäglichen Beziehung zum Klienten entziehen muß.

Das psychoanalytische Narzißmus-Konzept spiegelt diese Entwicklungen noch einmal deutlicher. Durch die Lösungen, die es anbietet, drückt es das Problem aus. Gelegentlich werden heute, meist nicht gerade von Freunden der Analyse, die abschätzigen Äußerungen FREUDS über seine Patienten zitiert. Von «Narren» pflegte er zu sprechen, von denen er sich ungern den ganzen Tag anstarren lassen wollte. Seine Motive zu dieser Arbeit waren deutlich der Zwang, genügend Geld für seine vielköpfige Familie zu verdienen, und sein Ehrgeiz als Forscher. Zum Helfen und Heilen habe er nie große Neigungen verspürt, bemerkt FREUD. So darf ein Therapeut heute nicht mehr über seine Klienten reden – und er will es in der Regel auch gar nicht. Denn über das eigene finanzielle Interesse hinaus (und genau das drückt die Narzißmus-Theorie *auch* aus) sind die Schützlinge wichtig für sein Selbstgefühl geworden. In einer zunehmend sinnentleerten, von verschärfter Konkurrenz bestimmten, taylorisierten und computergesteuerten Arbeitswelt bieten die sozialen Berufe einer wachsenden Zahl von Menschen Möglichkeiten, noch einen persönlichen Sinn, das Gefühl unmittelbarer Wirksamkeit zu erleben. Der Analytiker darf keine Triebbefriedigung nehmen oder anbieten, er soll zum Beispiel nicht mit seinen Klientinnen oder Klienten schlafen. Narzißtische Befriedigungen hingegen soll er durchaus anbieten (und nehmen); die Narzißmus-Theorie KOHUTS ist eine fundierte Anleitung dazu. Die frühen technischen Schriften FREUDS sind geradezu eine Warnung, was alles dem Patienten nicht gegeben werden darf, während KOHUTS Fallgeschichten unermüdlich darauf hinweisen, wie schädlich es für den Patienten (ich möchte sagen: für den Analytiker!) ist, wenn er in seinem Annehmen, seiner Einfühlung versagt.

Vielleicht wird aus diesen Überlegungen auch verständlicher, weshalb die analytischen Behandlungen im Durchschnitt heute weit länger dauern als vor fünfzig Jahren. Die kapitalistischen Zwänge, den einmal gefundenen «inneren Markt» auch entsprechend auszuweiten, will ich hier nicht weiter verfolgen. FREUD hat nach kurzer Zeit seine ursprüngliche Trauma-Theorie, wonach etwa hysterische Symptome mit einem Fehlverhalten der Bezugspersonen (Verführung durch den Vater) zusammenhängen, wieder aufgegeben. Er schrieb die entscheidenden Einflüsse der kindlichen Phantasie zu: Die Neurose entsteht durch die Zwänge der seelischen Wirklichkeit, nicht durch den familiären oder gesellschaftlichen Einfluß. Der Anblick des als kastriert erlebten Mädchens genügt beispielsweise, um den Kastrationskomplex des Jungen und verbunden damit die Verdrängung ödipaler Wünsche zu bewirken. Die reale Kastrationsdrohung des bürgerlichen Vaters, die realen Onanieverbote der bürgerlichen Mutter spielen keine ausschlaggebende Rolle mehr. Diese Änderung in FREUDS Sichtweise hat gewiß mehr Gründe als den von ihm angegebenen (daß sich nämlich die Berichte mancher Patienten und Patientinnen über frühe sexuelle Erfahrungen mit den Eltern als Lügen erwiesen). Der analytische Therapeut konnte damals besser arbeiten, wenn sein Klient keine Gelegenheit hatte, die Ursachen für seine Schwierigkeiten anderen zur Last zu legen, seine Eltern und ihr mangelndes Verständnis verantwortlich zu machen. Die Behandlung konnte sich auf die innerseelischen Konflikte konzentrieren. Der Kontakt zum Therapeuten wurde individualisiert, zu einem «Geschäft» zwischen Gleichen, nicht zur Wiedergutmachung eines Schadens, für den Dritte verantwortlich sind.

Die Geschichte der psychoanalytischen Therapie erweist, daß sich dieses klassisch-bürgerliche Konzept der Analyse nicht aufrechterhalten ließ[1]. Gruppen- und Familientherapie, die Suche nach «korrigierender emotionaler Erfahrung» und endlich die Narzißmus-Theorie haben den Therapeuten mehr und mehr in genau die Lage gebracht, die FREUD vermeiden konnte (und wollte, wenn wir uns an seine Kontroverse mit SÀNDOR FERENCZI erinnern, in der er sich heftig dagegen wandte, den Patienten die verlorene Liebe der Eltern nachträglich geben zu wollen).

1 Seinen deutlichsten Ausdruck fand es wohl in der Forderung amerikanischer Analytiker (u. a. K. MENNINGER), man solle nur solche Patienten in Analyse nehmen, die diese von den Zinsen ihres Vermögens zahlen könnten (um von Schwankungen ihrer Arbeitsfähigkeit unbeeinflußt zu bleiben). Heute ist die Analyse in den meisten Ländern Europas eine Kassenleistung.

FREUD wurde diese Beschränkung auch dadurch erleichtert, daß er ein neues Forschungsgebiet eroberte. Sein Selbstgefühl war das des Konquistadors, des Kolonisators («Trockenlegung der Zuidersee»). Spätere Therapeuten hätten nurmehr ausgetretene Pfade verfolgen können – oder sie mußten von FREUDS Weg abweichen.

Von diesen Abweichungen soll uns hier die Narzißmus-Theorie besonders beschäftigen. Bisher ist deutlich geworden, daß der Therapeut durchaus ein Interesse an ihr hat, das mehr ist als objektive Wahrheitssuche[1]. Es ist nicht Geschäftsinteresse allein; die Ausweitung des innerseelischen Marktes in die «Therapie» von Charakter- und Persönlichkeits-«Störungen» und in die Behandlung der vordem für therapieunfähig gehaltenen «narzißtischen Neurosen» hinein kann ebensowenig den Verkaufstricks der Psychotherapeuten zugeschrieben werden, wie die Konsumwut in den Industriegesellschaften den Machenschaften der Werbefachleute.

Die Umweltkrise heute verdeutlicht, was MARX der kapitalistischen Gesellschaft schon an ihrer Wiege prophezeit hatte: daß sie gar nicht anders kann, als die Äste absägen, auf denen sie sitzt. Sie muß alle Produktionsbedingungen und Wertsysteme ständig revolutionieren, ohne doch die Folgen zu verkraften. Sie ist auf eben jene Strukturen angewiesen und beklagt hilflos ihr Vergehen, die sie andererseits zerstört: Eltern, die Geborgenheit geben, liebevolle, treue Ehepartner, funktionierende Nachbarschaftshilfe, Einbettung der Alten, Kranken, Behinderten in die soziale Gemeinschaft, Ärzte, die sich für die Gesundheit interessieren und nicht für die technisierte Behandlung von Krankheitssymptomen. Solche Schwierigkeiten können im gegebenen gesellschaftlichen System nur durch die Erschließung neuer sozia-

1 Diese ist ihrerseits ein Ideal der bürgerlichen Aufklärung und sicherlich eine Fiktion, über die nicht in einfachen Feststellungen geredet werden kann. Man sollte sich darüber hinaus bewußt bleiben, daß auch die Analyse subjektiver Faktoren in der vorgeblich objektivierenden Wissenschaft ihre eigenen gesellschaftlichen Bedingungen hat, und derzeit eben «im Trend» ist.

ler Märkte und die Produktion neuer Fachleute (und damit Dienstleistungen) angegangen werden. So werden die öffentlichen Möglichkeiten der Gemeinschaftserziehung von der Kinderkrippe an gefördert, Ehe-, Partner-, Familien- und Erziehungsberatungsstellen gegründet, Stellen für Psychologen und Sozialarbeiter geschaffen und Lehrstühle für Sozialmedizin oder medizinische Psychologie eingerichtet. Die unaufhörliche Produktion neuer Erklärungsprinzipien in den Sozialwissenschaften und in der Psychologie erfüllt sicher eine ähnliche Aufgabe. Die Selbstbestätigung, welche das bürgerliche Bewußtsein im Fortschritt um jeden Preis findet, prägt auch die psychologischen Beschreibungen dieses Bewußtseins. Das gilt auch für mich, und wird dadurch nicht ungültig.

Ein neuer Sozialisationstyp?

Wir haben, wie angekündigt, zuerst von der Gegenübertragung des Analytikers und ihren gesellschaftlichen Hintergründen gesprochen. Sie veranlassen ihn, heute öfter Narzißmus zu sehen und von ihm zu sprechen, als es früher geschah. Doch die Industriegesellschaft kommt dieser Übertragung entgegen. Die Formen dieses Entgegenkommens sollen hier beschrieben werden.

Zunächst sind häufiger als die Analytiker auch Mütter und Väter in einer zunehmend unbefriedigenden Umwelt darauf angewiesen, ihre Kinder narzißtisch auszubeuten, sie zur Befestigung des eigenen Selbstgefühls zu verwenden, den kindlichen Narzißmus zu überreizen und umzugestalten. Die Gründe dazu sind vielfältig. In einer verstädterten, naturfernen Wohnsituation werden die eigenen Kinder (wie die Haustiere des Städters) zu einem ähnlich dem Schrebergarten höchst intensiv genutzten Stück Ursprünglichkeit, das es einerseits zu genießen, andrerseits zu kultivieren – d. h. umzugestalten – gilt. Sinnigerweise hat eben der Herr Direktor Schreber, welcher den so genannten Garten für die naturfernen Städter erfand, auch ein System

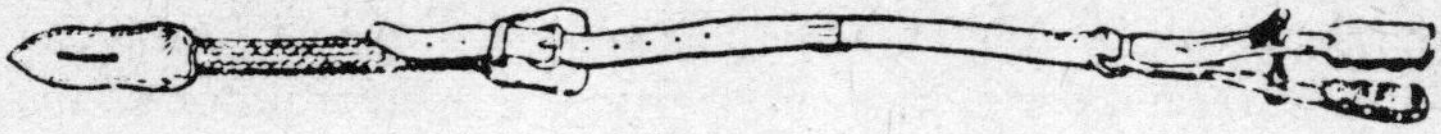

Vater Schreber erfand einen Kopfhalter, der das Kind daran hindern sollte, den Kopf nach vorn oder zur Seite zu neigen. Der Kopfhalter bestand aus einer Strippe, deren eines Ende an den Haaren des Kindes und deren anderes Ende an der Unterwäsche befestigt wurde, so daß das Kind jedesmal, wenn es den Kopf nicht gerade hielt, an den Haaren gezupft wurde. Dies war ein «Erinnerungsmittel für die straffe Kopfhaltung». «Das Bewußtsein, daß der Kopf über einen gewissen Punkt hinaus sich nicht neigen kann, wird bald so zur Gewohnheitssache.» «Denselben Dienst leistet diese Maßregel gegen Schieftragen des Kopfes.» Er räumt ein: «Die Gewohnheit einer gewissen steifen Haltung des Kopfes wird zwar manchmal einige Zeit zurückbleiben...», daher sollte die Vorrichtung nur ein bis zwei Stunden täglich benutzt werden (1858, S. 198f).

Der schizophrene Sohn schreibt dazu: «Noch jetzt habe ich fast ununterbrochen mit einer Art von Kopfschmerzen zu tun, die zweifellos keinem anderen Menschen bekannt und mit gewöhnlichen Kopfschmerzen kaum zu vergleichen ist. Es sind die ziehenden oder zerrenden Schmerzen, welche dadurch entstehen, daß die... angebundenen Strahlen jeweilig... wieder einen Rückzug zu bewerkstelligen versuchen» (S. 283).

«Ich ließ daher einen Geradhalter anfertigen, der sich nach mehrfachen Proben an meinen eigenen Kindern ... am zweckmäßigsten bewährt hat (Schreber 1858, S. 203).

Er meinte, daß auch die senkrechte Stützstrebe nützlich sei, da sie die Jugendlichen davon abhielt, ihre Beine übereinanderzuschlagen, «was wegen der Hemmung des Blutumlaufes und außerdem aus gewissen delikaten Gründen besonders der Jugend nachteilig ist» (S. 201).

der Kindererziehung erdacht. Neben vielen anderen Empfehlungen werden darin etwa auch raffinierte Konstruktionen aus Leder und Metall beschrieben, die den Kopf hoch halten, indem sie bei jedem Abweichen von der erwünschten Position schmerzhaft an den Haaren ziepen. MORTON SCHATZMAN hat nachgewiesen, daß die Wahnideen von PAUL SCHREBER, dessen Buch «Denkwürdigkeiten eines Nervenkranken» FREUD analysierte, eng mit dem ausgefeilten Erziehungssystem des väterlichen Schrebergartenerfinders zusammenhängen.[1]

SCHREBERS Kampf gegen die Verweichlichung drückt etwas Ähnliches aus wie die Hexenverfolgungen, als die Kirche ihre führende Rolle zu verlieren droht. Der beschleunigte soziale Wandel, die Unüberschaubarkeit der Veränderungen in der Arbeitswelt führen dazu, daß die Welt der Produktion vielfach keinen seelischen Halt mehr bieten kann, ganz im Gegensatz zu früheren Jahrhunderten, in denen der Sohn des Ritters, Handwerkers, Bauern mit großer Wahrscheinlichkeit Ritter, Handwerker, Bauer wurde. Die Betrachtung der Literaturgeschichte zeigt, daß diese Verunsicherung (wie im höfischen Adel zur Zeit der Entstehung der Ritterepen) den Ausdruck narzißtischer Inhalte fördert. Unsicherheit besteht heute mehr als in jeder früheren Epoche, und damit suchen Eltern und Kinder den Halt aneinander, den sie sonst nirgends finden.[2] Die Narzißmus-Theorie spiegelt diese Situation dadurch wider, daß sie von einer ursprünglichen Verschmelzung, einer grandiosen, omnipotenten (vom Säugling so erlebten) Einheit ausgeht. In ihr ist die Bezugsperson des Babys kein abgrenzbares Gegenüber, sondern ein

1 M. SCHATZMAN, Die Angst vor dem Vater, Reinbek 1974

2 «Obwohl die beiden Welten, Arbeit und Familie, in denen Männer sich bewegen, unüberbrückbar nebeneinander herlaufen und die Arbeitswelt die Männer so aufzufressen scheint, daß sie für die Familie kaum Zeit und Energie hatten, standen die Familie und gerade auch die Kinder gefühlsmäßig bei fast allen Männern im Vordergrund», fassen K. WAHL und Mitarbeiter, Familien sind anders, Reinbek 1980, S. 179, die Ergebnisse von Interviews zum Familienleben in Münchner Arbeiterfamilien zusammen.

«Selbst-Objekt», das heißt ein als Teil des Selbst erlebtes Objekt.

Eine unter dem Gegenübertragungs-Blickwinkel wesentliche Kontroverse zwischen Psychoanalytikern betrifft die Frage nach dem «primären» Narzißmus. Ist er tatsächlich von exhibitionistischer Großartigkeit bestimmt? Hält sich das Baby für den allmächtigen Mittelpunkt des Weltalls? Oder sind die Allmachts- und Größenphantasien spätere Bilder, die Trost spenden angesichts des Leidens und der Ohnmacht, welche die Wirklichkeit bald und zwangsläufig dem kleinen Kind vermittelt? KOHUT, der den Narzißmus am positivsten sieht und geradezu schwärmerisch von ihm spricht, ist von der ursprünglichen, paradiesischen Verschmolzenheit und Grandiosität überzeugt. Seine Kritiker weisen darauf hin, daß seit MICHAEL BALINTS Argumenten für eine «primäre Liebe», d. h. eine ursprüngliche Gerichtetheit des Kindes auf die anderen Menschen, die Rede vom omnipotenten Ur-Narzißmus nicht mehr aufrechterhalten werden dürfte.[1] Dieser primäre Narzißmus symbolisiert eine heile Urwelt, in der die Gesellschaft und ihre Entfremdungen noch nichts zu suchen haben. Sie gehört allein dem Analytiker. Tatsächlich findet sich bei KOHUT kein einziger Hinweis auf den soziologischen Aspekt der Narzißmus-Theorie.

Diese soziologischen Aspekte bietet THOMAS ZIEHE in seinen Aussagen über den neuen Sozialisationstypus. Doch wendet er sie nicht auf das psychoanalytische Konzept als solches an, sondern versucht dieses als Werkzeug einzusetzen, um Veränderungen in der seelischen Situation von Jugendlichen (und jungen Erwachsenen – ZIEHE spricht gelegentlich auch von seiner persönlichen Betroffenheit) verständlich zu machen. Problematisch wird das insofern, als das Wort «narzißtisch» nicht eine abgrenzbare Aufgabe erfüllt, sondern gewissermaßen einen ganzen Werkzeugkasten ersetzen soll. Einige Hinweise dazu: Während FREUD «narzißtische Neurose» und Psychose gleichsetzt, ist für ZIEHE die «narzißtische» Entwicklung «nicht-psychotisch»

1 Vgl. H. THOMÄ, Auf dem Weg zum Selbst, Psyche 34, 1980, S. 238

(S. 125).[1] Es gibt nicht eine auf das Selbst gerichtete (eben «narzißtische») Libido, sondern narzißtische *und* libidinöse Energie, ein «narzißtisches Selbst» (S. 125) (was bestenfalls eine Tautologie ist), und es gibt gar «primär-narzißtische Fremdrepräsentanzen» (S. 126), ein Begriffsgebilde, das ungefähr so sinnvoll ist wie der Versuch, aus Brot Mehl zu backen.

Hier wird der Begriff des Narzißmus verdinglicht. Statt solche Verwandlungen von Beschreibungen in Substanzen zu kritisieren, scheint es mir wesentlicher, sie ihrerseits nach ihrem ideologischen, gesellschaftsbezogenen Sinn zu befragen. Weshalb wird bei ZIEHE und bei vielen anderen Autoren die narzißtische Fixierung zu einem Ausdruck einer Persönlichkeitseigenschaft, eben des «Narzißmus», was von der Logik her ähnlich sinnvoll ist, wie bei objektlibidinösen Fixierungen von erotisch oder von dem Erotiker als Persönlichkeitstyp zu sprechen?[2]

Kritiker von ZIEHES Beschreibung des neuen, narzißtischen Sozialisationstyps haben darauf hingewiesen, daß die Gefahr einer neuen Etikettierung droht. Die Generation der aktiven, disziplinierten Altlinken suche ihre Konflikte mit der Jugend dadurch zu bewältigen, daß sie eine der eigenen Verbohrtheit zuzuschreibende Unfähigkeit zum Gespräch als narzißtische Verweigerung der Gesprächspartner nach außen verlegt. Die diagnostische Verwendung von «narzißtisch» gibt zu dieser Kritik Anlaß genug. Diagnosen sind im Bereich menschlichen Verhaltens (und nicht der eher abgrenzbaren körperlichen Krankheiten) sehr häufig ein Mittel, Distanz zu schaffen, menschliche Erwartungen zu vermindern, Beziehungen zu vermeiden.[3] Die aufwühlende Vielfalt unangepaßten Verhaltens ist erklärt und in Abstand gerückt, sobald Etiketten wie «psychotisch» verwendet

1 Seitenangaben nach T. ZIEHE, Pubertät und Narzißmus, Frankfurt a. M. 1975

2 Die Personifizierung zum «Narzißten» findet sich auch bei ZIEHE (S. 126), und in dem Buch von HÄSING, STUBENRAUCH und ZIEHE, Narziß – Ein neuer Sozialisationstyp, Bensheim 1979

3 Vgl. G. BROCKHAUS, Krankheitsbegriff und psychische Störung, München (Dipl.-Arbeit in Soziologie) 1976

und das Leiden der Betroffenen an einer geheimnisvoll substanziellen (endogenen) Psychose «wissenschaftlich» gesichert ist.

Versuchen wir, von einer diagnostischen Verwendung des Wortes «narzißtisch» abzusehen und die Erscheinungen genauer zu untersuchen, die heute mit diesem Wort vorwiegend verknüpft werden. Vielleicht wird dann die geschichtliche Ebene deutlicher, auf der wir uns im Gegensatz zu früheren Jahrhunderten bewegen. Es wurde bereits gesagt, daß Psychotherapeuten und Eltern Gründe haben, die Bedeutung des Selbstgefühls, der seelischen Beziehung, der gegenseitigen Bestätigung zu betonen. Diese Gründe hängen mit der zunehmenden Abstraktion der Arbeitswelt von eben diesen emotionalen Werten zusammen. Der Narzißmus als psychologisches Thema ist eine Folge der Konkurrenz in einer Gesellschaft. Nur wo es Ungleichheiten gibt, ist der Held möglich. Die typische Abfolge des drohenden, tiefen Sturzes und der Erhöhung im letzten Augenblick symbolisiert diese soziale Situation. Nur wer hoch gestiegen ist, kann tief fallen. Auf einem urtümlichen, egalitären Produktionsniveau, wie in den Jäger- und Sammler-Kulturen, fehlen die unfehlbaren, überlegenen Helden vollständig.

Doch sind die Helden in der von einer tiefen Wertkrise verunsicherten Industriegesellschaft in eine ganz andere Rolle geraten. Die «hohe», etablierte Literatur verzichtet gänzlich auf positive Helden im klassischen Sinn. Nur die Trivialliteratur und die Massenmedien huldigen ihnen. Diese Spaltung ist sicherlich ebenfalls ein Ausdruck von Legitimationsschwierigkeiten. Eine künstlerische Elite kann gerade deshalb schonungslos die Menschenfeindlichkeit der Gesellschaft bloßlegen, weil die nichtelitären Heldengeschichten der Massenmedien die Protagonisten von Heinrich Böll oder Martin Walser an Breitenwirkung weit übertreffen. Der Anti-Held wird zum Luxus der Gebildeten; der feudale oder bürgerliche «positive» Held zum Konsumartikel für die Massen. Wie der Käufer von Waren im Spätkapitalismus durch die verwirrende Vielfalt der Angebote und die ständige Anpreisung von Pseudo-Neuerungen und vorgeblichen

Verbesserungen dazu gebracht wird, das Unbefriedigende seiner Lebenssituation über der ständigen (und vergeblichen) Suche nach Erlösung im warenästhetischen Paradies zu vergessen, so werden auch die Helden (die Ideale, die Vorbilder) zu Konsumartikeln. Sie sind nicht mehr ernst zu nehmen, doch die Fülle des Angebots täuscht über diesen grundlegenden Defekt hinweg.

Das narzißtische Bedürfnis, das sich in den Heldengeschichten ausdrückt, kann somit heute keine verbindliche Gestalt mehr annehmen. Die Entwicklung der Massenmedien hat entscheidend dazu beigetragen, den Narzißmus zu einem Problem zu machen, das mit Krankheit (und damit mit sozialer Entlastung) zu tun hat. Die Doppelfunktion der Massenmedien ist es, die Menschen der Industriegesellschaft soweit zu informieren, daß sie in den immer unüberschaubarer werdenden bürokratischen und technischen Systemen funktionieren – und sie zugleich so abzustumpfen und abzulenken, daß sie diese Systeme ertragen. Die Exzesse an technisch-rationaler, profitorientierter Umweltbeherrschung produzieren dabei mehr und mehr entsprechende Exzesse an Verweigerung und Regression. Ein Extrembeispiel sind die Heroinsüchtigen; aber auch die Alkoholiker nehmen weit schneller zu als die Bevölkerungsziffern wachsen. Wenn es so weitergeht, sind in etwa zweihundert Jahren mehr als die Hälfte der US-Amerikaner alkoholsüchtig. Der Konsum von Fernsehen gehört in die Reihe dieser regressiven Verhaltensmöglichkeiten. TV ist eine Droge, TV macht süchtig. Die frühkapitalistische Überzeugung (die etwa die Engländer ihren Opiumkrieg gegen China führen ließ), daß in sich gefestigte Menschen gegen Rauschgifte gefeit sind und es um den Rest nicht schade ist, hat der Geschichte nicht standgehalten. Doch schadet TV der Anpassung nicht so sehr wie Alkohol oder Morphium. Daher wird es nicht nur toleriert, sondern sogar ausgeweitet (etwa in den Plänen zum Kabelfernsehen). Die narzißtische Stimulation durch Tonbilder unterscheidet sich von der früheren, durch Schrift, Erzählung oder künstlerische Darstellung vermittelten, zunächst einmal durch die technischen Mittel, durch die sie zustande kommt.

Der Ersatz lebendiger Menschen durch Dinge, die gesammelt und «für immer» behalten werden können.

Die Technik liefert Kopien der Wirklichkeit, perfekter als alle Abbildungen, welche die Geschichte kennt, aber auch in einer Fülle, in der sich die Reize gegenseitig totschlagen. Der Betrachter wird überwältigt, in eine passive Rolle gedrängt, die ihn auf die Rolle des Konsumenten in anderen Lebensbereichen vorbereitet und in ihr bestätigt. Gerade diese passive Erwartung an das Leben gilt nun als wesentliches klinisches Zeichen des Narzißmus. «Jeder will den Griesbrei, und keiner kocht ihn», sagte ein Mitglied in einer Partner-Selbsterfahrungsgruppe zu dieser Situation, die auch unter erwachsenen Paaren oft genug auftritt.

Die Heldengeschichten in den Massenmedien sind aber nicht nur deshalb problematisch, weil sie passiv konsumiert werden und ihre Vermittlung der eigenen Phantasietätigkeit kaum mehr Spielraum läßt. Die technische Kopie der Realität gibt nicht die Wirklichkeit wieder, sondern eine idealisierte Stichprobe von ihr, die um so mehr verfälscht wird, je stärker die Information als Ware verkauft wird oder zum Verkauf von Waren anregen soll. Zigarettenraucher sind alle jung, schön, dynamisch, in interessanten Situationen oder in unberührter Natur. Keiner hat Lungenkrebs, schuftet am Fließband oder versumpft einsam vor einem Bierkrug. Die Raucher sind Helden der Warenwelt, sie stimulieren zur Nachfolge, sie verheißen auf dem Weg der Identifizierung Glück, wo tatsächlich ein Surrogat verkauft werden soll. Mehr noch: die Vollkommenheit, die Sekundenschönheit der Mannequins, Dressmen, Schauspieler, die Waren verkaufen oder sich selbst, entmutigt den Betrachter. Er findet keine Vorbilder, denen er sich annähern kann, die ihm wirklich ein Ziel anbieten, auf das es sich hinzuarbeiten lohnt. Er wird dazu gedrängt, aufzugeben, sich mit dem Konsum dieser idealen Welten und ihrer Attribute zu betäuben. Es ist wie bei den frustrierten Männern, die sich den «Playboy» kaufen: Keines der nackten Mädchen ist wirklich für sie da – aber sie haben jederzeit die Möglichkeit, umzublättern, die Versagung des realen Wunsches zu betäuben in der nächsten und übernächsten Variation der Ersatzbefriedigung.

Der antike Narziß war in sich selbst verliebt, und er nahm sich Zeit, sein Spiegelbild in der Quelle zu beobachten. Der moderne Narziß sucht sich selbst in den ständig wechselnden, ständig neue Vollkommenheit verheißenden Bildern, die auf ihn zuflimmern. Gemeinsam ist beiden – dem mythischen Helden und dem narzißtisch fixierten Menschen heute – die Passivität, die Verweigerung der Erwachsenenrolle. Unwidersprochen sagt heute der Leiter von Selbsterfahrungsgruppen «Reife – das ist was fürs Obst!» Je umfassender die computerisierte Kontrolle in Arbeit und Freizeit wird, desto öfter finden sich Neigungen, Ordnung, Reife, Anpassung schlechthin abzulehnen. Die Wandsprüche «Du hast keine Chance, aber nutze sie!» oder *«Siamo belli, siamo tanti, siamo tutti latitanti»* [1] drücken diese Stimmung unter den Jugendlichen und den «alternativ» lebenden Erwachsenen aus.

Hier schlicht von Narzißmus zu sprechen, wird zum Mißbrauch eines psychoanalytischen Begriffs, um gesellschaftliche

1 «Wir sind schön, wir sind viele, wir sind alle vogelfrei» – Wandspruch an der römischen Universität. Die Latitanti waren die Geächteten, in der Macchia lebenden «Gesetzlosen».

Gegenübertragungsprobleme zuzudecken und möglichst zu verdrängen. Verantwortlich ist der verweigernde Jugendliche und allenfalls seine narzißtische, symbiotische, überbeschützende usw. Mutter. In einer entsprechenden Fallgeschichte sieht das so aus:

«Ich konnte eine sehr lange symbiotisch-parasitäre Phase mit einer narzißtischen Mutter rekonstruieren, die sehr kokett war, jedoch Charlie nur zu akzeptieren vermochte, wenn sie ihn als Fortsetzung ihres eigenen narzißtischen Selbst betrachten konnte. Sie nahm keine Rücksicht darauf, daß der kleine Junge ein eigenständiges Wesen war. Sie brauchte ständig Babies zum Verhätscheln und gebar Kinder bis zum Klimakterium.

Nach der symbiotisch-parasitären Beziehung überließ die Mutter Charlie plötzlich sich selbst, und zwar zu Beginn des 3. Lebensjahrs. In der Folge entwickelte Charlie eine starke Spiegelidentifikation ... mit seinem Vater. Dieser litt jedoch unter einer lähmenden Depression und zog sich von allem zurück, als Charlie 3 Jahre alt war. Dies fiel mit einem Zeitpunkt zusammen, zu dem die Mutter eines ihrer vielen Kinder zur Welt brachte. So standen Charlie beide primäre Liebesobjekte, die der Objektbesetzung sowie der echten Ich-Identifikation hätten dienen können, in den schicksalhaften zweiten 18 Monaten seines Lebens nicht zur Verfügung ...

Charlie war 16 Jahre alt, als seine Analyse ... wieder aufgenommen wurde. In der Zwischenzeit schien er eine tiefgreifende Persönlichkeitsveränderung durchgemacht zu haben. Der Reifungs- und Entwicklungsprozeß hatte den überschäumenden, aggressiven und unbezähmbaren Charlie der Prälatenz und frühen Latenzperiode in einen unterwürfigen, übermäßig entgegenkommenden, völlig passiven und ergebenen Jugendlichen mit einem Schuß versteckter Grausamkeit, die er angestrengt auch vor sich selbst zu verbergen suchte, verwandelt.

Er hatte ein hochfliegendes – und nicht verinnerlichtes – Ich-Ideal und imitierte seinen Vater, indem er dessen Aussprüche nachplapperte. Wenngleich er sich die größte Mühe zu geben schien, sich dem tatsächlichen Einfluß seiner Mutter zu entziehen, enthüllte das analytische Material doch, daß er unablässig nach der ‹guten›, bedürfnisstillenden Mutter seiner symbiotischen Phase suchte. Zur gleichen Zeit fürchtete er sich, wieder verschlungen zu werden wie in der Symbiose. Sobald er eine Freundin fand, richtete er es so ein, daß er sie wieder verlor, aus Furcht davor, daß sie ihn überwältigte und er sich so ‹verlieren› würde ... Mangels echter Identitätsbildung durch Ich-Identifikationen schien Charlie nun gezwungen zu sein, nach seiner Identität zu suchen, um die schmerzhafte Lücke, die innere Leere auszufüllen, über die er sich ständig beklagte.

Er setzte sich das Ziel – wie es so manche dieser Borderline-Fälle offen oder versteckt tun –, berühmt oder mindestens bedeutend zu werden. Seine recht guten Leistungen nahmen sich jedoch, gemessen an seinem hochfliegenden Ich-Ideal, recht ungenügend aus, mit dem Ergebnis, daß Charles' Selbstgefühl geradezu qualvoll gering war. Für diese Diskrepanz machte er seine Mutter verantwortlich, weil sie diejenige war, die ihn in seiner frühen Kindheit hatte glauben lassen, er sei ein ‹Genie› ...

Er schloß sich immer wieder anderen Menschen oder Gruppen an, weil er sich nie recht wohl fühlte, wenn er ihnen nahe kam – er konnte sich nur aus der Entfernung nach ihnen sehnen. Dieses intensive Sehnen war der stärkste Affekt, den ich je an Charles beobachtet habe.» [1]

THOMAS ZIEHE nennt diese Falldarstellung «exemplarisch, wenn auch extrem», und zitiert sie als Beispiel für den narzißtischen Sozialisationstyp, ohne sie in irgendeiner Weise zu kritisieren. Ich glaube, daß es sinnvoll ist, diese Kritik nachzuholen, um ein historisches Verständnis für diesen «Narzißmus» zu gewinnen. In der auf individuelle Verinnerlichung von Normen abgestellten, städtischen Gesellschaft wird die Erziehung immer wichtiger. Sie umfaßt eine längere Lebensspanne als je zuvor. Das Kind wurde dabei schrittweise «entdeckt». Die kolonialistische Gesellschaft suchte auf dem Weg zur Konsumgesellschaft ihr Neuland in sich selbst. Das reine, lernbereite, bildbare Wesen der frühen bürgerlichen Bildungsromane («Nachsommer», «Dichtung und Wahrheit», «Der grüne Heinrich») wurde von FREUD um die Dimension der kindlichen Sexualität ergänzt. Doch genügt die Perspektive FREUDS heute nicht mehr. In ihr ist das Kind ein durch Teil-Triebe und Teil-Objekte arbeitender und zu befriedigender Funktionsträger. Orale, anale, phallische Perioden haben ihre abgegrenzten Lust- und Konfliktbereiche. Im Narzißmus hingegen geht es ums Ganze, um Gefühlswerte, die zugleich tiefer und umfassender sind als die Vergnügungen am Saugen oder am Scheißen. Das Bedürfnis nach diesen ganzheitlichen, intensiven Gefühlen führt dazu, immer frühere, we-

1 MARGARET S. MAHLER, Symbiose und Individuation, Stuttgart 1972, S. 33f

niger genau faßbare Bereiche der Kindheit zu entdecken und zu erobern. Folgerichtig sind sich die Therapeuten heute einig, daß die präödipalen Störungen zugenommen haben. Bei ZIEHE ist die «klassische Neurose» von angepaßter Normalität gar nicht mehr zu unterscheiden [1], während sich andrerseits unter den Augen der KOHUT-geschulten Psychoanalytiker FREUDS Hysterie-Fälle samt und sonders in narzißtisch geschädigte Borderline-Patienten verwandeln.

Das bürgerlich-wissenschaftliche Bewußtsein mag hier noch einen Fortschritt des Erkennens sehen – unter dem Blickwinkel einer historischen Analyse lassen sich die gewandelten Bedürfnisse der Therapeuten und Klienten nicht mehr übersehen. Die symptombezogene, eher chirurgische Beziehung des frühen Analytikers wandelt sich zu einer umfassenden Beschäftigung mit dem Charakter, den Angehörigen, dem ganzen Lebensschicksal. Der Therapeut soll nicht mehr einen Konflikt klären, sondern einen Mangel ausgleichen. Diesen Mangel sucht er im geheimnisvollen Dunkel der frühen und frühesten Kindheit, bis hin zur Beschäftigung mit dem Leben im Mutterleib und den Schrecknissen der Geburt. [2]

Die Geschichte von Charlie ist deshalb so aufschlußreich, weil sie so viele Werturteile enthält, die eine Parteinahme ausdrükken. So nimmt die Analytikerin Partei für das Kind, macht es zum Opfer einer narzißtischen Mutter. Diese böse Frau tut das, was Jahrtausende nahezu alle Frauen getan haben: sie bekommt Kinder, solange sie fruchtbar ist, verhätschelt sie, solange sie kein neues Baby hat, und überläßt sie dann den Geschwistern.

1 Ein Beleg dafür ist etwa ZIEHES Formulierung: «Beim klassischen neurotischen Konflikt zwischen libidinösen Strebungen und realitätsbewußtem Ich.» – Das ist kein neurotischer Konflikt, sondern Ziel der Psychoanalyse: den unbewußten Konflikt zwischen Es und Über-Ich zu einer Auseinandersetzung zwischen realitätsbewußtem Ich und Es zu machen! Vgl. ZIEHE, a. a. O., S. 182

2 Die von ihrem Urheber A. JANOV durch Eintragung als Warenzeichen geschützte «Primärtherapie» belegt beides: Den Marktcharakter der Therapie und die Suche nach den allerfrühesten, allerdunkelsten Ur-Schmerzen.

Eine solche Mutter «narzißtisch» zu nennen, drückt eine Haltung aus, die nur auf der Ebene einer hochentwickelten Arbeitsteilung in der spätkapitalistischen Gesellschaft möglich ist, in der größere Gruppen von Angehörigen der Helfer-Berufe in einen Wettbewerb mit den traditionellen Trägern der reproduktiven Aufgaben treten. Die Eltern werden in den Veröffentlichungen der Kinderanalytiker häufig so behandelt wie Charlies Mutter. Sie sind «narzißtisch», weil sie die Vormacht des Helfers in Frage stellen, der Ersatz-Mutter spielen muß, um einer sonst entfremdeten Arbeitswelt zu entrinnen. Der Helfer verlegt das eigene narzißtische Bedürfnis in den Klienten bzw. in dessen Angehörige, und kann auf diese Weise Abstand gewinnen. Der Wert, den MARGRET MAHLER preist, ist die «Identität». Die «narzißtische» Mutter des Säuglings Charlie ließ diesem nicht seine Identität, respektierte ihn nicht als eigenständiges Wesen. Die Patienten des Analytikers haben ohnedies als «zentrales Problem ihre unaufhörliche Suche nach ihrem Platz im Leben, d. h. die Suche nach einer Identität» [1]. Gewinnt der Psychoanalytiker seine Identität daraus, daß er die Identitätsarmut aller anderen feststellt? Das ist vermutlich eine der wenigen Möglichkeiten, seine Identität zu bewahren, die ein denkender und fühlender Mensch in der Industriegesellschaft noch hat, um die allgemeine Beschädigung von sich fernzuhalten. Der Analytiker erkennt zwar die beschädigte Natur seiner Klienten, doch er wurzelt noch in ihr, und damit in einem Stück Natur, während seine Klienten aus ihrer Arbeitssituation keine solchen Kräfte mehr ziehen können.

Es ist sicherlich nicht allein diese Konkurrenz des Helfers mit der Mutter und ihrem unentfremdeten Zugang zu einem Stück noch nicht bürokratisierter, verwerteter Natur, die den Narzißmus bzw. seine Störungen zu so einem wichtigen Thema macht. Die Mütter ihrerseits sind gedrängt, an dem Konflikt zwischen der tauschwertorientierten Arbeits- und Konsumwelt und ihren

1 M. MAHLER, a. a. O., S. 33

emotionalen Zufluchtsmöglichkeiten in die Eltern-Kind-Beziehung zu scheitern. So erfaßt die Theorie der narzißtischen Schädigungen durch mangelnde Einfühlung in die eigenständige Person des Kindes einen Bereich, in dem sich tatsächlich ein Grundwiderspruch der Industriegesellschaft vergegenwärtigt. Die Mütter sind, konsequenterweise, in der entsprechenden Literatur entweder zu «warm» oder zu «kalt», entweder überbeschützend oder vernachlässigend, erdrückend oder abwesend. Daß das Bild des goldenen Mittelweges, der «richtigen», der idealen Mutter sehr viel mit dem Selbstbild der Helfer zu tun hat, welche die natürlichen Mütter so kritisieren, steht auf einem anderen Blatt.

Charlie, so belehrt uns Mahler, verwandelte sich durch einen naturwüchsigen «Reifungs- und Entwicklungsprozeß» aus einem «überschäumenden, aggressiven und unbezähmbaren» Wesen in einen «unterwürfigen, übermäßig entgegenkommenden, völlig passiven und ergebenen Jugendlichen», der seine Aggressivität («Grausamkeit», sagt Mahler) wohl zu verstecken wußte. Diese Vorgänge der frühen Mutter-Kind-Interaktion und der natürlichen Reifung allein zuzuschreiben, scheint mir im höchsten Grade fragwürdig und nur durch die bereits angedeutete Helfer-Gegenübertragungen erklärbar. Der 16jährige hat die Stationen des Heranwachsens in einer von Widersprüchen zerrissenen Erwachsenenwelt durch Rückzug auf frühkindliche, symbiotische Sehnsüchte zu bewältigen gesucht. Seine grandiosen Phantasien, berühmt zu sein, ein Genie, drücken keinen ursprünglichen Exhibitionismus aus, sondern den Versuch, einen Ausgleich zu dem überwältigenden Gefühl der Anonymität zu finden. Bereits Freud hat sich die Frage gestellt: Wie werden aus den vielen klugen Kindern die vielen dummen Erwachsenen? Er fand die Antwort in der Behinderung der kindlichen Sexualität, welche die «Kultur» dem bürgerlichen Menschen auferlegt. Charlies Verwandlung ist das Erziehungsziel so vieler Institutionen, daß seine Passivität, Unterwürfigkeit und Ergebenheit sicher ebensoviel über die Gesellschaft sagen, in der er heranwächst, wie über die symbiotischen Sehnsüchte, in die er flüchtet.

Wie «so manche dieser Borderline-Fälle» (und natürlich nie und nimmer einer ihrer Analytiker) strebt Charlie danach, «berühmt oder mindestens bedeutend» zu werden. Dieses hochgespannte Ideal, so MAHLER, verkleinert alle seine realen, recht guten Leistungen, und bedingt das qualvoll geringe Selbstgefühl. Für diese Situation wird wiederum die Mutter verantwortlich gemacht, die Charlie in der Kindheit hat glauben lassen, er sei ein Genie.

Wieder wird eine für das Aufwachsen in der Verschwendungsgesellschaft charakteristische Situation zum Versagen der Mutter umgedeutet. Mutter und Baby klammern sich aneinander, um ein Stück Nähe und Wärme zu finden. Beide übersteigern den Versuch, eine eigene Identität aneinander zu finden, und sind endlich nicht mehr in der Lage, reale Befriedigung in dieser Gesellschaft (oder außerhalb von ihr) zu suchen. So muß die Mutter ein neues Baby bekommen (wenn es zutrifft, daß die narzißtische Befriedigung ihr Motiv dafür war und nicht zum Beispiel die Verständnislosigkeit ihres Partners für Empfängnisverhütung). Charlie hingegen muß versuchen, in den narzißtischen Befriedigungen, welche ihm die Konsumgesellschaft anbietet, eine neue Chance zu finden. Die hochfliegenden Ideale, verbunden mit der inneren Passivität, die alle Schritte hemmt, sind auch der individuelle Niederschlag der Situation des Medienkonsumenten. Jederzeit kann er in eine perfekte Ersatzwelt aussteigen, zeitweise in der Verschmelzung mit den Helden Zufriedenheit finden. Seine realen Probleme werden dadurch natürlich nicht gelöst. Die ständige Verfügbarkeit der Ersatzbefriedigung verstärkt jedoch die Abhängigkeit von ihr. Zugleich stimuliert die perfekte Scheinwelt schöner, entschlossener, erfolgreicher, berühmter Menschen das überhöhte Ich-Ideal. Diese Überreizung spielt sicherlich auch in den oft als «Angst vor Nähe» oder «Angst vor der Symbiose» (verknüpft mit Sehnsucht nach Nähe, Sehnsucht

Reale Nähe zerstört das Phantasiebild des idealen Partners.

nach der Symbiose) bezeichneten Verhaltensweisen des narzißtisch fixierten Charakters eine Rolle, die auch an Charlie beschrieben wird.

Diese Angst führt meist dazu, daß trotz qualvoller Gefühle der Einsamkeit die möglichen Partnerbeziehungen nach einer kurzen Verliebtheits- und Idealisierungsphase abgebrochen und entwertet werden. Subjektiv löst sich dabei die Beziehung quasi von selbst, ohne erlebte eigene Aktivität auf, weil der/die Geliebte nicht der/die «Richtige» sind. In den realen Freundschaften macht sich eine Erlebnisfolge breit, die dem Umgang mit den Ersatzbefriedigungen in den Massenmedien gleicht. Die durch den Ersatz-Charakter der Befriedigung erzeugte Unzufriedenheit führt nicht dazu, am Prinzip des Ersatzes etwas zu ändern, sondern den Ersatz wieder und wieder (und immer hektischer) zu wechseln. Wir haben bereits den Mann erwähnt, der von einem Pin-up-girl in seinem Sexmagazin zum nächsten umblättert. Keine ist die «Richtige», doch der Effekt des Umblätterns täuscht darüber hinweg. So gesehen ist auch die Bindungsangst ein Ausdruck davon, daß die Lösung eines Problems auf einer Ebene gesucht wird, auf der sie unauffindbar bleiben muß.

Der sogenannte Bindungsscheue findet deshalb nicht die «richtige» Partnerin, weil es ihm wichtiger ist, geliebt zu werden als zu lieben. Die mangelnde Fähigkeit, den eigenen Gefühlen zu vertrauen, sie als stark und tragend zu spüren, wird durch die genaue Beobachtung der Person – des Aussehens, der Bildung, der sozialen Stellung, des Verhaltens – des/der Geliebten ersetzt. Die Liebe verschwindet unter dem Zugriff des Sammelns von Liebesbeweisen. Am Ende steht die Enttäuschung, die aber folgerichtig zunächst nicht in der eigenen Unsicherheit, sondern in der Mangelhaftigkeit des Objekts oder auch im mangelnden Geschick, «richtige» Partner zu finden, gesucht wird. Diese emotionale Außensteuerung entspricht in vielen Punkten dem üblichen Umgang mit Konsumartikeln – das neue Automodell, das neue Haarshampoo oder die neue Polstergarnitur werden mit allen Mitteln der Überzeugungskunst idealisiert, ähnlich wie die nächste, neue Geliebte bei der Don-Juan-Variante des Bindungsscheuen. (Es gibt noch andere Varianten, zum Beispiel den in seine Arbeit verliebten Wissenschaftler oder Künstler, oder den coolen Süchtigen.)

Die Versuche, mit Hilfe des Narzißmus-Begriffs die frühkindliche Mutterbeziehung, eine einfühlungsarme Erziehung[1] und das Selbstgefühl der Erwachsenen zu verknüpfen, sind Deutungen eines sehr globalen Zusammenhangs, deren Gegenübertragungsaspekte interpretiert werden müssen. Ich möchte diese Aspekte hier abschließend zusammenfassen:

1. Die Suche nach einer wenig entfremdeten, natur- und gefühlsnahen Arbeitswelt treibt professionelle Helfer in eine Konkurrenz mit den Müttern, die sich – parallel zur wachsenden Entfremdung (z. B. Vervollkommnung von Fließband- und

1 A. Miller, Am Anfang war Erziehung, Frankfurt a. M.: Suhrkamp 1980

Bildschirmtechniken) – auf immer frühere Bereiche der Kindheit ausdehnt.

2. Vervollkommnung der Einfühlung bietet dem Helfer die breiteste Kontaktfläche mit seinem Schützling, und damit ein Höchstmaß an eigener narzißtischer Befriedigung.

3. Die Beschäftigung mit dem Selbstgefühl und seinen Wurzeln im Narzißmus drückt aus, daß in der Konsumgesellschaft ein Überfluß an Reizung und Befriedigung von Trieben besteht, verknüpft mit einem Mangel an sinnvoller Arbeit und Möglichkeiten von Kreativität und Aktivität.

4. Die vorgeburtliche und die symbiotische Situation symbolisieren Beziehungsstrukturen von Individuum und Umwelt, die durch den technischen Fortschritt in einem früher ungeahnten Ausmaß ermöglicht werden. Beispiele dafür, wie durch eine hochkomplexe Technik die Situation im Mutterleib und kurz nach der Geburt nachgestaltet werden, sind die Intensivpflegestationen, die Raumschiffe, und abgemildert die der Fortbewegung dienenden Maschinen (Autos, Flugzeuge, Unterseeboote), in denen sich der Benützer in einer passiven, schaukelnden Bewegung befindet, mit allem Lebensnotwendigen versorgt wird, jedoch in seinem Überleben völlig vom Funktionieren der Apparatur abhängig ist, die ihn umgibt. Daher sind die Zusammenhänge des Narzißmus mit der intrauterinen Situation heute leichter zu entdecken, als etwa vor hundert Jahren (als sich gewiß niemand den Kopf über das Erleben von Embryos und Säuglingen zerbrach[1]).

1 Lichtenberg, Satire über das «Duodrama zweier Zwillinge im Mutterleib» ist eher ein Beleg dafür als ein Gegenbeweis. Vgl. Georg Christoph Lichtenberg, Aphorismen, Berlin (Deutsche Bibliothek) o. J., S. 116

Bildquellenverzeichnis

Bayerische Staatsgemäldesammlungen, München: Moritz von Schwind «König Krokus und die Waldnymphe» (Schack-Galerie): 62. – M. Bourgeois: Erotisme et pornographie dans la bande dessinée. Jacques Glenat, Grenoble 1978: 80–81. – Carlsen J. f., Kopenhagen: 214. – Casa Editrice Astorina, Mailand: 248–249. – Editoriale Corno, Mailand: 242, 245, 247, 250, 252, 253. – Wolfgang J. Fuchs, Reinhold C. Reitberger: Comics. Anatomie eines Massenmediums. Heinz Moos Verlag, München 1971: 66–67, 201, 202, 203, 215, 223, 237, 240, 260. – Frank Frazetta: 128, 160, 180, 181, 183. – Schloß Hainhofen, Gruppen-Programm: 262. – Stan Lee: Origins of Marvel Comics. Simon and Schuster, New York 1974: 17, 226, 245, 246, 247, 250, 251, 252, 253. – Ulla Leippe: Artussagen. Fackelträger, Stuttgart: 178, 184, 185. – Doris Lerche: Du streichelst mich nie! psycho-horror-picture-show. Wolfgang Krüger Verlag, Frankfurt am Main 1980: 10, 256, 275, 283. – Joe Kubert et Nestor Redondo: 155. – Marvel Comics Group, New York: 247, 251. – Karl May Verlag, Bamberg: 123. – F. Müller-Münster in: H. Möbius: Deutsche Götter- und Heldensagen. Für jung und alt erzählt. Alexander Köhler, Dresden 1920: 3, 41, 43, 59, 88, 228. – D. O'Neill: Secret Origins of Super-DC-Heroes. Warner Books, New York 1976: 126, 230. – Daniel Gottlob Moritz Schreber: Kallipädie oder Erziehung zur Schönheit durch naturgetreue und gleichmäßige Förderung normaler Körperbildung. Leipzig 1858: 269. – Moritz von Schwind: 61, 62, 132, 133, 136, 137, 139. – «Superman II – Allein gegen alle» Szenenbilder aus dem Film der Warner-Columbia: 210, 211. – «Superman gegen Muhammad Ali – Der größte Boxkampf aller Zeiten und Welten»: 217. – Hans Jürgen Syberberg: Helmut Käutner als Titelfigur in dem Film «Karl May» (1974): 90. – Jules Verne: Œuvres complètes, Hetzel, Paris 1878 ff: 146, 147, 148, 149.

Register

Die Namen fiktiver Personen sind durch Kursive hervorgehoben; ihre alphabetische Einordnung erfolgt nach dem ersten Buchstaben.